기본소득이란 무엇인가

기본소득이란 무엇인가
BASIC INCOME

다니엘 라벤토스 지음 | 이한주·이재명 옮김

기본소득은 처음으로 모두에게 자유로울 기회를 줄 것이다

공정사회를 위한
상식의 파괴 '기본소득'

바야흐로 기본소득이 시대정신으로 떠오르고 있다.

　최근 스위스가 기본소득 도입을 위한 주민 제안을 받아들여 국민투표를 실시했다. 부결은 됐지만 아이디어에 머물렀던 기본소득 개념이 사회적 의제로 부각되었고, 향후 고려할 만한 정치적 대안으로 기반을 마련했다는 점에서는 성공적이었다. 핀란드도 기본소득 도입 방안을 검토하고 있고, 빠르면 2017년부터 기본소득을 시범 운영할 예정으로 모든 국민에게 기본소득을 도입하기 위한 검토용역을 진행 중이다. 네덜란드의 대도시 위트레흐트 시를 비롯해 19개 자치단체와 뉴질랜드의 오클랜드 그리고 영국도 녹색당에 이어 노동당까지 기본소득 정책을 검토하고 있는 것으로 알려졌다.

　복지 선진국인 유럽의 기본소득에 대한 관심은 대규모 실업과 사회경제적 불평등, 소득재분배의 문제가 배경에 깔려 있다. 이러한 악순환의 고리를 끊기 위해 주창되어온 대안이 바로 기본소득이다.

　소득불평등에 따른 빈부 격차나 재분배 문제는 유럽뿐 아니라,

대한민국에서도 심각한 사회문제로 대두되고 있다. 백약이 무효라고 정부에서 온갖 처방을 내놓고 있지만 실효성도 의문이거니와 그 진정성이 의심을 받으면서 '헬조선'이라는 신조어까지 탄생했다. 마치 이런 현 상황을 반영하듯 우리 정치권에서도 기본소득이 새로운 대안으로 모색되고 있다.

올해 초 부분적 기본소득 개념을 도입해 전국 최초로 실시한 성남시 청년배당 정책을 계기로 기본소득 논쟁이 활발하게 전개되고 있다. 더불어민주당 김종인 전 대표뿐 아니라 새누리당, 국민의당 등은 20대 국회 '어젠다 2050' 창립총회에서 기본소득 논의에 대한 전향적인 의견들을 개진했다. 지난 4·13 총선에서는 녹색당과 노동당이 기본소득 실시를 공약으로 내걸기도 했다. 충남에서는 내년부터 이른바 '농촌판 기본소득'인 농업 보조금 도입을 검토하고 있다.

이러한 정치권의 변화 흐름은 '자유주의 복지국가'나 '소득주도 성장론'의 한계가 뚜렷하게 나타나고 있는 가운데, 더 이상 머뭇거릴 여유가 없다는 절박감이 공통의 인식이 되면서, 기본소득 도입으로 복지 패러다임을 새롭게 바꿔야 한다는 주장이 설득력을 얻고 있기 때문으로 해석된다. 마중물이라도 있어야 하듯이, 말라가는 저수지에 물이라도 뿌려주려면 기본소득이 반드시 필요하다는 것이다. 향후 기본소득은 불평등이 심화되고 일자리가 줄어드는 현재의 상황을 풀 수 있는 유력한 대안으로 떠올라 전 세계적으로 더욱 더 확산될 것이라고 판단된다.

지난 6월 한국사회여론연구소에서 전국 성인 남녀 700명을 대상으로 실시한 '기본소득 정책 도입' 여론조사에서도 무려 47퍼센트

옮긴이의 말

가 공감한다는 놀라운 결과가 나와 주목을 끌었다. 심지어 보수적일 수도 있는 '60세 이상'에서 기본소득에 공감한다는 여론(48퍼센트)과 공감하지 않는다는 여론(49퍼센트)이 거의 같게 나온 것은 매우 이례적인 결과다.

　무상복지는 '공짜'도 아니고 '시혜'도 아니다. 시민이 낸 세금을 가지고 시민이 위임한 권한으로 시민의 삶의 질을 향상시키는 것이다. 이는 헌법상의 기본 권리이고 복지 확대는 헌법으로 규정한 정부의 역할이자 의무이다. 무상복지처럼 기본소득도 세금을 내는 국민이 기본권과 생존권을 보장받기 위해 '자신의 몫'을 받는 것이다. 모든 사람은 최소한의 삶을 유지하는 데 필요한 소득을 보장받을 권리가 있다. 그리고 그것은 사람들의 삶을 비약적으로 변화시킬 것이다.

　아프리카 나미비아의 기본소득 실험에서는 빈곤율과 실업률이 감소한다는 결과가 나왔고, 인도의 실험에서는 기본소득이 극빈층의 삶을 바꿈으로써 사회구조적인 불평등 해소에 효과적인 사회보장 수단이라는 고무적인 결과가 나왔다. 실험이 아니라 실제로 기본소득을 제공하고 있는 미국의 알래스카 주는 원래 미국에서 빈곤인구가 가장 많았으나, 지금은 불평등을 나타내는 지수인 지니계수가 가장 낮은 주로 손꼽힌다. 이 덕분에 알래스카의 범죄율과 자살률이 상대적으로 크게 낮아졌다는 결과도 있다. 그만큼 부자와 가난한 사람의 차등이 가장 적다는 의미이다.

　우리나라도 이제는 기본소득을 무조건 좌우 이념 대립과 찬반 논쟁으로 몰고 가서는 안 된다. 기울어진 운동장을 바로잡아 사회경제적 불평등을 해소하고 국민들의 삶의 질을 향상시킬 수 있는 방안으로 기본소득을 인정하고 도입을 적극 검토해야 할 때가 되었다.

이 책은 이재명 시장이 민선 6기를 준비하면서 성남시, 나아가 한국 사회가 어떻게 하면 상식이 통하고 공평한 기회와 최소한의 인간적인 삶이 보장되는 사회, 지나친 불평등이 해소되는 공정한 사회, 시민이 주인이고 시민이 행복한 사회를 이룰 수 있을까 하는 고민과 모색의 과정에서 공부한 일부였다. 비록 내용이 대단히 압축적이어서 자세한 설명이 부족한 부분이 있고, 공화주의라는 입장에 완고한 측면이 있으나, 기존의 어떤 책보다 기본소득을 간결하게 설명하고, 그와 유사한 정책이나 비판적 시각을 잘 정리했다는 점에서, 정책을 구상하는 단계에서는 훌륭한 입문서라고 판단했다. 한국을 비롯해 이미 세계적으로 기본소득이 주목받기 시작한 지금, 이 책을 읽는 사람이 많아질수록 우리 사회의 희망도 커질 것이라 믿는다.

한국의 독자를 위해 흔쾌히 번역을 허락한 다니엘 라벤토스 교수에게 감사드린다. 어려운 출판 환경에도 불구하고 이 책을 출간한 책담 출판사, 꼼꼼한 편집을 해준 유승재 님, 바쁜 역자를 대신해 각종 기초 자료를 제공해준 이우형, 이우평 님께도 감사드린다.

저자도 강조하듯이 기본소득은 그 자체가 목적일 수 없다. 국가 권력의 정상화를 넘어, 시민의 자유와 권리 그리고 행복이 보장되는 공정한 사회에 보탬이 될 수 있다면, 기본소득을 포함해 어떤 길이라도 주저할 이유가 없을 것이다.

2016년 9월
이한주 · 이재명

옮긴이의 말

한국어로 번역된 이 책은 현재의 심각한 경제위기가 닥치기 직전인 2007년에 영어와 스페인어로 처음 간행되었고, 2014년에는 체코어 판으로 나오기도 했다. 몇 가지 사소한 수정이 있었지만 이 책의 내용은 9년이 지난 지금도 세상의 흐름과 통하고 있다. 이는 기본소득의 정치철학적 정당성에 대한 설명, 세계 각국이 채택한 자산 조사 결과에 따라 지급하는 복지수당에 대한 분석, 기본소득에 대한 일반적인 비판에 대한 응답 등 책 내용의 상당 부분이 세월이 흘러도 변치 않는 내용을 다루고 있기 때문만은 아니다. 현재 유럽 및 다른 대륙의 국가 대부분이 10여 년 동안 경제위기에 대처하기 위한 여러 정책들을 시행한 이후 절망적인 수준의 상황을 맞이했기 때문이기도 하다.

부유하지 못한 자들이 처한 생활환경과 노동조건의 악화는 곧 기본소득 제도가 이전의 더 부유했던 경제 상황일 때보다도 더욱 절실하게 필요해졌다는 것을 뜻한다. 다르게 말하자면, 거의 10년간 위기를 겪은 지금, 이 책이 한국어로 출간되는 지금의 시기는 기본소득이 유례없이 언론 매체에서도 주목을 받을 만큼 중요해진 때이다. 부유하지 못한 많은 사람들의 생활환경이 눈에 띌 정도로 심각하게 훼손된 오늘날, 기본소득이 왜 더욱 필요해졌는지에 대해 요약하자면 다음과 같다.

첫째, 비자발적 실업은 심각한 수준의 경제적 불안과 험난한 생활환경을 초래한다. 그러나 실직을 당하더라도 기본소득이 보장되면 이런 상황에 대한 불안을 덜어낼 수 있고 극복할 수 있게 된다. 실업이 널리 확산돼 오래 지속되는 현재의 위기 상황에서 기본소득은 사회적인 삶의 전반에 걸쳐 큰 의미가 있을 것이며, 이는 장기적으로 복지수당이 각지에서 줄어들거나 없어질 경우에 더욱 의미 있을 것이다.

둘째, 기본소득은 노동자들의 공통적인 관심을 이끌어내고 자신이 속한 조직이 있건 없건 노동자들 모두의 저항을 이끌어내는 아주 중요한 역할을 할 수도 있다. 기본소득은 급여를 대신해 지급되는 돈이 아닐 뿐더러 노동자의 이해관계를 저해하지도 않는다. 오히려 직장에서나 구직 상황에서도 노동인구 전반을 강화시키는 수단이라고 할 수 있다.

셋째, 기본소득은 자영업에 종사하고 있는 사람들의 잠재적인 위기를 크게 감소시킬 수 있다. 경제위기 상황에서 기본소득은 협동하는 여러 수혜자 집단을 비롯해 자영업을 지원해주는 것과 더불어, 부분적일지라도 작은 사업의 실패를 극복하는 것을 도울 수 있다.

넷째, 기본소득의 가장 눈에 띄는 결과로는 빈곤인구의 감소를 꼽을 수 있다. 더 나아가, 나를 포함해 많은 사람들이 기본소득의 지급액은 분명 빈곤선 이상의 수준일 것으로 예상하기에 빈곤의 완전한 근절도 비현실적인 이야기는 아닐 수 있다. 이는 수백만의 인구를 자동적으로 빈곤으로부터 벗어나게 해준다는 결과를 내는 것은 물론이고, 어떤 형태로든 빈곤으로 다시 빠져드는 것을 방지해주기까지 한다. 경제위기가 시작된 지 10여 년이 지난 지금, 빈곤 현상은 무자비하게 퍼져나가고 있으며 여전히 악화되고 있다.

다섯째, 현 위기에서 쟁점이 되는 부분은 바로 일정 수준의 소비가 유지되어야 한다는 점이다. 사실 고성장의 시기에는 자산 가치의 인플레이션과 융자, 대출 등 신용상품 덕분에 자신의 소비 한도 이상으로 소비를 할 수 있었다. 말할 필요도 없겠지만 빚을 바탕으로 이루어진 소비는 빈곤층에는 좋은 결과를 불러오지 않는다. 더 나아가서 구조조정 프로그램들의 등장과 함께 그런 추가 수입이 사라졌고, 이전보다 줄어든 급여를 쌓인 빚을 갚는 데 써야 하는 상황에 이르렀다. 기본소득은 특히 취약한 계층이 경제위기 속에서 삶을 영위할 수 있는 수준의 필수적 소비를 유지하기 위한 안정장치 역할을 해줄 것이다. 경제 원칙은 다음과 같이 아주 간단하다. 필요한 사람들에게 돈이 주어진다면, 그들은 그 돈을 소비할 가능성이 매우 높다는 것이다.

경제위기와 그에 대처하기 위한 정책이 불러온 지금과 같은 상황에서 기본소득은 절실히 필요하지만, 현재 집권 중인 주류 정당들은 권력을 유지하기 위해 사회복지나 공공서비스의 대량 감축으로 재정 적자를 완화시킴으로써 현재의 불평등한 현상을 유지하려는 신자유주의 경제정책을 고수하고 있다. 이것이 바로 많은 사람들이 점점 기본소득에 매료되는 이유일 것이다. 이러한 요인은 가까운 미래에 더 중요해질 수도 있다.

실제로 기본소득이 모든 사람들의 물질적 생존 보장을 의미한다는 것을 점점 더 많은 사람들이 깨닫고 있다. 나는 기본소득의 이러한 명확한 목표야말로 가장 중요한 것이라고 생각한다.

이 책을 통해 기본소득에 대한 몇 가지 의문들에 대해서도 답을 하고자 한다. 이 질문들은 전통적인 것도 있고, 그리 전통적이지 않은 것도 있다.

첫 번째 의문은 '기본소득은 올바른가'이다. 이 책은 기본소득의 정당성을 입증하기 위한 여러 정의론을 다루며 사회경제적인 불평등은 자유에 명확한 위협이 된다는 공화주의적 자유에 대한 이해를 강조한다.

두 번째 의문은 '빈곤인구에 대한 수당 지급이 빈곤에 대처하는 더 좋은 방법이 아닌가'이다. 여기에 대해서는 직관과는 다른 내용을 논증할 것이다. 다시 말해 기본소득은 무조건적인 특성 때문에 빈곤에 맞서는 데 있어서 조건부 수당보다 훨씬 낫다는 점을 보여줄 것이다.

세 번째 의문은 '기본소득의 자금 조달은 가능한가'이다. 이 책은 누진세 개정이라는 방식을 통해 자금 조달이 충분히 가능하다는 것을 보여준다. 그렇다면 이러한 방식에서 누가 수익자가 되고, 누가 부담자가 될 것인가? 부자들은 잃을 것이고, 최하위 계층부터 80퍼센트의 사람들은 이득을 볼 것이다. 이는 '기본소득이 필요하지 않은 부자들에게도 기본소득이 제공되므로 이 제도는 옳지 않다'는 비판에 대한 답이 될 수 있다.

네 번째 의문은 '기본소득이 제공된다면 과연 사람들이 노동을 할 것인가'이다. 이 책에서는 한 개의 장 전체를 할애해서 노동의 세 가지 유형을 설명하며, 그 세 유형의 노동이 기본소득으로 인해 어떤 영향을 받을지에 대해 논한다.

그 외에도 기본소득에 대한 여러 의문점들을 다룬다. 올해 7월 서울에서 열린 열여섯 번째 기본소득지구네트워크BIEN 세계대회에 초청받았을 때, 많은 사람들이 이 책에서 다루었던 의문점들과 논제들에 대해 다양한 질문을 해주었다. 당시의 질문들은 기본소득을 논의하는 다른 여러 국가의 청중이 제기한 이의나 의혹들과 비슷했다. 서울 방문은 나에게 매우 유익한 경험이었다. 이 방문이 한국에서 기본소득이 더욱 널리 알려지는 데에도 도움이 되었기를 바란다. 또한 이 책이 한국의 대중에게 기본소득에 대한 더욱 폭넓은 지식을 제공할 수 있기를 간절히 바란다.

한국을 방문했을 때 특히 기억에 남았던 것은 이 책의 한국어판 역자 중 한 명인 이재명 시장과 만난 일이었다. 이 만남은 유익했고 즐거웠으며 한국에서 기본소득이 현실화될 가능성에 대한 이재명 시장의 생각은 기본소득에 대한 그의 깊은 이해를 보여주었다.

번역을 해준 두 분에게 깊은 감사를 드린다. 출판을 담당한 책담에도 감사의 말을 전하고 싶다. 기본소득에 열렬한 지지를 보이는 국가에 한국도 포함된다면 더없이 기쁠 것이다. 우리가 기본소득을 위해 투쟁하는 것은 자선이 아니라 정의를 위해서이기 때문이다.

2016년 7월

다니엘 라벤토스

서문

이 책은 처음에 "존재의 권리El derecho a la existencia"라는 제목으로 1999년 스페인어로 출판되었다. 그리고 2005년 말 플루토프레스 출판사에서 이 책을 영어로 출판하자고 제안을 해왔다. 초판에 담긴 내용은 대부분 요즘에도 해당되는 것이기는 하지만 기본소득에 대한 연구는 최근 많은 진전이 있었고 그사이 정치적으로나 사회적으로도 많은 변화가 있었기 때문에 몇몇 내용은 크게 바꾸거나 아예 새로 작성할 필요가 있었다. 플루토프레스는 한발 더 나아가 이 완전 개정판을 엘 비에요 토포 출판사를 통해 스페인어로 다시 발행하는 조건까지 달아주었다.

    1장에서는 기본소득의 개념을 소개한다. 기본소득에 대한 오해들을 해명하고 기본소득의 역사에 대한 간단한 설명과 함께 21세기 초에 기본소득이 불러올 수 있는 흥미로운 정치적 역할을 소개한다.
    2장에서는 정의론을 논하며 기본소득의 여러 철학적 정당성의 윤곽을 잡기 위해 존 롤스John Rawls, 로버트 노직Robert Nozick, 힐렐 슈타이너Hillel Steiner 그리고 필리페 판 파레이스Philippe Van Parijs 등의 유명 저작을 검토한다.

3장은 개인적인 바람이지만, 독자들에게 획기적인 내용이 될 것이라 본다. 이 장에서는 공화주의와 공화주의자의 관점에서 기본소득을 서술한다. 나는 이 책에서 다루는 공화주의적 자유의 개념을 지지하는 여러 명의 스페인 동료들과 함께 독창적인 연구를 진행하고 있는데, 바로 그 내용에 기반을 두고 있다. 물론 견해가 다를 수는 있지만, 이 책에서 다루는 공화주의의 정의는 흔히 학계에서 말하는 정의와는 사뭇 다르다. 이 뼈대 내에서 기본소득에 대한 공화주의적 변론과 사회주의 및 페미니즘 운동의 관점 사이를 연결하도록 하겠다.

4장에서는 노동을 유급노동, 가사노동, 자원봉사라는 세 가지 형태로 구분 짓고, 사람들이 노동에는 유급노동밖에 없다고 잘못 알고 있을 때 발생할 수 있는 모순을 지적한다. 또한 기본소득과 이 세 가지 노동 유형의 관계에 대해서도 심층적으로 분석할 것이다.

5장에서는 여러 측면에서 빈곤을 살펴본다. 빈곤은 어떻게 측정되는지, 비교적 새로운 사회현상인 근로빈곤working poor에 대해, 그리고 빈곤이 남성과 여성에게 어떤 영향을 끼치는지를 알아볼 것이다. 가난한 자는 자유로울 수 없다는 공화주의적 개념을 이 장에서는 특히 유념해야 한다.

6장에서는 복지국가에 대해 기존의 연구와 다른 관점을 제시한다. 기존의 복지국가 체제를 선호하는 사람들에게 이 내용은 논쟁적일 것이라 생각한다. 이와 함께 기본소득이 이 개념들과 어떻게 대조되고 비교되는지도 다룰 예정이다.

7장에서는 지난 10년 동안 시행된 적이 있거나 시민들과 정책 입안자들에게 제공되었던 여러 제안이 기본소득과 어떤 면에서 비슷하거나 다른지 포괄적으로 살펴본다. 기본소득과 비슷해서 서로 혼동되는 제안이 많은 요즘 특히나 더 중요한 내용이 될 것이다.

8장에서는 기본소득의 예산 문제를 다룬다. 나는 지난 10여 년 동안 이 분야의 연구에서 특히나 많은 진척이 이루어졌다고 생각한다. 여기에서는 예산에 대한 전반적인 고찰 외에도 한 가지 특별한 제안을 논의할 것이다. 나는 그 제안을 연구하는 팀에 소속되어 있었기 때문에 매우 익숙한 편이다. 이 제안은 데이터베이스를 적절히 조정할 수만 있다면 어떤 국가의 재정 상황에도 현실적으로 적용 가능하다는 점에서 중요하다.

마지막으로 9장에서는 기본소득에 대한 열한 가지 비판을 다루며, 각각에 대한 구체적인 해결책을 제시한다. 어떤 비판은 이미 앞 부분에서 다루었을 수 있고, 또 어떤 비판은 처음 언급한다. 이런 식의 서술은 기본소득만의 독특한 점을 다루는 동시에 드러나지 않은 특징을 부각시킬 수 있는 좋은 방법이라고 생각한다.

1, 3, 4, 6, 8장은 완전히 새로 썼으며 5, 7, 9장은 상당 부분 고쳤다. 2장은 일부 내용을 솎아내거나 늘리는 편집과 함께 최신 정보로 수정을 했지만 실제 바뀐 내용은 가장 적다.

책을 쓰는 과정에서 새로운 아이디어를 주거나 성찰의 범위를 넓혀주는 등 여러 방면에서 도와준 수많은 사람들에게 개별적으로 감사의 말을 전하기란 쉬운 일이 아니다. 한 명 한 명에게 감사의 말을 전하다 보면 아무래도 빠트리는 사람이 생길 수도 있고, 또 개인적으로 감사를 표해야 하는 사람들에게 이런 의례적인 인사는 실례가 되기 때문이다.

너무나도 감사한 도움을 준 위르겐 데 위스펠레 덕분에 2005년 10월 발렌시아에서 《존재의 권리》를 영어로 출판하는 계획이 시작되었다. 2006년 초 플루토프레스 출판사의 데이비드 캐슬은 기술적인 측면에서 책의 형태를 구성하는 작업을 함께해주었고, 스페인 출판사 엘 비에요 토포의 미겔 리에라도 지원을 아끼지 않았다.

줄리 워크는 이 책을 영어로 번역해주었다. 번역만으로도 이 책을 만드는 과정에 이미 지대한 기여를 한 것이겠지만, 내가 다루고 있는 내용에 대한 지식과 세부적인 내용을 토론을 통해 명확히 표현하고자 했던 그녀의 관심 덕에 원작보다 훨씬 나은 결과물이 나올 수 있었다. 이 책의 개선에 대한 그녀의 열성적인 기여는 집필하는 내내 큰 격려가 되었다.

산드라 곤살레스, 알렉스 보소, 파코 라모스, 카밀라 폴렌바이더 그리고 다니엘 에스크리바노는 자료의 확인과 그에 대한 의견 제시 등 집필 중 여러 방면에서 기꺼이 도움을 주었다. 도움이 필요할 때 항상 곁에 있어준 것에 감사를 표한다.

나와 절친한 사이인 조르디 아르카론스는 8장을 작성하는 데 헤아릴 수 없이 큰 도움을 주었다. 이 장에서 기본소득의 자금 조달에 대한 정보가 유익하게 느껴지는 대목이 있다면 대부분 그가 정리한 내용일 것이다.

마리아 줄리아 베르토뮤, 다비드 카사사스, 조르디 문도는 여러 장을 완성하는 과정에서 유익한 제안과 지적을 해주었다. 그중에서도 기본소득의 이론과 실천에 대해 나와 오랜 공동 연구로 결실을 맺은 다비드에게 특히 고맙다. 최근의 공화주의 문제를 규명하는 연구를 함께한 이 세 명의 친구이자 동료들에게 다시 한 번 감사의 말을 전한다. 정치이론과 정치철학이 한낱 점잖은 학력 자랑이 아니며 지적 유희 이상의 가치를 지녔다는 것을 아는 사람이라면 누구나 이 말을 이해할 것이다.

나는 지난 15년간 학술적·정치적 영역에서 안토니 도메네크와 많은 공동 작업을 해왔다. 그와 함께한 공화주의적 개념들에 대한 논의가 이 책에 미친 영향은 막대하다. 안토니와는 정치적 견해부터 주적을 밝혀내는 핵심 임무에 대한 신념 등 공유한 것이 많다. 지적인 멘토이면서 동시에 절친한 친구 사이라면, 이 관계의 중요성을 더 말할 필요도 없을 것이다.

기본소득에 대한 오랜 지지자들인 형제들, 하비에르, 하우메, 세르지는 이 책의 논거들을 갈고닦는 데 지속적인 도움을 주었다. 이 책에서 그들의 많은 관심, 성찰, 의문 그리고 의견들을 엿볼 수 있다.

오랜 세월에 걸쳐 지적으로 인생을 공유해왔기에 몬세라트 세르비에가 이 책에 남긴 영향은 지대하다. 영광스럽게도 매일 접하는 그녀의 페미니즘과 평화에 대한 오래되고 확고한 헌신과 지칠 줄 모르는 몰입(자기목적적인 활동이란 점에서 비할 데 없는 귀감)은 내겐 도덕적 자극이며 정치적인 모범이다. 그런 점에서 그녀에게 평생 갚지 못할 빚을

진 셈이다.

이 책을 바치고자 하는 아들 로저와 몬세라트의 딸 테이아는 슬프게도 수백만의 사람들이 말하는 이 세상의 끔찍한 불평등에 오랜 세월 맞서 싸워야 하는 세대에 속한다. 이 아이들이 이어받은 세상은 미래에 더 악화될 수 있지만, 동시에 그들 세대에게는 이를 막을 수 있는 기회도 있다. 나의 세대를 포함해 이들보다 수세대 이전부터 많은 사람들이 더 나은 세상을 만들기 위해 노력해왔고, 아직도 노력하고 있다. 그들은 가끔씩 성공을 거두기도 했다. 사람들은 어리석은 낙관론이 아니라 이성에 바탕을 둔 희망에서 더 많은 성공을 바란다. 나는 그 이성을 바탕으로 한 희망을 원동력으로 이 책을 썼다.

2007년 1월

다니엘 라벤토스

CONTENTS

표와 그래프

도전적이며
실현 가능한
제안

사회가 추구해야 할 첫 번째 목표는 무엇인가?

인간의 신성한 권리를 지키는 것이다.

이 권리 중 가장 중요한 것은 무엇인가?

바로 생존권이다.

그러므로 첫 번째 사회법은

모든 구성원에게 생존의 수단을 보장해주는 것이다.

그 외 모든 것은 그다음 문제다.

—

막시밀리앵 로베스피에르Maximilien Robespierre(1758~1794)
프랑스의 정치인

기본소득은 최근 몇 년 동안 놀라울 만큼 점점 더 많은 지지를 얻고 있다. 게다가 어떤 대규모의 사회적 현상에서도 기본소득만큼 다양한 정치적·철학적 성향과 국가의 사람들이 모이는 주제는 보기 쉽지 않다. 기본소득 지지자와 페미니즘 운동가, 현 체제에 명백히 반대하는 사회운동가뿐 아니라, 자기들이 사는 사회가 전면적인 개혁이 필요하다고는 생각조차 안 해본 이들 중에서도 기본소득을 열렬히 주장하는 사람을 흔히 볼 수 있다. 대학 사회에서도 자유주의자(정치적이기보다는 학문적인 의미로), 공화주의자(일반적인 의미로 '자유주의자'와 '공화주의자'를 구분하는 것이 도움이 되진 않지만), 생태론자 그리고 페미니즘 운동가 등 많은 사람들이 관심을 갖고 기본소득 계획을 지지한다.

더 넓게 보면 미국에서 칠레까지, 스페인왕국[1]에서 스웨덴까지, 터키에서 호주와 남아프리카까지 세계 곳곳에서 지지자들을 만날 수 있다. 이 다양성이 과연 기본소득의 장점일지, 아니면 그저 혼란을 야기하는 것인지, 또는 단순히 불가피한 현상인지에 대해 논의하는 것으로 이 책을 시작할 필요는 없다. 그러한 문제는 나중에 다뤄도 된다. 우선은 이 책의 입장이 무엇인지 정확하고 분명하게 서술해 보겠다.

기본소득이란 정확히 무엇인가

기본소득이라는 제안의 여러 특징에 대해 세부적으로 이야기하기에 앞서, 기본소득이 무엇인지 명확하게 설명하자면 다음과 같다.

> 기본소득은 모든 사회 구성원 혹은 거주자 개인에게, 유급고용에 참여하고자 하는 의지 여부와 관계없이, 가난하든 부유하든 따지지 않고(개인의 다른 수입원과 독립적으로), 가정이라는 영역 내의 동거 형태와 무관하게 국가에 의해 주어진다.

다소 길기는 하지만 명확하고 도전적이어서 나는 이 정의를 선호한다. 한편 기본소득지구네트워크^의 정의는 다음과 같다.

> 기본소득은 어떠한 자산 조사도 하지 않고 근로 여부와도 관계없이 무조건 개인 모두에게 지급되는 소득을 말한다. 이는 최저소득보장제도의 한 형태이기는 하나, 현재 유럽 국가들에 존재하는 것들과는 크게 세 가지 점에서 다르다.

1) 가계 단위가 아닌 개인 단위로 지급되고

2) 다른 소득의 유무와 무관하게 지급되며

3) 노동을 할 의지 및 현재 노동 여부와 관계없이 지급된다.

이 역시 다소 길고 자세한 정의이기는 하다. 하지만 전자의 정의를 좀 더 살펴보도록 하자. 전자가 몇 가지 중요한 점을 보다 세부적으로 명시할 수 있기 때문이다.

"국가에 의해 주어지는 소득"

여기에서 '국가'는 유럽연합처럼 현재 존재하는 국민국가보다 더 넓은 법적·정치적 실재를 뜻하거나, 국민국가보다 작은 자치구 같은 법적·정치적 영역을 지칭하기도 한다. 그러므로 기본소득은 공공의 영역 내에 있는 하나 이상의 기관이 지급하는 것이다.

"모든 사회 구성원 혹은 거주자 개인에게"

기본소득의 예산 구조에는 지급 금액, 연령에 따른 구분, 미성년자 포함 여부 등에 따라 여러 형태가 있다. 그러나 어떠한 형태든 간에 (가족 단위 등이 아니라) 시민 개인 누구에게나 (사전에 정해진 빈곤선 등과는 무관하게) 지급되는 금전적 총액이라는 점은 달라지지 않는다.

"유급고용에 참여하고자 하는 의지 여부와 관계없이"

현재 '노동'은 흔히 '일' 혹은 '유급활동'으로 여겨진다는 사실을 이해해야 할 필요가 있다. 하지만 여러 이유들 때문에 다음과 같은

1장 —— 도전적이며 실현 가능한 제안

분류 체계가 더 적합하다. 1) 노동시장에서의 유급활동 2) 가사노동 3) 자원봉사. 이 구분은 매우 중요해서 4장에서도 자세히 설명할 것이다.

"가난하든 부유하든 따지지 않고(개인의 다른 수입원과 독립적으로)"

미리 정한 빈곤의 기준이나 여러 상황에 따라 정해지는 자산 조사 보조금과는 다르게, 기본소득은 빈곤층과 부유층 모두 수령한다.[2] 시민권과 같은 개념이라고 생각한다면 굳이 다른 설명이 필요 없을 것이다. 투표권처럼, 기본소득 제도는 시민권(또는 공인된 거주권) 이상의 조건을 요구하지 않는다.

"가정이라는 영역 내의 동거 형태와 무관하게 주어진다"

기본소득은 특정한 동거 형태만 선호하지 않는다. 일반적인 부부, 다른 세대의 가족들, 친구들, 혹은 동성 연인이 한 지붕 밑에서 산다고 해도 달라지는 것은 없다. 이 모든 것은 공동 생활의 여러 형태 중 하나일 뿐이지, 기본소득을 수령할 수 있는 자격과는 전혀 관련이 없다.

이런 내용을 봤을 때 기본소득은 세속적이고, 무조건적이며, 보편적으로 적용된다는 것을 알 수 있다. 모든 사회 구성원들은 성별, 소득수준, 종교, 성적 기호와 무관하게 기본소득을 수령할 수 있다. 시민권이나 공인된 거주권 외에는 아무런 요구 조건이 없다는 점에서 기본소득은 시행된 지 수년이 넘었거나 이론의 단계도 벗어나지 못한 다른 계획들과는 전혀 다르다.

이제 기본소득의 특수성을 자세히 들여다보도록 하자.

비슷하지만 기본소득이 아닌 것들

기본소득과 기본소득이 아닌 것의 차이를 명확히 구분하기 위해서는 기본소득과 비슷하지만 서로 다른 여러 정책에 대해 알아두는 것이 좋다. 그렇다고 6장에서 본격적으로 다룰 비교분석처럼 세밀하게 살펴보려는 것은 아니다. 이 시점에서는 얼핏 보면 기본소득과 매우 유사해 보이지만 구별할 필요가 있는, 구상 단계이거나 이미 시행되고 있는 정책들에 대한 간략한 설명이 필요하다.

앤서니 앳킨슨Anthony Atkinson(1993, 1996)과 여러 사람들이 구상한 '참여소득Participation Income'은 기본소득과 다르다. 이 제도에서는 현재 사회적으로 유용하다고 판단되는 활동을 하고 있는 시민들에게만 돈을 제공한다. 그러한 활동에는 유급노동, 자원봉사, 가사노동, 공부 등이 포함된다.

또한 기본소득은 '음의 소득세Negative Income Tax, NIT'와 혼동되어서는 안 된다. 이것은 조세정책에 의해 최저소득이 보장되는, 일률적이고 환급받을 수 있는 세금이다. 소득세 신고서의 금액이 만약 이 최저소득의 기준을 넘어선다면 그에 상응하는 세금을 납부해야 하며, 최저소득 기준 이하거나 소득이 아예 없다면 국가로부터 약정한 최저 기준과의 차액을 받는다.

기본소득은 스페인의 열일곱 개(북아프리카 멜리야와 세우타의 소수민족 거주지까지 포함한다면 열아홉 개) 자치주 대부분이 전체 인구의 1퍼센트도 안 되는 사람들에게 수당을 지급하는 최저소득지원Rentas Minimas de Inserción, RMI과도 다르다. 프랑스에서는 최저통합수당Revenu Minimum d'Insertion이라는 이름으로 중앙정부가 수당을 지급한다. 최저소득지원의 열렬한 지지자들은 이 정책의 목적이 기본적 욕구를 충족할 수 있는 경제적 여건이 안 되는 사람을 지원함으로써 그들이 노동시장에 진출하고 사회생활에 참여할 수 있도록 돕는 것이라고 주장한다. 여기에는 사회복지사업을 가능하게 하는 정책과 경제적·개인적 지원을 통해 이들이 업무 현장과 지역사회에 통합되도록 하는 정책 등이 포함된다.

마지막으로, 유급 근로활동을 못 할 때 국가가 개인에게 지급해주지만 일자리를 찾는 즉시 지급이 멈추는 실업급여나 실업수당 시스템과 기본소득을 혼동해서도 안 된다.

요약하자면, 기본소득을 수령하기 위한 유일한 조건은 시민권이나 공인된 거주권뿐이기 때문에, 기본소득은 보조금이나 장려금 또는 어떤 종류의 조건부 실업수당과도 다르다는 것이다.

지금 기본소득은 존재하는가

지난 1982년부터, 혹은 최소 지난 세기의 마지막 25년 내에 미국 알래스카 주에 6개월 이상 거주한 주민들은 모두 기본소득을 수령했다. 현재 약 70만 명의 사람들이 이 합법적 거주 조건에 부합된다. 이 사례에서 가장 핵심적인 인물은 제이 해먼드Jay Hammond다. 그는 1974년부터 1982년까지 8년 동안 알래스카 주지사를 맡았고, 2005년에 별세했다. 미국에서 가장 큰 유전인 프루도 만이 있는 알래스카 주는 많은 석유를 보유하고 있는데, 해먼드는 이 자원이 시민들을 위해 쓰여야 한다고 주장했다. 그는 시민들이 받을 혜택이 유지될 수 있도록 석유 수입의 일부를 자금으로 사용하기로 했다. 이렇게 해서 1976년에 알래스카 영구 기금Alaska Permanent Fund이 조성되었다.

계획의 초기 단계 때 해먼드는 거주 조건에 해당되는 모든 사람들에게 거주한 햇수에 비례한 배당금을 매년 지급하는 형식을 제안했다. 하지만 미국 연방대법원은 이 제안이 수정 헌법 14조 "주의 토지 관할 내에 있는 어떤 사람이든 동등한 법의 보호를 받아야 한다"는 평등보호 조항에 위배된다며 거부했다. 이 조항에 따르면 해당 주의 관할 내에 있는 사람은 거주한 기간과 상관없이 동등한 대우를 받아야 한다. 이에 따라 연방대법원은 해먼드의 제안이 다른 주에서 이주해 오는 사람들에 대한 차별이란 판결을 내렸다. 이후 기본소득은 이 판결을 우회하도록 수정되었고, 1982년에 처음으로 실시되었다. 이것이 바로 도입된 모든 지역에 있어서 진정한 기본소득이었다.[3]

알래스카 기본소득은 지난 5년간의 석유 수입을 기반으로 지급되는 배당금 형태의 종신 기금이다. 이 기금은 도입 이후 많은 수정을 거치며 전 세계 곳곳에서 여러 가지 형태로 시행되고 있다. 알래스카 주는 2000년에 모든 거주자에게 총 2,000달러를 기본소득으로 제공했다. 최근 수십 년 동안 미국에서는 가장 부유한 사람들

1장 ———— 도전적이며 실현 가능한 제안

을 중심으로 부의 재분배가 이루어져온 반면(프랭크Frank, 1999; 스티글리츠
Stiglitz, 2003), 알래스카 주는 이와 정반대로 미국에서 '가장 평등한' 주
(반더브로트Vanderborght와 판 파레이스, 2005)로 가는 방향을 택했다. 알래스카
주의 기본소득은 재원 마련 방법 같은 문제점 때문에 이론적으로나
정치적으로나 가장 만족스러운 형태는 아니다. 8장에서 다루겠지
만, 기본소득의 재원 마련 방법은 알래스카 주의 방식과 달라야 한
다고 생각한다. 하지만 현재로서는 진정한 의미의 기본소득으로 알
래스카 주의 사례가 유일하다.

기본소득의 오래된 뿌리

"기본소득"이라는 용어는 그 같은 사회적 계획을 지지하거나 비평
혹은 토론을 했던 모든 사람들이 만장일치로 동의하는 말은 아니
다. 다른 책들에서는 동일한 제안을 "사회배당", "보장된 보편적 보조
금", "시민권 소득" 등 여러 이름으로 부른다. 반대로 기본소득과 다
른데도 불구하고, 꽤 다양한 종류의 제안들이 기본소득이라는 이름
으로 제시된다는 점 또한 혼란을 가중시킨다.

　　기본소득의 역사적 뿌리는 매우 깊다.[4] 서로 다른 사고방식을
지닌 저자들이 제시한 제안, 개념 그리고 토론은 (비록 이러한 논의들이 기
본소득의 원형이라고 주장하는 것은 다소 무리가 있지만) 역사적인 관점에서 고려
할 만한 선례라고 할 수 있다. 토머스 모어Thomas More의 저서 《유토피
아》(1516)에서도 대략적인 연관성을 찾을 수 있다. 그러나 이는 아주

오래전 이야기이며, 그와 동시대에 살았던 카탈루냐 사상가인 후안 루이스 비베스Juan Lluís Vives의 저서와 마찬가지로 관련성 또한 미약하다. 여전히 오래전이긴 하지만 보다 최근의 인물인 토머스 페인Thomas Paine의 경우는 흥미롭다. 1774년 말 미국 필라델피아에 도착한 영국 혁명가이자 노동자이며 퀘이커 교도의 아들인 그는 미국과 프랑스 혁명 모두에 참여한 운동가였다. 1796년 그는 소논문 〈토지 분배의 정의Agrarian Justice〉에 다음과 같이 적었다.

> 무산자를 지지할 때 내가 주장하는 것은 자선이 아닌 권리다. (……) 사유재산 개념이 도입되면서 모든 사람이 자연적인 유산을 잃어버린 것에 대한 부분적 보상으로, 21세가 되는 모든 사람에게 15파운드를 지불하기 위한 국가 재단을 만들며, 50세이거나 50세가 되는 모든 사람들에게 남은 생애 동안 매년 10파운드를 지불할 것을 주장한다. (……) 또한 이미 언급했듯이 빈부를 떠나 모든 사람에게 이 금액이 지불되어야 함을 주장한다.

낯설지 않은 말이다. 이 시대에는 만족스러운 표현은 아닐지라도 '기본소득의 원형'에 대해 언급하는 저자들을 찾을 수 있다. 그중에서 주목할 만한 인물들은 토머스 스펜스Thomas Spence, 샤를 푸리에Charles Fourier, 허버트 스펜서Herbert Spencer, 헨리 조지Henry George가 있다. 더 최근에는 버트런드 러셀Bertrand Russell이 다음과 같이 썼다.

보다 익숙한 용어로 말하자면 우리가 지지하는 방안은 다음과 같다.

노동 참여 여부와 상관없이 모두에게 필수품을 구매하기에 충분할 만큼의 소득이 제공되어야 할 것이며, 공동체가 보기에 유용하다고 판단되는 노동에 참여할 의지가 있는 자에게는 생산되는 상품의 총량에 비례해서 보다 많은 소득을 지급해야 할 것이다.

유명한 경제학자 중에서도 기본소득의 원형이라 부를 수 있는 제도에 대해 저술한 사례가 있다. 그중에는 1977년과 1981년에 각각 노벨 경제학상을 수상한 제임스 미드James Meade와 제임스 토빈James Tobin이 있다.

보다 최근인 1960년대 미국에서는 기본소득과 밀접한 관련이 있는 발전이 수차례 일어났다. 최근 들어 영향력이 눈에 띄게 낮아지기는 했지만 1970년대와 1980년대에는 가장 유명했던 인물 중 한 명인 신자유주의 경제학자 밀턴 프리드먼Milton Friedman은 유명한 저서 《자본주의와 자유》에서 '음의 소득세'를 제안했다. 1965년 제임스 토빈은 당시 미국에서 시행하던 복지제도보다 확실히 발전된 제도인 '최저소득보장'을 제안했다. 하지만 프리드먼과 토빈의 동기에는 큰 차이가 있다. 프리드먼은 복지국가의 해체를 의도한 반면, 토빈의 제안은 경제적으로 어려운 국민들에 대한 처우 개선과 빈곤의 종식에 대한 열망에 기반을 둔 것이다.

또한 리처드 닉슨Richard Nixon 대통령 임기 동안 공화당 행정부는 음의 소득세의 형식을 취한 소득보장과 노동자들을 위한 가족부양책을 융합한 개혁안을 만들었다. 이 안은 1974년 11월 닉슨 대통령이 워터게이트 스캔들로 탄핵 압력 속에서 대통령직을 사임할 때까지 상원에서 논의되었다. 결국 음의 소득세의 초기 추진력은 사라졌다. 한편 캐나다에서도 1980년대까지 음의 소득세가 관심 속에서 고려되었다.[5]

지난 20년의 급격한 변화

기본소득에 대한 여러 연구는 서로 독립적으로 진행되기는 했지만 1970년대와 1980년대 초에 많은 진척이 있었다.[6] 그중에서도 1986년은 특히 중요한 해다. 그보다 2년 앞서서 루뱅Louvaine 대학 소속 노동조합원과 연구자들이 모인 '샤를푸리에 그룹'은 〈기본소득L'allocation universelle〉이라는 제목의 논문을 제출했다. 이 논문에 상을 수여한 조직인 벨기에 프라이즈Belgian Prize로부터 재정 지원을 받는 회의가 1986년 루뱅 대학에서 조직되었고, 전 세계의 수많은 기본소득 연구자들을 불러 모았다. 이 회의에서 기본소득유럽네트워크Basic Income European Network, BIEN의 설립이 결정되었다. 당시의 이 결정이 기본소득의 역사에 미친 영향의 중요성은 의심할 여지가 없다.

한편 BIEN은 설립 이후 열 번의 대회를 개최했다. 1988년 벨기에 앤트워프를 시작으로, 1990년 이탈리아 플로렌스, 1992년 프랑스 파리, 1994년 영국 런던, 1996년 오스트리아 빈, 1998년 네덜란드 암스테르담, 2000년 독일 베를린, 2002년 스위스 제네바, 2004년 스페인 바르셀로나, 그리고 2006년에는 남아프리카 케이프타운에서 대회가 열렸다.[B]

2004년 바르셀로나 회의 때에는 또 다른 커다란 변화가 있었다. 제네바에서의 아홉 번째 BIEN 대회 때까지는 그 이름이 말해주듯, 참여한 국가가 유럽에만 국한되어 있었다. 그런데 바르셀로나에서 열린 열 번째 회의 때부터 BIEN이 기본소득지구네트워크Basic Income Earth Network로 바뀌었다. 유럽 이외 지역의 연구자들과 활동가들이 이 네트워크에 참여하기를 바라고 있었는데, 이를 위해서는 유로피언 네트워크european network에서 월드와이드 네트워크worldwide network로의 전환만이 유일한 방법이었다. 실제로 기본소득유럽네트워크 회의에 참석하는 유럽 외부 사람들의 수가 점차 증가하기도 했다. 2004년이 될 무렵에는 미국, 남아메리카, 남아프리카, 호주, 뉴질랜드에서 기본소득 모임이 생겼다. 국제기구로서 기본소득지구네트워크의 공식적인 첫 회의는 2006년 11월 남아프리카공화국 케이프타운에서 열렸다. 2007년 초 기준으로 다음과 같이 네 개의 대륙에 열두 개 국가의 공식적인 BIEN 네트워크가 있다. 독일, 아르헨티나, 오스트리아, 브라질, 미국, 영국, 스페인, 스위스, 아일랜드, 네덜란드, 호주 그리고 덴마크다.c

BIEN이 설립된 지 20년도 넘는 시간 동안 세상은 여러 방면으로 크게 변했다. 그중 몇 가지 중요한 사실을 언급하자면, 우선 1986년 미국의 대통령은 로널드 레이건Ronald Reagan이었고 영국의 총리는 마거릿 대처Margaret Thatcher였는데, 둘은 공통적으로 신자유주의의 열렬한 지지자였다. 당시 라틴아메리카를 지배하며 공포정치로 시민을 통제하던 독재자들 또한 신자유주의의 지지자였다. 아마도 피노체트 정권하의 칠레가 가장 분명한 사례일 것이다. 소련은 간신히 숨통이 붙은 채 위기에 비틀거렸고, 세계 각지에는 신자유주의가 만연했다(여기서 말하는 신자유주의는 공개적으로 부자들 편에 서고, 이것이 소수 집단뿐 아니라 사회 전체적으로 이롭다고 주장하는 것을 말한다. 상당수의 좌파들도 여기에 설득되었다). 프랭크 자파Frank Zappa의 "정치는 산업의 쇼 비즈니스"라는 분석을 떠올리지 않을 수 없다.

또한 이 시대는 좌파 중에서도 현실에 안주하지 않는 사람들에게는 위기의 시간이었다. 당시 소련과 동유럽에서 정계를 지배하던 관료주의적 카스트들은 구성원들에게 멍에를 씌우며 고통을 주었고, 그러한 상황에서 사회주의 낙원의 모습이라고는 흔적조차 찾아볼 수 없었다. 신자유주의 광신도들이 약속한 경이에 찬 비전 역시 당시 노동자들과 불우한 사람들이 견뎌야 했던 가혹한 환경들과는 너무도 먼 이야기였다. 당시 서유럽이라 불리던 지역의 실업률 수치는 수년간 본 적도 없는 수준까지 올랐고, 1980년대에 이르러서는 전후 평온한 세상에서는 상상조차 할 수 없는 수준까지 치솟았다.

이 같은 흐름 속에서 BIEN이 창설되었다. 기본소득은 당시 독창성이라고는 찾아볼 수 없는 아이디어들만 있던 삭막한 세상에서 횃불과 같은 제안이었다.

자유를 박탈하는 불평등에 맞서기

20년이 지난 후 소련은 해체되고 동유럽의 위성정권들도 더 이상 존재하지 않는 시대가 되었다. 신자유주의는 숨길 수 없을 정도로 충격적이고 부정적인 결과들 때문에 더 이상 열렬한 지지를 얻어낼 수 없게 되었다. 라틴아메리카에는, 일부는 더 급진적이고 몇몇은 정도가 좀 덜한 좌익이지만, 공통적으로 신자유주의의 공격에 맞설 의지가 있는 여러 개의 민주적인 정권들이 출현했다. 지금 기본소득은 20년 전과는 전혀 다른 맥락에서 아주 흥미로운 정치적 역할을 수행할 수 있으며, 실제로 현재까지 수행해왔다고 생각한다. 이에 대해서는 두 개의 더 깊은 관점을 조명한 후에 논하도록 하겠다.

첫째, 20년 전에 기본소득은 사실상 학계의 논점으로만 머물러렀고 그 안에서도 영향력이 크지 않았다. 그러나 지금은 그렇지 않다. 이제 기본소득 제안은 노동조합과 정계에서는 물론 사회적으로도 (아직 널리 받아들여지지는 않았지만) 잘 알려져 있다. 둘째, 20년 전에는 기본소득에 대한 관심이 몇몇 예외 사례를 제외하고는 유럽에 국한되어 있었다. 하지만 앞서 살펴보았듯이 오늘날에는 기본소득 제안이 이름은 조금씩 다를지 몰라도 유럽 이외의 국가에서도 더 이상 낯설지 않다.

아르헨티나, 남아프리카, 멕시코, 콜롬비아 등 그리 부유하지 않은 나라들이 기본소득에 관심을 갖는 건 우연이 아닐 것이다. BIEN이 설립되기 얼마 전인 1980년과 2000년 사이에 부유한 (혹은 개발된) 국가들의 1인당 GDP는 1년에 2만 달러에서 3만 달러(1995년 고정 달러 가치 기준)로 오른 반면, 가난한 (혹은 저개발) 국가들의 경우에는 265 달러에서 257달러로 하락했다는 사실을 잊으면 안 된다. 달리 말하면, 20세기의 지난 20년 동안 전자 그룹의 1인당 GDP가 50퍼센트나 오른 반면, 후자 그룹은 빈약한 생활수준조차 유지하지 못하고 있었던 것이다. 부유한 국가들과 빈곤한 국가들의 1인당 GDP 격차를 봐도 120배 이상이다. 어떻게 보든 두 그룹의 차이는 충격적이다.

이를 통해 21세기를 여는 지금 시점에 있어서 기본소득은 흥미로운 정치적 역할을 할 것이라고 생각한다. 기본소득의 세속적이고 무조건적이며 보편적인 특징에 대해 앞서 언급했는데, 이는 민주주의에서 성별, 인종, 수입, 성적 기호, 종교에 상관없이 부여되는 투표권과 매우 비슷하다. 19세기부터 20세기 초까지 노동자들은 보수와 진보 진영 모두에 의해 투표권에서 배제되었는데, 보통선거권과 민주주의를 위한 그들의 항쟁은 확실히 도구주의적인 생각으로부터 영향을 많이 받았을 것이다. 민주주의를 사회주의나 재분배 정의 등 다른 목표를 위한 초석이라고 보았기 때문이다. 하지만 보통선거권을 위한 항쟁을 단순히 도구적인 프로젝트로 볼 수만은 없을 것이다. 반민주적이었던 19세기의 진보와 보수 당원들이 처참한 결과를 가져올 것이라며 투표권에 아무리 반대한들, 투표권의 보편성과 무조건적인 본질은 결국 국민들에게 그 자체로서의 가치를 부여했기 때문이다.

나는 기본소득을 위한 시민들의 투쟁이 이와 비슷한 역할을 할 수 있다고 생각한다. 물론 여기에도 도구적인 면이 있다. 기본소득의 목적이 빈곤을 물리치고 신자유주의 정책을 뿌리 뽑는 것이기에, 다시 말해 세계 인구의 다수가 더 이상 빈곤에 시달리지 않고 부유한 자들의 변덕과 자비에 의존하지 않도록 하는 것이기 때문이다. 하지만 이와 동시에 기본소득은 박탈할 수 없는 정의에 대한 권리와 자긍심 그리고 그 자체의 가치로 말미암아 도구적이지 않은 형태를 띨 수 있을 것이다. 또한 반민주적인 21세기의 신보수주의자들이 처참한 결과를 불러올 것이라며 아무리 협박을 해도, 기본소득을 주장함으로써 사회운동이 구체화되고 민주적인 여론이 형성될 것이다.

기본소득을 지지하는 행위의 가장 큰 도덕적 강점 중 하나는 단순히 끔찍한 불평등의 증거를 드러내는 것뿐 아니라, 소득과 부의 거대한 격차로 인한 자유의 침해에도 관심을 조명해준다는 것이다. 평등과 자유는 별개의 목표가 아니다. 심각한 사회적 불평등은 수백만에 이르는 사람들의 자유를 해치고 있다. 거꾸로 생각하면 너무나 많은 사람들의 부자유, 즉 자신들의 주인인 부유한 자들에게 허락을 받아야만 삶을 영위할 수 있는 노동계급의 부자유는 불평등을 더욱 악화시킨다.

빈곤은 단순히 궁핍이나 물질적 욕구의 불충족 또는 소득 격차만 의미하는 것이 아니다. 타인의 자의적인 변덕과 탐욕에 대한 의존, 자부심의 소멸, 고립, 가난한 자에 대한 사회적 격리도 빈곤이다. 자신의 물질적 생존이 불확실할수록 '첫 일자리 계약', 임시 계약, 계약 부재, 불안정성, 직무 '유연성' 그리고 어떠한 사회적 보호도 없는 완전한 실직 등의 형태로 개인의 자유가 침해되어 더욱 고통받게 된다. 이러한 자유의 침해는 나아가 금융소득이나 기업소득은 하늘을 찌를 듯하면서도 실제 월급은 감소하는 현상, 불안정한 퇴직연금, 공공 서비스와 기반 시설의 취약화 또는 사유화 등의 형태로 물질적 불평등을 심화시킨다. 이 물질적 불평등은 세계에서 가장 강력한 국가에서도 예외가 아니어서 현상 유지를 지지하는 사람들조차도 정당화시키기 힘들 정도로 악화되었다. 2006년 초 메릴랜드 대학의 알

프로비치Gar Alperovitz 교수가 지적한 내용을 훑어만 봐도 그 심각성을 알 수 있다.[7] 미국의 가장 부유한 인구 250만 명이 나머지 1억 명 소득 총합의 두 배가 넘는 소득을 올리고 있다. 다르게 말하자면 상위 1퍼센트 인구의 소득이 하위 34퍼센트 인구 소득 총합의 두 배나 된다는 것이다! 이 같은 심각한 불평등이 어떻게 절대다수의 자유에 영향을 끼치지 않을 수 있을까?

돈을 위해 일하지 않아도 되는 사회

기본소득에는 여러 장점들이 있지만 동시에 기본소득은 의문과 궁금증을 불러일으키기도 한다. 이에 대해 길게 논하기 전에 우선 장점부터 간단히 요약해보자.

기본소득은 사회적 낙인이라는 질병과 같은 현상을 완전히 없앨 수 있다. 시민 혹은 거주자라는 조건을 제외하고는 모두에게 적용되는 보편적 권리이며, 모두가 수령하기 때문에 사회적 낙인 같은 현상은 있을 수가 없다.

기본소득은 노동시장을 보다 유연하게 만드는데, 이 유연성은 꽤 강력하게 노동자를 보호한다. 직업 선택에 있어서 더 많은 자유를 제공하며, 특히나 노동자에게 매우 중요한 한 가지 선택을 가능하게 한다. 바로 임금을 위해 일하지 않아도 된다는 것이다. 카를 마르크스Karl Marx의 발자취를 따르는 저자들 중에 에릭 올린 라이트Erik Olin Wright는 이를 '노동의 탈상품화decommodification of labour'라고 불렀다(라이트,

2006). 또 기본소득은 개인이 종사하고자 하는 임금노동의 조직적 형태(가령 자영업이나 협동조합 등)를 선택할 기회를 더 많이 제공한다.

기본소득은 빈곤과 실업의 함정을 피할 수 있게 한다. 이 함정은 지급되는 조건부 보조금이 누적되지 않는 문제 때문에 발생한다. 요컨대 기왕의 소득에 정해진 상한선만큼의 금액까지만 보조해주므로 아르바이트나 다른 어떤 종류의 유급활동을 할 동기가 전혀 생기지 않는다는 것이다. 엄밀히 따지자면 이는 다음과 같이 표현할 수 있다. '많은 경우에 한계세율이 100퍼센트다.' 이 말은 소득급여의 화폐 단위마다 실업수당의 화폐 단위 하나가 줄어든다는 것과 같다. 간단히 말해서 빈곤과 실업의 함정이 발생하는 이유는, 보조금을 지급하는 관련 당국이 인력 시장에서 수입이 불충분한지 어떤지를 판별하는 조건 아래 금전 등의 수당을 지급하기 때문이다. 특히 실업의 함정은 빈곤의 함정 중에서 특별한 사례로, 일자리를 얻어서 실업수당을 더 이상 못 받으니 차라리 취직을 포기하는 것이 경제적으로 더 이득이 되는 상황을 유발한다.

하지만 조건부 보조금과 달리 기본소득은 어떤 상한선이 아니라 필요한 최소한의 소득수준을 명시하며, 사람들이 그 이상의 소득을 얻는 것에 아무런 제약을 가하지 않는다. 기본소득은 무조건적이며 유급활동을 포함한 어떤 종류의 수입과도 완벽히 양립할 수 있으므로 빈곤의 함정을 피해 갈 수 있다.

4장에서 더 자세히 알아보겠지만, 기본소득은 다른 형태의 노동 분배를 가능하게 해준다. 사람들은 자신의 노동력을 언제, 어떻게 사용할지 결정하기가 더욱 쉬워질 것이다. 급여를 받으려고 일할 수도 있고 자원봉사나 육아, 가사에 전념할 수도 있다. 더욱이 기본소득은 위험 부담에 대한 기피를 완화시켜 더 큰 혁신을 가능케 한다. 예를 들어보자. 작은 사업체를 차리고 싶어 하는 사람들은 다음과 같이 크게 두 가지 부류로 나뉜다. (주로 가족에 의해) 보다 합리적이고 지속적인 사업을 할 수 있을 정도로 안전망을 갖춘 사람들과 자영업이 유일한 생계수단인 사람들이다. 후자의 경우, 위험 요인이 초기 투자자본뿐 아니라 생계수단도 잃는 것이기에 그만큼 일을 시작하기가 더 불안해진다. 더 나아가 대부분의 경우에 초기 자본의 부재는 잠재적인 소자본가들을 좌절시킨다. 기본소득은 이들이 사업을 추진하는 데 도움을 줄 뿐 아니라 살아남기 위해 사업의 성공에 너무 의존하지 않아도 되도록 해준다.

또한 기본소득은 노동관계에서 자본가의 힘을 약화시킬 수 있다. 약자들이 더 강해지기 때문에 노동자와 자본가 관계에서 협상력과 전략이 바뀌게 된다. 물론 양측의 관계가 공평해질 것이라고 말할 수는 없다. 근로조건에 대해서는 자본가나 대표자가 관리권을 거의 온전히 유지한 채 노동자들의 작업 환경과 형태, 내용을 결정하기 때문이다. 하지만 노동자 측의 협상력이 더 강해지면 자본가들이 더 높은 급여와 더 나은 근무환경을 제공할 수밖에 없을 것이다. 그저 먹고살기 위해 무미건조하고 단조로운 직업들을 받아들여야만 하는 사람들이 사라질 것이기 때문이다. 더 매력적이고 성취감을 주는 직업의 평균 보수도 하락할 것이라고 짐작된다.

이 모든 장점들은 정말 사실일까? 기본소득 제안을 처음 주의 깊게 살펴본 사람들은 대개 많은 궁금증과 의문을 제기한다. 그에 대한 답변은 더 복잡한 다른 궁금증과 의심으로 이어지기도 한다. 그중에는 이 제안의 본질적 정의 등 규범적인 의문도 있고, 가령 예산처럼 현실적인 문제를 지적하는 기술적 질문을 던지는 경우도 있다. 예를 들어 다음과 같은 질문들이다.

기본소득이 맞닥뜨리는 지적인 저항은 무엇인가? 이 제안은 공정한가? 일하기 싫어하는 사람이 조건 없는 용돈을 받을 권리가 있는가? 기본소득이 빈곤의 종말을 불러올 수 있는가? 복지국가 시스템의 자산에 따른 보조금이 더 낫지 않은가? 기본소득의 재원을 댈 수 있는가? 기본소득을 받으면 사람들이 일을 하려고 할까? 일할 수 있는 권리를 보장해주는 것이 더 낫지 않을까? 기본소득으로 인해 노동자들의 협상력이 더 높아질 수 있을까? 가난한 국가에서 부유한 국가로 많은 이민자들이 이동하는 현상에 기본소득이 어떤 영향을 줄 것인가? 여성도 기본소득에 관심을 가져야 할까? 어떤 사람은 기본소득을 자본주의라는 쓰디쓴 약을 삼키게 하는 사탕발림으로 치부하기도 하고, 또 누군가는 기본소득을 사회주의 프로젝트의 일환이라고 생각하기도 한다.

다음 장에서 이와 같은 질문들에 대해 상세히 다루도록 하겠다.

2

___

기본소득은 왜 옳은가 1

규범적
자유주의의
관점

법은 그 위대한 공정함 때문에 부자든 가난한 자든,
다리 밑에서 자거나 길거리에서 구걸을 하거나
빵을 훔치는 것을 금지한다.
—

아나톨 프랑스 Anatole France(1844~1924)
프랑스 작가

1장의 말미에서 기본소득 제안이 공정한지 물었다. 어떤 사람들은 이 질문을 정확히 이해하지 못하고 이렇게 묻는다. "기본소득은 윤리적인가?" 우리는 모두 자기만의 도덕적 규범이 있다. 아주 정교한 도덕적 기준을 지닌 사람, 매우 교양 있는 사람이 있는가 하면, 정당화하기 어려운 도덕성을 지닌 사람들도 있다. 윤리는 도덕성과 매우 밀접하지만 서로 같은 것은 아니다. 윤리는 "도덕률에 대한 비판적 분석 또는 도덕적 선택지 사이에서 한 가지 안을 고르는 행위에 대한 합리적 기준"(모스테린Mosterín, 2006: 370)이라고 할 수 있다.[1]

기본소득을 언급할 때에는 윤리보다 정의에 대해 논하는 것이 더 적절할 것이다. 어떤 사회적 제안이든 그 제안이 정의로운지 여부에 대해 논하는 것은 정의론에 포함되기 때문에, 기본소득이 정의로운지 묻는 것은 큰 의의가 있다. 정치적으로나 경제적으로 실행 가능한 정책이라 하더라도 정의라는 관점에서 바람직하지 않다면 별 소용이 없을 것이다. 한 사례로 25세부터 45세 사이의 남성들에게 우선적으로 직업을 할당해야 한다는 제안이 있다고 해보자. 이런 제안을 기술적으로 가능하게 만드는 데 큰 어려움은 없겠지만, 윤리적인 측면에서 올바른 정책이라고 생각할 수는 없을 것이다. 물론 관행적으로는 정치적·경제적 실행 가능성과 규범적 바람직성을 나누어 생각하지 말아야 한다고는 하지만(기본소득은 각계각층 전반에 걸쳐 올바르고 윤리적으로 문제가 없는 제도라고 인식되지 않으면 성공할 가능성이 없다), 그렇게 나누어 생각하는 것이 개념적으로 명확하고 뒤탈이 없다. 별생각 없이 두 분야를 섞어버리는 건 해당 주제에 대한 이론적인 명확성을 떨어뜨린다.

　기본소득에 대한 가장 강력한 반론은 재원 마련이 불가능하다는 것이 아니라, 기본소득이 옳지 않다는 주장이다. 기본소득의 규범적 토대를 건설하는 일에는 다양한 방식이 있다. 이에 다양한 정의론을 기반으로 접근할 것이다. 하지만 우선 이 제안을 덜 나쁜 것으로 보고 이끌리는 사람들이 있다는 것에 주목하고 싶다. 예를 들어 가난한 사람들의 생활고가 걷잡을 수 없이 심해져 사회 질서를 위협할 지경까지 이르게 될 경우, 기본소득이 이에 대한 예방책이 될 수 있다고 믿는 사람들이 있다. 어떤 이들은 기본소득을 공공보건과 교육 분야에 대해 '정당하게' 사유화를 요구할 수 있게 해주는 기회 또는 조치라고 여기기도 한다. 그밖에 다른 예도 여럿 있다. 그러나 이 같은 기본소득의 '방어적 옹호론'에 대한 이론적·정치적 일관성을 평가하는 것에 그치지 않고, 실질적인 지원에 대한 몇 가지 명확한 예를 살펴볼 필요가 있다. 바로 차악으로서의 기본소득에 대한 '방어적 옹호론' 같은 것보다 훨씬 더 진전하기 위해 기본소득을 정당화하고자 하는 정의론들을 말하는 것이다. 가장 첫 단계는 사회적으로 무엇이 올바른지(혹은 아닌지)에 대한 개념을 구체화하는 것이다.

규범적 정의론은 특정 형태의 평등에 충실하다는 점에서 뚜렷이 구별된다. 1998년 노벨 경제학상을 수상한 아마르티아 센Amartya Sen이 1992년 강조한 바에 따르면, 평등이라는 개념을 주장할 때에는 보통 특정한 변수에 근거하지만, 평등의 기준을 어떻게 정할지 또는 어떤 변수로 평등을 말할지는 주장하는 사람마다 뚜렷이 다르다. 그러므로 우리가 평등에 대해 논할 때에는 어떤 종류의 평등을 지지하는지에 대해서도 말할 필요가 있다. 보다 정확히 하자면 '무엇의 평등을 말하는가'라고 물을 필요가 있다는 것이다. 더 나은 평등에 대한 열망을 주장하는 것 자체로는 그다지 큰 의미가 없다. 어떤 종류의 평등이 올바르고 바람직하며 정당한지에 대한 명확한 설명이 없다면 그저 막연하게 안개 낀 길을 걷는 것과 같을 뿐이다.

이 견해에 공감하는 사람들도 평등의 기준을 선택할 때에는 제각각이 되고, 변수를 지정할 때에는 논쟁적이 된다. 지난 40년 동안 정치철학 분야에서 가장 잘 알려진 저자들의 경우를 살펴보면 존 롤스처럼 필수 재화에 대한 접근이 가장 중요하다고 판단하는 사람들, 로널드 드워킨Ronald Dworkin과 같이 내부 및 외부 자원에 대한 소유의 평등을 택한 사람들, 그리고 센의 경우에서 볼 수 있듯 기본 역량의 평등을 선호하는 사람들도 있다. 심지어 연관된 사례인 로버트 노직의 경우처럼 평등주의라고 보기 어려운 규범적 이론들조차 여전히 평등주의적인 특성을 띠고 있다고 간주되기도 한다. 노직의 경우 자신의 자유론인 '급진적 자유주의libertarianism'에 대한 변론에서 나타나는 평등주의적 기준은 사유재산권과 관련이 있다. 그가 보기에 이런 권리들을 위협한다면 어떤 종류의 평등도 올바르지 않다. 예를 들어 우리가 자원의 재분배를 원한다고 하면 이는 사유재산권을 존중하지 않는다는 뜻이므로 노직은 공정하지 않다고 할 것이다. 그러므로 어떤 특정 형태의 평등을 필수적이라고 여긴다는 것은, 다른 영역이나 변수에 불평등이 존재한다는 주장도 받아들여질 수 있다는 말이다. 이 기준이 바뀔 수 있다는 것은(앞서 이 기준이 이론에 따라 달라진다는 점을 지적했다) 그 사회가 공정하지 않다는 것을 의미한다.

마지막으로, '모든 것의 평등'은 터무니없는 생각이다. 센은 "어떤 한 측면에 대한 평등을 요구하는 주장은 필연적으로 다른 측면에 대해서는 평등주의적이지 않을 수 있음을 수반하는데, 이는 두 견해가 서로 충돌할 가능성이 높기 때문"이라고 지적한다.[2]

이제부터 정의론의 더욱 본질적인 면을 들여다볼 것이다. 로버트 노직의 급진적 자유주의 견해에 나타난 사유재산에 대한 이론으로부터 기본소득이라는 사회적 제안이 어떻게 정당화될 수 있는지 살펴보도록 하자.[3]

급진적 자유주의와 소득의 평등한 재분배

1974년에 출간된 로버트 노직의 저서에 기반을 둔 급진적 자유주의 정치철학은 20세기의 마지막 분기에 학술적으로나 사회적으로나 큰 성공을 거두었다. 노직의 이론은 국가 차원의 사회적 보호를 최대한 허무는 것을 지지하는 사람들에게 지금까지도 많은 영향을 주고 있다. 재산권 규제를 포함해 어떤 형태로든 부자로부터 빈민에게 부를 재분배하는 행위를 완곡히 반대하는 사람들도 그의 이론을 인용했다. 앞서 언급한 노직의 정치철학의 실질적 성공에 대해 말하자면, 지난 30년 동안 일어난 일들을 조금만 들여다봐도 그의 가설이 '실현'되었음을 알 수 있다. 그와 별개로 그의 정치철학이 반박하기 어려우리만큼 섬세하다는 것도 인정할 수밖에 없다.

노직의 급진적 자유주의론에 따르면 각각의 개인에게는 재산권이라고 요약할 수 있는, 양도할 수 없는 권리가 있다. 그리고 어떤 사회든 다음과 같은 원칙을 충족하면 올바른 사회라고 할 수 있다. 1) 재산권에 대한 존중 2) 존 로크John Locke의 조건에 따라 정의된, 외적 자원의 '원시취득original appropritation'에 대한 존중[4] 3) 자유로운 합의를 통한 상품과 서비스의 교환으로 발생한 결과물에 대한 존중이다. 만약 이 원칙들 중 하나라도 지켜지지 않는 사회가 있다면, 노직은 4) 어떠한 원칙의 위반에 대해서라도 추적해 이를 시정할 필요가 있다고 생각했다. 다시 말해, 그는 원시취득이 합당했는지 확인할 수 있을 때까지 그 물품의 양도 과정을 거슬러 올라가는 방식을 주문했다.

이 정의론의 핵심에는 재산에 대한 노직의 급진적 자유주의론의 세 가지 기본 원칙이 있다. 첫 번째는 교환에 관련된 것으로, 정당하게 얻은 모든 것은 자유롭게 교환할 수 있다는 원칙이다. 두 번째는 정당한 원시취득의 원칙으로, 말하자면 사람들이 초창기부터 어떻게 이 모든 것을 소유하게 되었고, 첫 번째 원칙에 따라 교환할 수 있게 되었는지에 대한 것이다. 마지막으로 세 번째 원칙은 부정의 시정에 대한 것으로, 부당 취득이나 거래를 통해 소유한 것에 대한 대처 기준을 제안한다.

이 세 원칙에 주의를 기울여보면 우리는 노직의 정의론이 최근의 불평등을 야기한 상황을 바로잡는 것에 반대한다는 것을 알 수 있다. 반대하는 논리 중 하나는 '미끄러운 비탈'ᴰ로 알려진 논법에 기초하고 있다. 이 견해는 각기 다른 여러 상황에서 파생된 사회적 불평등(이 이론의 지지자들은 '불평등'보다는 '약점'이라는 용어를 선호한다)의 존재를 부정하지 않는다. 더 나아가, 태생적 약점이 상당수 존재한다는 것을 어렵지 않게 볼 수 있다고 주장한다. 예를 들자면 몇몇 사람은 다른 사람들보다 총명하고, 어떤 이들은 활달하고 사교성이 있으며, 또 누군가는 거부할 수 없는 성적 매력이 있다는 것 등이다. 만약 정당화할 수 없는 특정한 사회적 약점들을 개선하기 시작한다면, 이는 곧 조금 더 정당화가 가능한 다른 약점이나 불평등의 개선으로 이어질 것이며, 점점 더 나아가 선천적 불평등을 가로막는 수준까지 이를 수 있다. '미끄러운 비탈'의 논증에 따르면 선천적 불평등을 바로잡으려 하다가는 결국 중앙집권적 계획이나 철저히 폭력적인 사회적 개입과 같이 충격적인 결과로 끝날 수 있다. 이런 비관론을 퍼뜨리는 사람들에게 커트 보네거트Kurt Vonnegut 같은 문학적 재능이 있었다면 그들의 과장된 악몽을 저 유명한 《해리슨 버거론Harrison Bergeron》ᴱ(1968)과 비슷하게 묘사할 수 있었을지도 모른다.

마침내 모두가 평등해졌다. (……) 누구도 다른 이보다 똑똑하지 않았다. 누구도 다른 이보다 잘생기지 않았다. 누구도 다른 이보다 강하거나 빠르지도 않았다. 이 모든 평등은 211, 212, 213번째 헌법 개정, 그리고 미국 평등유지국 요원들의 끊임없는 감시 덕분이다.

사회적 약점의 교정에 반대하는 가장 저명한 이론가로는 50여 년 전의 프리드리히 하이에크Friedrich Von Hayek를 꼽을 수 있다. '미끄러운 비탈'은 앨프레드 허슈먼Alfred Hirschman(1995)이 제기한 위험한 논지의 한 변종이다. 그에 따르면 제안된 변화가 바람직해 보여도 그 안에는 수용할 수 없는 비용과 결과가 내재되어 있다. 이들 급진적 자유주의자들은 달갑지 않은 상황으로 미끄러지지 않기 위한 적정선을 어디에 그어야 할지 알고 싶어 했으며, 사회적 약점을 교정하려는 국가의 모든 개입 시도에 대한 엄중한 경고로 '미끄러운 비탈' 논증을 사용했다. 다음은 윌 킴릭카Will Kymlicka(1990: 155)의 말이다.

우리가 선택과 상황 사이의 명확하고 납득할 만한 선을 찾기 전까지는, 여러 가지 유형의 불공평을 강제적 주장의 기반으로 삼는 것에 대해 불편을 느낄 수 있다. 급진적 자유의지론은 우리가 그 선을 정하지 않아도 된다고 제안함으로써, 불편으로부터 이득을 얻게 되는 것이다.

나는 노직이 주장한 재산 관련 이론의 원칙에 대해 논하고 싶은 것이 아니라, 어떻게 그의 이론이 기본소득을 정당화하는지에 주목하고 싶다. 사회적 상황의 개선에 반대하는 규범적 이론이 어떻게 기본소득에 정당성을 부여하는지 의심이 들 수도 있지만, 힐렐 슈타이너라는 잘 알려진 급진적 자유주의자가 이를 위한 이론을 만들었다.

슈타이너(1992)는 지구상의 모든 자원을 모든 사람이 공동으로 평등하게 소유해야 한다는 가정에서 출발한다. 그는 노동의 결과물에 세금을 매기는 건 안 되지만, 자연자원은 애초에 한 개인이나 단체의 소유가 아니기 때문에 자연의 산물에 대해서는 세금을 거두어야 한다고 주장한다. 정당한 세금은 사람들이 소유할 권리가 없는 것에 대한 세금이다. 급진적 자유주의에 의하면 개인은 자신과 자신의 소유물에 대한 완전한 자유가 있지만, 자연자원은 이에 해당되지 않으며 모두의 공공 소유다. 개인은 합법적으로 얻은 재화를 소유하며, 어떤 식으로든 재분배 차원에서 이에 대한 세금을 징수하는 것은 불합리하다. 하지만 재화에는 자연자원이 포함되며, 슈타이너에 의하면 모든 사람은 이에 대한 도덕적 권리가 있다. 그렇기에 자연 상태의 자원으로 사적 재화를 만들면서 생기는 가치에 대한 소득의 평등한 재분배는 급진적 자유주의의 원칙과 일맥상통한다. 그러므로 자연자원에 대한 세금은 정당하다. 급진적 자유주의자의 입장에서 정당한 세금은 두 가지다. 바로 상속세와 유전적 재능에 대한 세금이다. 슈타이너는 이 두 가지를 자연자원에 비유하며, 그렇기에 이 둘 역시 재분배할 수 있다고 봤다.

유전적 상속에 대해 세금을 징수하는 것은 현실로 어렵겠지만, 그와 별개로 우리는 이렇게 급진적 자유주의의 관점으로부터 기본소득에 대한 정당성을 확보했다. 지구상의 자연을 전 세계 70억 명의 사람들에게 균등하게 분배하는 것은 현실적으로 불가능한 일이지만, 이에 근접하도록 자연자원의 대체재를 분배하는 것은 가능한 일이다. 여기에서 기본소득에 대한 정당성이 생긴다. 급진적 자유주의자들에게 있어서 이 재분배는 이론적으로 완전한 시장이 결정할 지대를 포함한 '단일세single tax'를 도입하는 것을 의미한다. 모든 사람에게 자연자원을 재분배하는 것은 불가능하기 때문에, 이를 소득과 같은 형태로 대체해야 한다. 슈타이너(1992: 89)의 관점에서 보면 기본소득이 급진적 자유주의의 가치와 양립하기 위해서는 모든 사람을 대상으로 시행되어야 한다.

정의가 평등이라는 주장의 정당성과 자존감

존 롤스의 정의론의 관점에서 기본소득에 대한 자유주의적 정당성을 서술하기 전에, 다음에 말하고자 하는 내용이 기본소득에 대해 롤스가 한 말은 아니라는 걸 밝혀두어야 할 것 같다. 롤스는 기본소득을 지지한다는 말을 결코 한 적이 없다. 오히려 그는 1988년의 투고에서 정의론이 기본소득을 인정하지 않는다고 분명히 명시했다. 당시 그는 말리부의 서퍼들F과 관련한 자극적인 예를 들면서 그들이 공공기금으로 부양받을 권리가 없다고 했다. 그렇다면 우리는 기본소득이 정의론의 관점에서 공평한 것이라고 볼 수 없으니, 기본소득에 정당성을 부여할 수 없다는 결론을 내려야 할까? 이에 대해 반 더브로트와 판 파레이스(2005: 74)는 다음과 같이 명확한 의견을 밝혔다. "롤스의 이론에 의거해 기본소득이 정당하다고 증명하는 것이 불가능한 만큼 롤스의 이론에 의거해 정당하지 않다고 증명하는 것 역시 불가능하다." 그렇다 해도 나는 잠정적이기는 하지만 롤스(1971)의 이론에 의거해 기본소득이 정당성을 얻을 수 있다는 입장을 고수할 것이다.

롤스가 말한 '정의로운 상황'이란 인간의 협력이 필요하고 가능한 일반적인 상황을 말한다. 그는 이를 객관적인 상황과 주관적인 상황으로 나눈다(1971, 2001). 전자에서 롤스는 적당한 부족과 사회적 협력의 필요성을 예로 들었다. 후자는 함께 일하는 사람들에 해당한다. 간단히 말하자면, 정의로운 상황은 적당한 부족과 이해관계에서의 갈등을 필요로 하며 이러한 문제가 없다면 정의는 필요치 않다. 만일 자연적·비자연적 자원이 무한히 존재한다면 협력에 대한 어떤 계획도 쓸모없을 것이다. 만약 어떤 특정 자원이 엄청나게 많이 존재한다면, 이를 확보하기 위한 노력에서 생기는 충돌은 줄어들거나 사라질 것이다.[5] 롤스는 이 부분을 매우 명확하게 하려고 노력했다.

그렇다면 공정으로서의 정의론에 의해 무엇이 분배되어야 하며, 또 그런 분배를 위해 어떤 기준이 있어야 할까? 첫 번째 질문부터 답하자면, 분배되어야 할 것은 개인이 각각 생각하는 좋은 삶이라는 개념을 이루기 위해 필요한 주요 요소들이다.[6] 공정으로서의 정의론에서 중요한 역할을 맡고 있는 이 요소들을 열거해보자면 권리, 자유, 기회, 소득 그리고 부다. 여기에 자존감도 반드시 포함되어야 한다. 뒤에서 다시 살펴보겠지만, 자존감은 공정으로서의 정의론에 입각한 기본소득의 정당화에 매우 필수적인 요소다. 이 이론에서 자존감은 너무도 중요하기에 롤스가 자존감을 어떻게 이해했는지 알아볼 필요가 있다. 자존감에는 무엇보다 자신의 가치, 즉 자신의 삶을 지속하는 것이 가치 있다는 것, 그리고 자신의 의도를 현실로 만드는 능력에 대한 자신감이 포함된다. 자존감이 없다면, 그 무엇도 시도할 만한 가치가 없으며, 설령 어떤 프로젝트가 개인에게 어떤 가치를 지닌다고 해도 그는 그 프로젝트를 시행할 의지가 전혀 없을 것이다.

정의론에서 밝힌 이 필수 요소들은 인덱스를 만들기가 어려운 매우 잡다한 집합이다. 이렇게 잡다한 필수 요소의 집합으로 인덱스를 만드는 일은 사전 편찬적lexicography 우선권에 따라 순서를 정하는 것과 같다.[7] 필수 요소들 각각이 워낙 이질적이라서 서로 비교할 수는 없지만, 다음과 같이 어떤 순서를 만들 수는 있다. 첫 번째는 자유, 그다음은 기회의 평등, 마지막으로 소득. 그러므로 무엇이 분배되어야 할지는 필수 요소의 사전 편찬적 인덱스에 기반을 둔다.

무엇이 분배되어야 할지를 정한 다음에는 어떻게 분배할 것인지에 대한 기준을 정해야 한다. 이를 '렉시민leximin'이라고 한다. 너무 많이 인용되어 이제 보편적인 이야기가 되어버린, 공정으로서의 정의론의 원칙에 따르면 모든 개인에게는 반드시 다른 모든 사람의 자유와 양립할 수 있는, 가장 폭넓은 의미의 동일한 자유를 누릴 동등한 권리가 있다. 허용 가능한 사회경제적 불평등은 다음 두 조건을 만족해야 한다. 첫째, 어떻게든 사회의 가장 불우한 사람들에게 이득이 되어야 한다. 둘째, 기회의 공정한 평등 조건으로 모든 구성원에게 자리매김되어야 한다. 달리 말하자면, 롤스의 제안은 렉시민 기준에 따라 다음과 같이 요약할 수 있다.

1) 사회 구성의 첫 번째 기준은 모든 구성원에게 최대한의 공적 자유를 보장하는 것이다.

2) 사회 구성의 두 번째 조건은 공적인 지위에 대한 접근 기회의 평등이며, 이는 성, 인종, 계급, 문화 등의 이유로 인해 누구도 차별받아서는 안 된다는 것을 의미한다.

3) 마지막으로, 사회의 구성은 가장 불우한 구성원들의 소득을 극대화할 수 있는 부의 분배가 바탕이 되어야 한다. 이것이 바로 맥시민$_{maximin}$ 기준이다.[8] 이 기준은 사회의 가장 불우한 구성원들에게 이득을 가져다주는 부의 불평등이 허용된다는 것을 시사한다. 이 이득은 경제적 불평등이 경제의 효율성에 기여한다는 사실에서 생길 수도 있다.

렉시민 기준에 따른 제약은 꽤 엄격하다. 이에 따르면 더 큰 분배의 평등을 위해 공적 자유를 제한하는 것은 불가능하다. 또한 더 큰 기회의 평등을 위해 자유를 제한하는 것 역시 불가능하다. 앞서 말한 세 가지 조건의 우선순위는 절대적으로 지켜져야 한다. 첫 번째 조건이 가장 중요하고 그다음이 두 번째, 그리고 세 번째 조건이다. 2, 3을 위해 1을 제한한다든가, 3을 위해 2를 희생하는 것은 절대로 허용되지 않는다.

따라서 롤스의 공정으로서의 정의론에서 공적 자유는 단연 최우선적 조건이다. 그의 이론에서 공적 자유로 지정된 것들은 정치적 자유, 표현과 집회의 권리, 양심과 사상의 권리, 개인적 권리(정신적·물리적 공격으로부터의 보호를 포함), 임의적 체포로 부터의 보호권 그리고 사유재산에 대한 권리다. 롤스(1996)는 마지막 권리를 언급하면서 생산수단에 대한 개인의 소유권은 정의의 첫 번째 원칙 수준에 머무르는 것이 아니라고 명백히 밝혔다.

롤스의 정의론에 나타난 흥미로운 시사점은 선택에 대한 책임을 중시한다는 것이다. 정의론에서는 선택하지 않은 상황에 대한 책임을 강요하지 않는다. 가령 어떤 사람이 스포츠카 수집 같은 고급스러운 취향을 갖고 있을 때, 사회가 이 터무니없이 높은 기호에 대해 어떤 보상을 해야 할 필요가 없다는 것은 매우 논리적인 견해인 듯하다. 또한 누군가가 태어날 때부터 장님이거나 신체가 마비되는 장애를 앓고 있다면 그 사람은 이에 대한 책임이 없으므로, 그 방법에는 논란의 여지가 있겠지만 사회가 그에 대한 보상을 해줘야 한다고 생각할 수 있다.

롤스는 자원의 평등이 많은 사람에게 공평한 개념이라는 것을 인정했다. 그렇다면 그가 말하는 자원은 어떤 것들을 지칭할까? 우리는 사회적 자원social resources과 자연자원natural resources을 구분할 수 있다. 전자는 주요 사회재social goods의 묶음이고 후자는 주요 자연재natural goods의 묶음인 바, 전자에는 소득, 기회, 권리와 자유 등 사회적 조직에 의해 분배되는 것들이 포함되며, 후자에는 지능, 건강, 천부적 재능, 육체적 재능 등 비록 사회적 조직에 의해 영향을 받을 수는 있지만 그에 의해 직접적으로 분배되지 않은 것들이 포함된다.

이와 같은 규범적 이론에서 출발하는 기본소득의 정당성은 다음과 같이 도출된다. 우리는 형식적 자유와 기회의 공정한 평등을 존중하는 렉시민의 조건 아래에서 맥시민 기준에 가장 잘 부합하는 상황을 선택해야 한다. 따라서 롤스에 의하면, 어떤 식으로든 형식적 자유와 기회의 평등에 위배된다면 사회경제적 불평등은 결코 정당하지 않다. 이와 같은 기준에 따라 우리는 사회적으로 가장 취약한 구성원에게 최대한 경제적으로 생활 유지가 가능한 수준의 소득을 지원하는 걸 정당화할 수 있다. 그렇지만 아직은 그 소득이 기본소득이어야 한다는 정당성을 확보한 것은 아니다. 그렇다면 왜 다른 소득 지원이 아닌 기본소득이어야 하는가? 기본소득을 정당화하기 위해서는 앞서 언급했던 롤스의 주장 가운데 필수적이고 주요한 요소로서의 자존감을 살펴보아야 한다. 이 자존감을 우리의 기준점으로 삼는다면, 기본소득은 공정으로서의 정의론의 기준에서 정당성을 얻을 것이다.

우리 사회의 조건부 보조금은 가장 기초적이고 기본적인 필요를 충족하지 못하는 사람들을 추려낸다. 이런 사회복지제도는 매우 모욕적이다. 이 시스템은 스스로 생존 가능한 사람과 그렇지 못한 사람을 아주 분명하게 구분 짓는다. 조건부 보조금이나 자산 조사 보조금을 받을 수 있는 수급자들 다수는 이에 따르는 모욕적인 상황들 때문에 이를 받으려고 하지 않는다. 그러므로 자존감이라는 주요 요소를 감안하면 기본소득은 어떠한 조건부 보조금보다 좋은 선택지일 것이다. 이 보조금들의 주요 문제는 6장에서 자세히 다룰 것이고, 지금은 일단 이 보조금들의 자존감과의 관련성만 언급한다. 자존감에 매우 큰 의미를 부여하는, 공정의 정의에 대한 이러한 해석 방식에 따르면(롤스의 해석이 아니다) 기본소득은 어떤 조건부 보조금보다도 정당하다. 자존감이 없다면 개인은 사회적으로 마비된 것과 같다. 카트리나 매키넌Catriona McKinnon(2006: 1)은 기본소득이라는 "논란 가득한 제안"의 윤리적 이점에 대해 쓴 글에서 "자존감은 인간의 근본적인 요소다"라고 말했다.

모두를 위한 실질적 자유론

기본소득에 대한 세 번째이자 마지막 이론적 정당화를 위해 필리페 판 파레이스의 실질적 자유론real liberalism을 거론하고자 한다. 이 이론은 기본소득을 정당화하기 위한 정의론이라 해도 과언이 아니다. 판 파레이스는 실질적 자유의 정의론을 피력하기 전부터 오랫동안 단독 혹은 공동 저술을 통해 기본소득의 정당성과 필요성을 호소했다. 《모두에게 실질적 자유를》은 판 파레이스가 쓴 필생의 역작으로, 그는 이 책의 서론에 출간되기 18년 전인 1977년부터 이 책을 쓰기 시작했다고 밝혔다.

판 파레이스는 자신의 정의론에 대해 "진정으로 자유주의"적이며 "모두를 위한 실질적 자유"를 의미한다고 말했다. 그는 다음과 같은 두 가지 신념을 바탕으로 서술했다. 첫 번째는 자본주의 사회가 너무도 거대하고 옹호할 수 없는 불평등으로 가득 차 있다는 것이고, 두 번째는 자유가 가장 중요하다는 것이다. 판 파레이스에게 있어서 자유로운 사회란 다음 세 가지 조건을 만족시켜야 한다. 1) 권리가 잘 지켜지는 사회구조가 있고 2) 이 구조 내에서 개인은 자기 자신의 주인이며 3) 이 구조 내에서 개인은 자신이 원할 수 있는 어떤 일에 대해서도 최대한의 기회를 가져야 한다(기회의 렉시민 순서).

세 번째 조건은 다음을 의미한다. 어떤 사회가 자유로운 사회라면, 그 사회에서 가장 적은 기회를 가진 구성원은 다른 어떤 사회의 가장 적은 기회를 가진 구성원보다 많은 기회를 갖고 있어야 한다. 만일 두 사회 모두에서 가장 불우한 계층이 가진 기회가 동일하다면, 바로 위 계층이 가진 기회를 비교하고, 거기에서도 같다면 그 위 계층을 계속해서 비교해나간다. 이것이 바로 앞서 우리가 정의 내렸던 사전 편찬적 순서다.

이 세 조건을 모두 만족시키는 사회는 실질적으로 자유로운 사회일 것이다. 실질적 자유와 형식적인 자유의 차이는 세 번째 조건에 기인한다. 형식적으로 자유로운 사회는 처음 두 조건에는 부합하겠지만 세 번째 조건은 만족시키지 못한다. 예를 들어 내가 다른 어떤 일자리도 구하지 못해서 악조건의 일자리를 얻었다면 나는 자유롭게 직업을 구한 것이 아니다. 어쩔 수 없이 그 일을 할 수밖에 없는 것이다. 형식적으로 보면 나는 그 직업을 받아들여도 되고 거절해도 된다. 하지만 형식적 자유는 정확한 의미로 보면 조건부다. 충분한 자원이 없다면 형식적 자유는 현실이 될 수 없다. 만일 내가 여행을 가고 싶다면 나는 여행을 갈 자원(진정한 자유)과 국경을 넘을 수 있는 권리(공식적 자유)가 있어야 한다. 내가 말하는 세 번째 조건은 정확히 이 예시가 말하는 것과 같은 의미로서의 '기회'를 말한다. 이 개념과 아마르티아 센의 개념은 매우 유사하다. 센에게 있어서 자유란 우리가 가치 있다고 여기는 행위를 할 수 있는 실질적 기회를 의미한다.

이제 실질적으로 자유로운 사회의 세 가지 조건을 알아보았으니, 한 가지 질문을 해야 할 차례다. 이 세 조건의 우선순위는 무엇인가? 자유로운 사회는 첫 번째 조건이 두 번째 조건보다 우위에 있어야 하고, 두 번째 조건을 세 번째 조건보다 우선해야 한다. 안전이 가장 먼저고, 그다음으로 자신에 대한 소유권이 사회의 가장 불우한 구성원을 지원하는 기회의 순서보다 우선되어야 할 것이다. 그러나 판 파레이스(1995: 26)는 이와 같은 우선순위가 너무 절대적이어서는 안 된다고 말한다. 만일 법과 우선순위에 대한 사소한 위배를 피하는 것이 자신에 대한 소유권을 너무 크게 해친다면, 그러한 위배는 그냥 눈감아주는 것이 좋다는 의미다. 만일 도둑질을 막기 위해 엄청난 경찰국가를 세워야 한다고 해보자. 판 파레이스는 경찰국가를 만드는 비용이 절도 사건의 감소로 얻는 이득보다 압도적으로 클 것이라고 생각했다.

세 번째 조건에서 판 파레이스는 "자신이 원할 수 있는"이라는 표현을 사용했다. 이 표현은 약간 이상하다고 느껴질 수 있기에 왜 판 파레이스가 이런 말을 했는지 설명할 필요가 있다. 그는 적극적 자유와 소극적인 자유의 전통적인 구분에서부터 고찰을 시작하는데,[9] 이는 '~을 할 수 있는 자유'와 '~로부터의 자유'로 간략하게 표현되기도 한다. 판 파레이스의 관점에 따르면 개인의 자유란 '~을 할 수 있는 자유'와 '~로부터의 자유' 모두를 의미한다. 그렇다면 내가 스스로 원하는 것을 언제든 할 수 있다면 나는 자유롭다고 할 수 있을까? 판 파레이스는 반드시 그렇지는 않다고 할 것이다. 만일 자유가 자신이 원하는 일을 행할 때 어떠한 저항도 없다는 것을 의미한다면, 그것은 내가 선호하는 것에 대한 타인의 영향이나 자신의 내재된 욕망의 교묘한 조종을 통해 '내가 원하는 것'이 '내가 가지고 있는 것'으로 바뀔 수도 있다는 것을 의미한다. 이러한 방식으로 인해 개인의 선호가 조종됨으로써 개인의 순응성이 증가할 수 있는 가능성 또한 무시하면 안 된다. 판 파레이스는 이러한 선호의 조작을 통해 개인이 자유를 증진시킬 수 있다고 주장하는 건 반직관적이라고 표현한다. 이것은 '만족한 노예'와 같은 맥락이다. 실제로 그 누구도 노예가 행복할 수도 있다는 사실을 부정하지는 않지만, 이것이 더 큰 자유를 의미한다고 말할 수 있는 건 아주 극소수일 것이다.

'만족한 노예'를 통해 우리는 다음과 같은 상황을 생각해볼 수 있다. 특별히 엄격하지도 않은, 일반적인 정의의 기준에서 보더라도 불공정한 위치에 있는 사람이 앞서 말한 '선호 조작'에 의해 자신의 지위가 공정하다고 여길 수 있는 상황이 가능하다는 말이다. 그러한 상황으로는 스톡홀름 증후군, 의존적이거나 종속적인 자신의 상태를 받아들인 여성들 그리고 자신들의 처절한 상황이 피할 수 없다고 생각하는 노동자들의 경우 등이 있다. 판 파레이스는 자유란 단지 개인이 원하는 일을 함에 있어서 저항이 없는 것이 아니라 개인이 원할 수도 있는 모든 일을 행함에 있어서 저항이 없는 것을 의미한다고 규정함으로써 '만족한 노예'의 문제를 극복했다(판 파레이스, 1995: 19). 이 관점에서 보면, 선호 조작을 통해서 노예들을 만족하도록 만든 노예 사회도 자유롭다고 할 수 없다. 판 파레이스는 이 개념이 구성원 모두가 하고 싶어 하는 일을 못 하는 사회와 구성원 모두가 싫어할 것 같은 일을 하지 않는 사회 간의 구분으로 이어진다고 했다.

이제 기본소득을 모두를 위한 진정한 자유론과 연관 지을 수 있는 시점에 도달했다. 판 파레이스가 정의한 세 가지 원칙에 기반을 둔 자유로운 사회는 반드시 이 원칙을 가능하게 할 수 있는 조직이 있어야 한다. 그러므로 첫 번째 원칙인 안전은 확고한 권리의 구조를 필요로 한다. 두 번째 원칙인 자신에 대한 소유권은 명확한 자치권을 필요로 하며, 이 말은 이러한 권리의 구조 아래에서 개인은 자신에 대한 완전한 권한을 갖는다는 것이다. 세 번째 원칙인 일련의 기회들의 렉시민 체계는 실질적 자유라는 개념의 가장 의미 있는 제도적 결과물인 기본소득에 대한 인식으로 이어진다. 만약 실질적 자유에 대해 권리뿐 아니라 그 수단에 대해서도 말한다면, 사람들의 소득은 매우 중요한 요소가 될 것이다. 나는 단순히 자유를 향유하는 것에 대해서가 아니라, 자신이 원할 수도 있는 방식으로 살아갈 자유를 말하는 것이다.

판 파레이스에 의해 제시된 기본소득의 정의(1995: 35)는 1장에서 언급했던 정의와 유사하다. 그에 따르면, 기본소득이란 정확히 말해 정부가 사회의 모든 구성원에게 1) 일하는 것을 원하든 원하지 않든 2) 부자이거나 가난한 자이거나 상관없이 3) 동거 형태와 관계없이 4) 거주 지역과 무관하게 일정한 소득을 지원하는 것을 말한다.[10] 여기서 사회 구성원의 조건에는 합법적 거주자의 신분도 포함된다. 그 말은 기본소득이 그 국가의 시민에게만 한정되지 않는다는 것을 의미한다. 그렇다고는 하지만 이민법은 정확히 말해서 기본소득 계획에 포함되지 않는 부분인데, 이는 이민법과 관련된 정치적 입장이 다른 사회적 동기로부터 나오기 때문이다. 그렇지만 보편적 기본소득이 서유럽으로 향하는 무분별한 이민과 이를 촉발시킨 사회적 현상에 대한 유효한 대안이라는 점은 말해두고 싶다.

이제 기본소득에 대한 판 파레이스의 또 다른 옹호론을 살펴볼 차례다. 지금까지 우리는 지능이나 매력 혹은 결점 같은, 이른바 내적 재능에 대해서는 다루지 않았다. 우리는 모두 자연의 운명에 의해 동등한 재능을 갖고 태어나지 않는다. 어떤 사람들은 건강하고 운동신경이 좋은 반면에, 다른 사람들은 허약하다. 어떤 사람들은 매우 지능이 높지만 다른 사람들은 조금 지능이 떨어진다. 어떤 사람들은 매우 성적으로 매력적이지만 다른 사람들은 심지어 거부감을 불러일으키기도 한다. 어떤 사람들은 신체적 기능이 매우 발달한 반면 또 다른 사람들은 신체적 장애를 앓고 있기도 하다.

판 파레이스는 넓은 의미로서의 장애를 갖고 있는 사람들의 경우, 자연의 운명에 의해 혜택을 입은 사람들이 누리는 기회를 갖지 못하는 점에 대해 고민했다. 그는 후자보다 전자에게 외부적 자원을 더 많이 제공해야 한다고 믿었다. 여기서 그는 브루스 애커먼Bruce Ackerman(1993)이 처음 쓴 개념인 '비지배적 다양성'의 기준을 활용한다. 이 개념은 내적 재능의 문제와 관련이 있다. X의 타고난 재능이 Z의 타고난 재능을 '지배'한다고 말할 수 있는 필요충분조건은 모든 사람이 좋은 삶에 대한 각자의 기준을 갖고 있음에도 X의 재능을 Z의 재능에 비해 선호하는 것이다.

그렇다면 이 같은 대단히 난해한 기준의 바탕이 되는 개념은 무엇인가? 가령 몬세라트라는 사람이 지적이고 매력적이며 교양 있는 여자인 반면, 아나스타샤라는 여자는 그리 지능적이지 못하며 교육을 별로 받지는 못했지만 운동 능력이 몬세라트에 비해 압도적으로 높은 사람이라고 가정해보자. 그리고 그 외에 비교할 부분은 아예 없다고 해보자. 그렇다면 몬세라트의 타고난 재능이 아나스타샤의 타고난 재능을 완전히 지배하지는 않는다. 물론 우리가 가정한 네 가지 재능 중 다수는 몬세라트가 아나스타샤에 비해 높지만 신체적 능력은 반대로 몬세라트가 압도적으로 떨어진다. 이 예시에서 한 가지 문제를 도출할 수 있다. 만일 우리가 좋은 삶이라는 개념을 무시하면, 지배는 오직 몬세라트가 아나스타샤에 비해 모든 부분에서 우월할 경우에만 일어날 수 있다. 여기서 문제가 명백히 드러난다. 그렇다면 비지배적 다양성은 일어나기 매우 힘들 것이기 때문이다. 더 많은 재능을 비교하고 만일 몬세라트가 아나스타샤에 비해 네 가지 면 모두에서 우월하다고 해도, 아나스타샤가 몬세라트에 비해 아름다운 눈을 가지고 있을 수도 있다.

애커먼의 관점에 따르면, 만약 두 사람의 타고난 재능을 비교한다면 오로지 두 가지 결론만이 가능하다. 첫 번째는 타고난 재능 면에서 한쪽이 지배하는 경우로, 이 경우 지배당하는 쪽은 보상을 요구할 수 있다. 두 번째는 지배 관계가 없는 상황으로 이 경우에는 어떠한 보상도 요구할 수 없다.

이제 우리는 기본소득이 안전, 자율성 그리고 비지배적 다양성의 기준이 지켜지는 한, 모든 사람을 위한 실질적 자유론의 측면에서 정당성이 부여된다고 말할 수 있다. 하지만 나는 그 전에 판 파레이스가 직업에 부여한 역할을 언급하며 그의 이론에 대한 논의를 마무리 짓고 싶다. 그는 일자리가 부족한 20세기 말과 21세기 초의 자본주의 시대에 직업을 가진 사람들은 그들에게 주어져야 할 기회보다 더 많은 기회를 누린다고 생각한다. 일을 할 수 있거나 일을 하고 싶지만 일자리를 구하지 못한 모든 사람들은 원칙적으로 보수를 받는 전체 일자리에서 균등한 분배를 받아야 한다. 만일 완전고용이나 자발적 실업이 존재한다고 해도 사람들이 원하지 않거나 불쾌한 직업들이 있기 때문에 판 파레이스의 생각은 여전히 유효할 것이다. 그의 관점에서 기본소득은 유급노동을 하기 위해 한정된 기회를 부당하게 전유하는 사람들이 누리는 실질적 자유를 재분배할 수 있는 한 방법이다.

자유주의와 공화주의는 무엇이 다른가

지금까지 세 가지 다른 정의론의 관점에서 기본소득에 대한 이론적 정당성을 제시했다. 그중 세 번째로 살펴본 판 파레이스의 실질적 자유론이 기본소득의 정당성을 입증하는 데 가장 직접적이고 정교한 이론이라는 것에는 의심할 여지가 없다. 이 이론들은 공통적으로 스스로를 자유주의라고 한다. 물론 이 이론들 간에 눈에 띄는 차이가 있기는 하다. 그 차이는 하이에크, 롤스, 노직 등 급진적 자유주의자들 사이만큼 크지만 이들은 "사회 속에서 나타나는 좋은 삶의 여러 다른 개념들 사이에 생기는 어떤 종류의 서열도 배제한다"(판 파레이스, 1991: 244)는 공통된 관점을 갖고 있다. 이 시점에서 특정 부분들은 명확히 할 필요가 있다.

첫 번째는 '자유주의'라는 단어에 관한 것인데, 그 의미가 아주 다양한 구분과 분류, 하위 분류에 따라 영향을 받을 수 있다는 점이다. 예를 들어 재산 기반 자유주의와 연대 기반 자유주의, 경제적 자유주의와 정치적 자유주의를 들 수 있다. 하지만 여기에서 이러한 세세한 분류까지 살펴볼 필요는 없다. 여기서 주의깊게 볼 점은 근본적인 차이로, 바로 정치적 자유주의와 강단 자유주의의 구분이다. 존재한 지 200년도 채 안 된 정치적 자유주의는 19세기, 20세기를 지나 지금까지도 세를 이어온 그 자유주의이다. 그러한 정치적 자유주의의 역할과 그것이 민주주의, 자유, 평등에 미친 영향을 분석하는 것은 역사학자들의 몫이다.[11] 하지만 강단 자유주의에서 우리는 우파와 중도 그리고 중도좌파의 다양한 정치적 스펙트럼의 논자들을 찾아볼 수 있다. 앞서 다룬 세 가지 정의론은 강단 자유주의의 다양한 이론들 사이에 존재하는 큰 차이의 한 예다.

다음 장을 염두에 두면서, 자유주의와 공화주의의 정의론의 차이에 주목하기 위해 끊임없이 반복되는 몇몇 '사실들'을 언급하는 것도 흥미로울 것 같다. 거칠게 말하자면, 강단 자유주의는 도덕적으로 좋은 것에 관심이 없고, 그렇기에 도덕적으로 완벽주의적인 교의가 아니며, 따라서 국가에 대해 중립적인 개념을 취할 수 있다. 그 때문에 강단 자유주의를 두고 관용을 베푸는 비종파적인 정치적 교의라고들 한다. 그러한 맥락에서 반대로 생각해보면, 공화주의는 시민의 미덕과 관련이 되어 있기에 도덕적 완벽주의를 추구하고, 그래서 무엇이 좋은 것인지에 대한 다양한 개념들을 허용하고 그에 중립적인 국가와는 양립할 수 없다.[12]

이 같은 어리석은 주장은 다양한 학술지와 관련 도서에 조금은 다르지만 더 고차원적으로 서술되어 있다. 세계의 여러 대학에서, 특히 영어권 대학에서 이러한 이야기들을 접할 수 있다. 그렇다면 어느 정도는 사실일 수도 있는 것 아닌가? 간단히 답하자면 전혀 그렇지 않다. 다음 장에서는 끊임없이 반복되는 이 상투적인 주장을 논하면서 기본소득에 대한 공화주의적 정당성을 서술하도록 하겠다.

3

기본소득은 왜 옳은가 2

규범적
공화주의의
관점

진실을 밝히는 것이
거짓을 입증하는 것만큼 쉬웠더라면.
—

마르쿠스 툴리우스 키케로Marcus Tullius Cicero(기원전 106~43년)
로마의 정치가이자 작가

공화주의republicanism란 무엇인가? 공화주의가 어떻게 기본소득을 정당화할 수 있을까? 이 두 질문에 대답하기는 어렵지 않다. 이를 다루는 것은 중요한 철학적(뿐 아니라 사회적이고 정치적인) 쟁점들을 논할 기회이기도 하다.

영어권 국가에서 공화주의의 부흥에 가장 큰 기여를 한 인물 중 한 명인 필립 페팃Philip Pettit(1997)에 따르면, 공화주의는 로마에 뿌리를 두고 있고 르네상스 때 부활했으며 네덜란드연방공화국(1588~1795년)과 영국 시민전쟁 시기(1642~1651년) 그리고 미국독립혁명(1775~1782년)과 프랑스혁명(1789~1794년) 동안에 특히 명성을 떨쳤다. 공화주의의 가장 중요한 특징을 이해하려면 공화주의의 기원을 더 깊이 알아보아야 하는데, 그것은 바로 민주적 평민plebeian democratic이라는 특징이다. 이를 위해 2,500여 년 전(기원전 507~321년)의 아테네 민주정치와 공화국을 들여다보자.

자유주의의 기원을 겨우 19세기 초에서 찾을 수 있는 것과 달리('자유주의liberalism'라는 단어는 1812년, 코르테스 데 카디스Cortes de Cádiz에 의해 처음 쓰인 표현으로 그 후 전 세계적으로 퍼졌다), 공화주의는 고대 지중해 세계에서부터 발달해온 2,000년의 유구한 전통이 있다. 공화주의와 연관된 이름들(평민 민주주의 버전으로)을 살펴보면 에피알테스Ephialtes, 페리클레스Pericles, 프로타고라스Protagoras, 데모크리토스Democritus, 그리고(반민주주의적이고 과두정치적인 버전의) 아리스토텔레스와 키케로가 있다. 이러한 공화주의의 거대한 두 줄기는 현대에까지 이르렀다. 민주주의는 시민들, 정부의 구성원들과 가난한 대중의 공화주의적 자유의 보편화에 대한 열망이다. 반민주주의는 자신의 노동으로 살아가는 자들을 시민으로서의 정치적인 삶에서 배제하는 한편 부유한 자산가들의 정치권력 독점을 열망하는 것이다. 현대 공화주의의 부활과 관련된 인물로는 마르실리오Marsiglio of Padua, 마키아벨리Machiavelli, 몽테스키외Montesquieu(일부 면에서), 존 로크, 루소, 칸트, 제임스 메디슨James Madison, 로베스피에르 그리고 마르크스가 있다.

　　공화주의가 여러 시대에 걸쳐 결정적으로 기여한 점들을 조명하는 이유는 다음과 같은 두 가지 목적 때문이다. 먼저 우리는 역사학적인 관점에서 자유에 대한 공화주의적인 개념과 가장 관련 있는 측면들을 뽑아내서 그로부터 자유에 대한 (당연히 창조론적이 아닌) 진화론적인 해석을 할 것이다. 논의를 위해 자유의 개념을 '창조'하는 것이 아니라 다른 시대의 가장 뛰어난 인물들이 해석한 공화주의적 자유 개념의 주요 특징들에 주목할 것이다. 그리고 나서 기본소득을 위한 공화주의적 기반을 견고하게 제시하며 이 장을 마치도록 하겠다.

아리스토텔레스: 타인에게 생존을 의지하는 인간

고대를 다루는 가장 뛰어난 역사학자 중 한 명인 세인트 크로아G.E.M. de Ste. Croix는 아리스토텔레스를 고대 그리스의 위대한 정치사상가로 정확히 묘사했다.

> 마르크스와 추종자들의 시대착오적 일탈과는 달리, 경제적 계급이라는 개념은 그리스 사회 문화의 기본 요인이며 또한 정치적 분파의 기준으로서, 그리스인들의 견해와 놀랍도록 잘 조응되었다. 그들 중 그리스의 위대한 사회학자이자 정치학자인 아리스토텔레스는 늘 계급 분석을 기반으로 삼았다. 사람들은 자신의 경제적 지위를 위해서라면 정치적이든 어떤 식으로든 행동을 취할 것이라고 믿어 의심치 않았다 (세인트 크로아, 1981:79).

아리스토텔레스의 가장 큰 기여라면 그가 규정한 자유에 대한 개념을 꼽을 수 있다. 이를 더 자세히 알아보려면 아리스토텔레스가 묘사한 사회를 먼저 살펴볼 필요가 있다.

아리스토텔레스는 기원전 507년부터 322~321년까지 존재한 아테네 민주정치 시대의 말미에 살았다. 185년이라는 긴 세월 동안 과두제를 다시 시행하려는 시도는 기원전 411년과 404~403년, 이렇게 두 번밖에 없었다. 아리스토텔레스의 죽음과 거의 동시에 아테네 민주주의에 있어서 가장 중대한 변화인 에피알테스의 개혁의 결과가 기원전 462~461년에 나타났다. 이러한 변화와 더불어 정치적 임무 수행에 대한 보수 체계도 점진적으로 도입되었다. 처음에는 배심원 활동을 하는 사람들과 500인 평의회Boulé 참석자가 지급 대상이었고, 이후 기원전 403년에는 민회Ekklesia 참석자로 확대되었다. 보수는 장인이 받는 급료보다도 적었지만, 가장 가난한 시민들이라도 원한다면 실질적인 역할을 맡을 수 있도록 허락되었다.[1] 에피알테스의 개혁은 다음을 의미했다.

> 가난한 자들의 집회에 의한 정치 활력의 손상과 과두제라는 두 번의 반동 시도를 제외하면, 아테네는 가난한 자들의 민주주의가 방해받지 않고 140년간 통치한 국가다.[2]

바로 그때, 아테네 민주정치의 말년이 아리스토텔레스가 살았던 시기였다. 당시 그는 의심할 나위 없이 공명정대하고 예리한 비평가였다. 아리스토텔레스의 정치적 저작들, 특히 《정치학Politics》은 그의 배경을 고려하지 않으면 이해할 수 없다. (당대 민주주의의 관대함을 생각하면 불필요한 일이겠지만) 아리스토텔레스는 '극단적인' 민주주의의 '과도함'이라는 위험성을 우려했다. 특히 대지주들의 부를 몰수할 수 있다고 본 것이 그렇다. 하지만 당시의 민주주의는 부자들에게 매우 관대했다. 전쟁 때 부자들이 공화국의 전쟁 비용을 대기 위해 '에이스포라eisphora'라는 추가적인 세금을 납부한 것은 사실이다. 하지만 이것을 세금의 부과라고 보기는 어렵다.

아리스토텔레스는 부자와 빈자를 주로 유산자와 거의 아무것도 가지지 못한 자들hoi aporoi로 구분했는데 이따금 이들과는 다른, 오늘날 '중산층'이라고 부를 수 있는 적당한 부를 가진 사람들hoi mesoi에 대해 언급했다. 아리스토텔레스는 개인의 경제적 여건이 곧 그의 정치적 활동을 규정하는 가장 중요한 요소라고 여겼다. 이 생각은 사회적 관심을 다룬 그의 저서에 꾸준히 등장하는데, 아리스토텔레스는 이를 직접적으로 주장하지는 않았다. 그저 당연시했다. 당시에는 그런 생각이 널리 받아들여졌기 때문이다. 참고로 말하자면 고대 이후로 이와 같이 신분 기반의 정치적 관점을 지닌 저자들이 상당히 많았다.[3] 지식인들이 경제적 여건과 정치적 행동의 관계를 무시하기 시작한 것은 20세기 중반에 이르러서였다.

아리스토텔레스를 비롯해 플라톤과 다른 사람들도 가난하든 부유하든 집권하는 쪽은 자신들의 이익을 위해 통치할 것이라는 생각을 믿어 의심치 않았다. "폭정은 군주 개인의 관심에만 집중하는 군주제이고, 과두제에서는 부유한 자들의 이익에 초점을 둔다. 민주주의는 궁핍한 자들을 위한 것이다. 이들 중 어느 것도 모두의 공동선은 추구하지 않는다."(정치학, 3.7, 1279b, 5)[4] 그는 "과두제는 어떤 면에서 불평등한 자들은 모든 면에서 불평등하다는 관념에 기반을 둔다. 재산이 불평등하므로, 본인들이 무조건적으로 불평등할 수밖에 없다고 여긴다"(정치학, 1301a, 31~33)라고 말했으며, 또 "가장 부유한 자들은 정부 내에서 극빈층이 자신과 같은 지분을 갖는 것을 불공평하다고 여긴다"(정치학, 1316b, 1~3)라고도 했다.

아리스토텔레스가 빈부의 구별에 대해 강조한 바는 매우 중요하다. 빈민과 부자는 정치체의 주요 구성원이기 때문이다.

그러나 한 사람이 동시에 부유하면서 가난할 수는 없다. 빈민과 부자는 국가를 양분하는 두 부분이다. 게다가 부자가 상대적으로 숫자가 적고 빈민들은 많기에 둘은 적대적인 듯 보이며, 둘 중 우세한 쪽이 정부를 형성한다. 이 때문에 보편적으로 두 가지 형태의 정부가 있다고 여겨진다. 바로 민주주의와 과두제다(정치학, 1291b, 8~13).

아리스토텔레스가 말하는 '빈민'이란 무엇일까? 답은 21세기 초 우리가 알고 있는 의미와는 관계가 거의 없다. 5장에서 빈곤의 여러 양상들에 대해 설명하겠지만, 잠깐 짚고 가자면 우리는 '빈민'을 애매한 통계적 기준에 따라 판별한다는 것만 언급하겠다. 예를 들자면 소득이 특정 지역에서 1인당 평균소득의 50~60퍼센트 미만이거나, 특정 구역에서 하루에 2달러 미만이거나, 아니면 소득이 정부가 지정하는 최저생계비보다 낮은 사람들이 '빈민'에 해당될 수 있다.

또 아리스토텔레스는 가난한 자유인과 노예들을 구분했다. 여기서 다루는 논의의 초점에서 너무 멀어지기 때문에, 노예를 깊이 다루지는 않을 것이다. 간단히 말하자면 아리스토텔레스에게 있어서 노예란 시민사회의 일부가 아닌, 걷고 말하는 도구들과 다를 바 없었다. 반면 그가 말하는 가난한 자유인이란 재산은 없지만 노예는 아닌 모든 사람들이다. 예를 들어 가족을 겨우 부양할 정도의 땅을 가진 빈민, 날품팔이, 건축가, 화가, 조각가, 채석장 노동자, 주조장 노동자, 염색업자, 은세공인, 대리석 조각가, 도배업자, 판화가, 마차 운전사, 기수, 밧줄 장인, 무두장이, 도로 보수업자 등등이 여기에 해당된다. 가난한 자유인은 자신의 노동력으로 살았으며 자신의 직업에 종사하기 위해 타인들, 즉 유산자들에게 의존했다. 그들의 존재 그 자체가 부자들의 손아귀 안에 있었다.

아리스토텔레스에게 있어서 부자들은 자신의 재산 덕분에 물질적 생존이 보장된 사람들, 즉 유산자였다. 고대로부터 수세기에 걸쳐 가장 중요한 재산은 땅이었다. 유산자 계급은 좋은 삶에 필요한 재화와 사치품을 확실히 공급받기 위해 다른 사람들을 고용했다. 지금 우리가 다루는 이 시기에는 무산자와 유산자인 비율이 4대 3이었다. 그러니까 이 시기에 아테네의 인구 중 성인 자유인은 3만 5,000명 정도였으니 대략 무산자가 2만 명이었고, 유산자는 1만 5,000명이었다. 도제 없이 생계를 꾸려야 하는, 중산층 이하 계급인 장인들 역시 무산자에 포함되었다. 중요한 점은 부의 양이 아니라 살기 위해 다른 사람에게 의존하지 않아도 되는 물질적 가능성이 있는지 여부였다. 부자들은, 그들 사이에도 부의 차이는 있었지만, 물질적 생존을 보장받았다.

부자에 의한 정부는 과두정치이고 가난한 사람에 의한 정부는 민주주의다. "민주주의와 과두정치의 진정한 차이는 가난과 부이다. 부를 가졌다는 이유로 지배한다면, 그 수가 많든 적든 간에 이는 과두정치이며, 가난한 사람이 지배할 경우 이는 민주주의다."(정치학Politics, 1279b: 39; 1280a: 1~3) 정권을 과두정치로, 아니면 민주주의로 만드는 것은 단순히 다수냐의 문제가 아니라 계급(부자와 가난한 자 그리고 소유주와 자유로운 비소유주의 구분)의 문제다.

앞서 언급했듯이 아리스토텔레스는 아테네 민주주의의 지지자가 아니었다. 아리스토텔레스가 보기에 가난한 자유인phaulos은 재산이 없기에 물질적 생존을 보장받지 못했다. "자치적인 생존의 기반"(베르토뮤Bertomeu와 도메네크Domènech, 2005: 37)을 소유하지 못한 그들은 생존을 위해 다른 사람에게 의지해야 했기 때문에 자유롭지 못했다. 또한 아리스토텔레스는 자유롭지 못한 사람에게 완전한 정치적 권리를 주는 것은 어불성설이라고 주장했다. 한편 아테네의 민주주의자들은 (그리고 몇 세기 후 민주적 공화주의자들도) 아리스토텔레스의 기본 논리에 대한 불만은 전혀 없었지만 모든 사람들에게 물질적 생존을 보장함으로써 정치적 권리를 넓히고 일반화하려고 했다. 그들은 가난한 자유인의 정치적 참여가 '미손misthon', 즉 공적 영역에서의 특정 임무 수행이라는 에피알테스의 개혁으로 인해 도입된 보수 지급을 통해 가능할 것이라고 생각했다. 이 공적 급여가 없었다면, 가난한 사람들은 결코 민주적 의사 결정에 참여하지 못했을 것이다. 여기에서 우리는 아리스토텔레스가 미손을 반대한다는 것, 그리고 부자들이 공회에 참여하지 않으면 벌금으로 제재를 가해야 한다는 그의 역제안을 발견하게 된다.

아리스토텔레스는 가난한 사람을 자립할 수 있는 물질적 존재로 만들어주는, 재산의 대체재(이것은 매우 중요한 공화주의 개념이다. 이 장에서 우리는 기본소득을 보편적 재산으로 다룰 것이고, 그때 다시 검토할 것이다)로서의 미손의 역할을 정확히 짚어냈다. 하지만 이는 현실정치라는 아리스토텔레스의 한 측면으로 여기서 이에 대해 논하고 싶지는 않다. 아리스토텔레스가 보기에 물질적 생존을 보장받지 않는 인간은 반드시 생존을 위해 타인에게 의존해야 하기 때문에 절대로 자유로울 수 없다. 이제부터 다룰 논점이 바로 그것이다.

키케로: 노동 착취와 제한된 노예제

로마 사람들은 신분에 지대한 관심을 갖고 있었다. 당시 신분을 결정 짓는 것은 바로 부였다. 그에 대해 크로아는 이렇게 말했다. "오비디우스는 이를 세 단어로 아름답게 표현했다. '재산이 등급을 부여한다dat census honoures.'"(《사랑도 가지가지Amores III》, Viii. 55) (1981: 425) 로마의 시민법ius civile은 모든 개인적 관계와 가족 관계를 세밀하게 정리한, 지적 엄격함의 기념비적인 예라고 할 수 있다. 이 법에서 특별히 주의를 기울여야 할 것이 있다면, 크로아가 강조했듯이 로마의 지배계급에서 유별나게 신성시되었던 재산에 대한 권리다. 여기에서는 절대적 불가침성을 재산권의 필수 요소라며 집착했던 위대한 공화주의자 키케로를 통해 이를 살펴볼 것이다.

그러나 그 전에 로마법에서는 유별나게 남달랐던 '계약'의 특징을 간략히 알아보도록 하겠다. 그 이유는 로마의 공화주의적 자유의 개념하에서는 물질적 생존을 보장받지 못해서 다른 사람에게 의존할 수밖에 없는 개인들이 자유와 정반대되는 상황에 처해 있었다는 것을 입증하기 위해서다.

로마에는 두 가지 노동 계약이 있었다. 특정계약locatio conductio opera과 포괄계약locatio conductio operarum이다. 특정계약은 가령 은세공 같은, 계약서에 명시된 특정한 일을 하기 위해 다른 사람과 맺는 계약을 말한다. 포괄계약은 용역 계약으로 특정 기간 동안 계약자가 요구하는 모든 일을 수행하는 것을 의미했다. 특정계약은 두 자유인이 서로의 동의 아래 체결하는 계약이었다. 염색업자나 무두장이 같은 특정 분야의 일을 하는 사람에 의한 특정 서비스의 공급과 관련되기에 가치 있다고 여겨졌다. 반면 포괄계약은 자유를 침해하기 때문에 모욕적이라고 여겨졌다. 계약자 중 한 사람이 상대에게 의존하게 되어 자유를 위협받기에 자유인에게 있어서 당치도 않은 계약이었다. 키케로는 《의무론 De Officiis》에서 임금의 대가라는 넓은 의미의 말로써 한 사람의 노동력을 착취 가능하게 만드는 것은 노예 계약과 같으며, 이는 아리스토텔레스가 두 세기 전에 "제한된 노예제"라고 부른 것과 거의 일치한다고 썼다.[5]

　　과두적 공화주의를 깊이 이해하려면 키케로는 반드시 알아야 할 사상가다. 급진적 자유주의의 철학적 승리자들이 나타나기 2,000년도 더 전에 그는 재산권의 불가침성에 대해 깊은 우려를 표했다. 키케로의 말을 그대로 인용하자면 "관리의 공직에 있는 사람은 (……) 모든 사람이 자신의 소유물을 가질 수 있도록 하는 일을 최우선으로 삼아야 하며, 시민들이 국가에 의한 재산권 침해를 감내하지 않도록 해야 한다."(《의무론》 2권 21장) 정치가의 재산권 보호에 대한 관심은 당연히 이를 재분배하려는 충동을 억제는시키는데, 이는 다음과 같은 생각 때문이었다. '그보다 더 파멸적인 정책이 어디 있을까? 입헌국가와 자치 정부 구축의 주된 목표는 개인의 재산권 보호에 있을 텐데 말이다.'

　　키케로는 조화가 깨질 것이라는 생각에 추호도 의심이 없었다.

한 집단에서 금전을 빼앗아 다른 집단에 증여한다면, 또 만일 재산권이 존중되지 않는다면 평등은 완전히 파멸을 맞이할 것이다. 앞서 언급했듯이, 모든 사람에게 소유한 재산에 대한 완전하고 자유로운 권한을 보장하는 것은 국가와 도시의 사명이다(《의무론》 2권 22장).[6]

키케로의 과두적 공화주의는 노동계급에 대한 경멸 또한 숨기지 않았다. "어떤 종류의 로마식 위선에 대해서도 가장 세심히 표현할 줄 아는"(크로아, 1981: 331), 로마에서 가장 많은 부를 가진 키케로는 아무런 부끄러움 없이 다음과 같이 말한다.

모든 고용된 노동자들, 즉 우리가 예술적 가치가 아닌 단순노동의 대가로 금전을 지불하는 자들의 생계수단은 천박하여 신사에게는 어울리지 않는다. 그들의 경우 자신이 받는 임금이 바로 스스로가 노예라는 맹세이기 때문이다(《의무론》 2권 42장).

조금 뒤에 그는 이렇게 추가한다.

그중에서도 가장 천박한 일은 감각적 즐거움을 제공하는 부류다.
'생선 장수, 도살자, 요리사 그리고 수렵꾼
그리고 어부'
테렌티우스Terence가 말했듯이 '이 목록에 향료상, 무용가 그리고 발레단 모두를 더해주기 바란다.'

키케로 외에도 적절히 인용할 만한 초기의 반민주적 혹은 과두적 공화주의자들은 많다. 하지만 이제부터는 1,800년을 건너뛰어 후

세에 지대한 영향을 미친 한 민주적 공화주의자의 사상을 알아보도록 하자.

로베스피에르: 모든 시민의 물질적 생존 보장

막시밀리앙 로베스피에르는 세상을 떠나고 나서도 얼마간은 조롱과 비난을 받았다. 우파 지식인, 정치인, 선동가들의 그런 언행은 놀랍지도 않은 일이었고 일면 당연하기도 했다. 하지만 이 정치인이자 사상가에 대해 좌파 진영이 더 많은 호의를 보내지 않은 것은 다소 놀라운 일이다.[7]

로베스피에르는 프랑스대혁명의 주요 인사였다. 그의 죽음 직후, 혁명의 양상은 급격히 역행했고 나폴레옹 제국의 탄생이라는 결과로 이어졌다. 여기서 우리가 주목해야 할 점은 로베스피에르라는 혁명가가 공화주의자로서 기여한 것들이다. 그의 작품과 연설은 10권 정도의 분량이지만(1910년 이후 출판되었다) 여기에서는 재산, 불평등, 자유, 사회적 생존과 관련된 부분에만 초점을 맞추도록 하겠다.

여기서 짚고 가자면, 로베스피에르에게 있어서 정치체의 가장 중요한 두 부분은 아리스토텔레스의 경우와 마찬가지로 부유층과 빈곤층이었다. 아리스토텔레스가 선언한 지 약 2,100년 후인 1790년 2월 2일에 로베스피에르는 다음과 같이 그와 매우 비슷한 말을 한다. "프랑스는 의심할 여지없이 민중과 귀족이라는 두 집단으로 분리되었다."

로베스피에르에게 재산이란 무엇인가? 1793년 4월 24일, 국민 공회의 연설에서 그의 긴 답변을 들을 수 있다.

사람 고기를 파는 상인에게 재산이 무엇인지 물어보라. 그는 살아 있는 것처럼 보이는 사람들에게 낙인을 찍고 그들을 가두어놓은 관(그는 보트라고 말하겠지만)을 가리키며 이렇게 말할 것이다. "이 사람들은 두당 얼마씩 돈을 주고 내가 샀기 때문에 내 소유물이다." 토지와 하인을 소유한 이 신사에게, 아니면 더 이상 그것들이 없어서 세상이 무너진 것 같다고 여기는 사람에게 물어보라. 카페 왕조의 위엄에 찬 일원에게 물어보면 그들은 모든 재산 중에서 가장 소중한 것은 상속권이라고 명백히 말할 것이다. 이로써 그들은 고대로부터 군주로서, 또 자기 기분에 따라 프랑스의 2,500만 거주자들을 탄압하고 모욕하고 법적으로 숨 막히게 몰아붙일 권리를 누려왔다.

재산에 대한 이 적나라한 묘사를 통해 우리는 로베스피에르가 사회적으로 재산이 정당하려면 어떠해야 하는지에 대해 규범적 관점에서 언급한 것을 살펴볼 준비를 마쳤다. 그는 연설을 통해 이를 몇 가지 조항의 형태로 요약했다.

조항 1. 재산이란 모든 시민이 향유할 수 있는 권리이지만, 법적으로 보장된 부분은 없다.

조항 2. 재산권은 다른 모든 권리와 동일하게, 타인의 권리를 존중해야 한다는 의무에 의해 제한된다.

조항 3. 재산은 타인의 안전, 자유, 생존 그리고 재산을 위협하면 안 된다.

조항 4. 위 원칙을 어기는 어떤 종류의 상거래나 소유물도 불법이며 비도덕적이다.

로베스피에르에게 재산이란 한정되어야 하고, 자유와 생존을 위협하면 안 된다. 그는 이 두 조건에 부합하지 않은 재산은 불법이고 비도덕적인 것이라 여겼다. 1792년 12월 2일, 국민공회의 연설에서 로베스피에르는 이렇게 물었다. "대체 왜 법은 보통의 살인자를 대하는 것과는 달리, 살인자의 것 같은 저 독점가의 손은 묶어두면 안 되는가?"

재산과 자유는 아주 밀접한 관계다. 이에 대해 로베스피에르는 의원들에게 이렇게 연설했다.

자유를 인간이 가진 최고의 재화이자 자연으로부터 부여받은 가장 신성한 권리라고 정의함에 따라, 당신은 자유의 한계가 다른 사람의 권리에 의해 정해진다고 올바르게 이야기했다. 그런데 왜 당신들은 이 원칙을 하나의 사회적 제도인 재산에는 적용시키지 않는가? 불변하는 자연의 법칙이 인간의 관습보다 덜 절대적인 것이라도 되는 양 말이다. 당신들은 재산권 행사에 더 큰 자유를 보장하기 위해 조항을 크게 늘렸으면서, 이의 법적인 성질을 결정하는 것에 대해서는 아무런 언급도 없지 않은가? (인간과 국민의 권리 선언에 대하여, 1793년 4월 24일)

모든 재산이 합법적인 것은 아니라는 개념은 로베스피에르의 저작을 관통하는 주장이다. 만일 재산이 자유를 위협한다면 이는 합법적이지 않다. 로베스피에르가 보기에 자유가 파괴되는 가장 근본적인 원인은 '모든 악의 근원'인 거대한 경제적 불평등이었다. 1791년 4월 5일의 연설에서 그는 법률 제정자에게 다음과 같이 일갈했다. "당신들의 법이, 그 현명하고 효과적인 수단을 통해 재산의 극단적인 불평들을 없애는 걸 목표로 삼지 않는다면 당신들은 자유를 위해서 한 일이 아무것도 없다." 1793년 4월 24일에는 "극단적인 부의 불균형이 수많은 악과 범죄의 근원이라는 사실을 세상에 설명하는 것에 혁명은 필요 없었다"라고 말하며 자신의 주장을 다시 한 번 강조했다.

　　흥미로운 점은, 유산자들만이 자신을 시민이라고 부를 권리가 있는 것은 아니라고 로베스피에르가 지적했을 때가 1791년 4월로, 이른 시기였다는 점이다. "부자들은 오로지 유산자들만이 시민이라 불릴 자격이 있다는 것을 확고히 하려고 했다. 그들은 자신들의 사적인 이익을 전체의 이익이라고 했으며, 그들의 목표를 달성하기 위해서 모든 사회적 권력을 찬탈했다."

　　재산, 자유 그리고 거대한 사회적 불평등에 대해 심사숙고한 바를 스스로 요약 정리하듯, 로베스피에르는 사회가 모든 시민의 물질적 생존을 보장해야 한다는 자신의 신념을 끊임없이 반복했다. 그의 주장에서 인용할 만한 구절들은 꽤 많은데, 그중에서도 가장 예리하고 풍성한 글들은 로베스피에르가 36세의 나이로 단두대에서 최후를 맞이하기 18개월 전에 집중되었다. 그는 시민의 물질적 생존을 보장하지 않는 사회는 정의롭지 않으며, 그러므로 그런 사회는 지속되면 안 된다고 주장했다. 1793년 4월 24일의 연설에서는 "사회는 모든 구성원의 생존을 보장할 의무가 있다"라고 선언했다. 또 그는 "빈곤에 맞서기 위해 필요한 도움을 제공하는 것은 빈곤한 자에 대한 부자의 의무다. 이 빚을 어떻게 갚아야 할 것인지는 법이 해결해야 할 문제다"라고 했다. 사회, 때로는 더 직접적으로 정부는 기아와 빈곤 그리고 빈곤한 사람이 사는 참혹한 상황에 대한 책임이 있기 때문에 "시민의 불행은 오로지 정부의 범죄일 뿐이다."(1793년 5월 10일의 연설) 마땅히 계속해서 인용되어야 할 글을 하나 꼽는다면, 로베스피에르가 1792년 12월 2일에 했던 생존에 관한 연설이다.

사회가 추구해야 할 첫 번째 목표는 무엇인가? 인간의 신성한 권리를 지키는 것이다. 이 권리 중 가장 중요한 것은 무엇인가? 바로 생존권이다. 그러므로 첫 번째 사회법은 모든 구성원에게 생존의 수단을 보장해주는 것이다. 그 외 모든 것은 그다음 문제다. 재산이 도입되고 보장되는 것은 오직 이 법을 공고히 하기 위해서다. 만일 재산을 소유한다면, 그것은 최우선적으로 생존을 위해서다. 또한 재산은 절대로 사람들의 생존에 방해가 되어서는 안 된다.

로베스피에르의 첫 번째 사회법은 기본소득에 대한 우리의 논의에서 필수적이다.

지금까지 우리는 세 인물(아리스토텔레스, 키케로, 로베스피에르[8])에게 초점을 맞추었다. 서로 다르기는 하지만 그들은 공화주의적 전통에서 가장 중요한 사상가라고 할 만한 매우 합당한 근거가 있기 때문이다. 물론 다른 중요한 사상가들도 많지만,[9] 우선은 지금까지 알아본 것들을 돌아볼 때가 되었다.

자유에 합당한 대상은 누구인가

아리스토텔레스와 키케로가 말한 공화주의적 자유의 과두정치적 개념과 로베스피에르의 민주적 관점의 차이가 무엇이건 간에, 이들은 모두 자유의 문제를 동일하게 바라본다. 차이는 단지 이 자유의 확장과 이 자유에 합당한 대상이 누구인지에 있다. 과두적 공화주의자들은 그 대상을 부자들로 한정 짓고, 민주적 공화주의자들은 모든 시민들로 확장한다.

이제 거대한 불평등이 어떻게 자유에 치명적인 영향을 끼치는지에 대한 로베스피에르의 설명과 그가 테르미도르파 반동주의자에 의해 죽음을 맞이한 1794년 7월 28일로부터 몇 개월 뒤에 발표된 연설들을 대조해보자. 첫 번째 인용은 테르미도르파 의원인 부아시 당글라Boissy d'Anglas가 발표한 내용이다.

우리는 최고의 사람들에게 통치받아야 한다. 최고의 사람들이란 가장 좋은 교육을 받고 법을 지키는 것에 가장 많은 신경을 쏟는 사람들이다. 일부 예를 제외한다면 재산이 있는 국가와 재산을 보호하는 법 그리고 재산을 지키려는 충정에 충심을 다하며, 재산에 대한 소유권을 향유하는 사람들 중에서만 이런 최고의 사람들을 발견할 수 있을 것이다. 그들의 재산과 그 재산으로 얻은 안락함은, 국가의 운명을 결정하는 법의 장단점을 현명하고 신중하게 의논할 수 있도록 해준 교육 덕분이다. 유산자들이 지배하는 국가에는 사회적 질서가 있다. 그러나 '민주주의'에 의해 무산자들에게 지배받는 국가는 그냥 자연 상태일 뿐이다.

두 번째 인용은 잘 알려진 테르미도르파인 뒤퐁 드 느무르Dupont de Nemours의 연설에서 발췌했다.

유산자들의 허가가 없다면 이 국가의 어디에서도 거처와 생계수단을 찾을 수 없기에, 유산자들이 우월한 시민이란 것은 자명한 사실이다. 그들은 신과 자연의 은총, 그들이 한 일과 투자 그리고 그들의 선조들이 한 일과 투자에 의한 지배자들이다.[10]

뒤퐁 드 느무르는 정치적 활동 외에도, 지금까지 그의 이름을 이어오는 회사를 창립했고, 그 회사는 현재 화학과 의료 분야의 거대 다국적기업 형태를 갖추었다.

공화주의적 관점에서 종합해보자면, X라는 한 인물이 사회적으로 자유롭다고 할 수 있는 조건은 다음과 같다.

1) X가 생존을 위해 타인에게 의존하지 않는다는 말은, 그가 최소한의 생존을 유지할 수 있는 어느 정도의 재산을 소유하여 그

의 사회적 삶이 보장된다는 것과 같다.

2) 누구도 X의 사회적 존재의 자율적 영역에 자의적으로(즉, 불법적으로) 개입할 수 없다.

3) 이는 또한 공화국이 다음과 같은 경우에는 X라는 사회적 존재의 자율적 영역에 합법적으로 개입할 수 있다는 의미이기도 하다. 공화국의 시민이 다른 모든 자유 시민과 정치적 관계가 동등하여 법 이전에 평등함으로써 다른 시민들과 공동으로 법을 제정하기로 하며, 또한 법에 저항하거나 정부가 제정한 법을 폐지하고 대체 입법을 공동으로 할 수 있는 동등한 권리가 있는 경우다.

4) (개인이든, 집단이든, 공화국이든) X가 사회적 자율성을 잃고 다른 이에게 의존해야 할 정도로 그의 개인적·사회적 생존의 영역에 개입하는 것은 불법이다.

5) X의 사적인 영역을 통해 X가 공공재를 정의할 권리를 가지고 공화국과 성공적으로 논쟁을 할 수 있다면, 공화국은 X라는 사적인 사회적 존재의 영역에 개입해야 한다. 이것은 다르게 말하자면 정치적 조직체의 모든 구성원에 대한 공화주의적 자유의 보장이다.

6) 마지막으로 X는 누구도 전유할 수 없는 기본적인(또한 도구적이지만은 않은) 권리로서 시민적·정치적 자유를 보장받는다. 만일 X가 이 권리를 (팔든 포기하든) 스스로 없애려고 한다면, 이는 자유 시민의 지위를 잃는다는 것을 의미한다.[11]

공화주의적 전통에 따르면 X가 가진 일련의 기회들은 그를 자유로운 사회적 존재로 만들어주는 재산에 의해 명확히 그 한계가 결정된다. 여기서 말하는 기회란 재산으로부터 비롯된 기회를 의미한다. 완전한 시민권은 물질적인 독립이나 앞에서 명시한 일련의 기회들에 대한 통제가 있어야만 존재할 수 있다. 완전히 자유롭지 못한 사람들과 시민 영역의 법적 관계든 집안 살림에서든 온갖 종류의 간섭을 당하는 사람들에 대한 소유주 또는 부자들의 지배 관계가 존재하는 한 정치적 자유와 시민권의 행사는 불가능하다.

여기에 바로 민주적 공화주의자와 과두적 공화주의자의 커다란 차이가 있다. 전자에게 있어서 정치의 역할은 모든 시민과 모든 사람들에게 물질적 생존을 보장함으로써 자유를 가능하게 하는 메커니즘을 만드는 것이다. 반면에 후자는 언제나 자율적·법적 권리sui iuris를 보유하지 못한 사람들을 정치에서 제외시키는 것이 목표였다. 그렇기에 그들은 '수동적' 시민과 '능동적' 시민을 분리하려고 한다. 예를 들면 칸트는 타인 아래에서 배우는 사람들은 시민으로서 독립할 수 없다는 관점을 취했다. 미성년자, 여성과 하인들도 생계와 보호의 측면에서 그들의 생존을 스스로 보장할 수 없기 때문에 마찬가지다. 일반 대중에게 자신의 노동의 결과물을 팔지 못해 사적인 계약과 일시적인 종속 계약에 의존해야 하는 사람들, 그리고 품팔이꾼들 역시 그렇다.[12]

요약하자면, 공화주의적 전통에 따르면 재산으로부터 발생하는 독립은 단순한 사적 이해관계가 아니다. 이는 자유의 행사와 공화주의적 자치 정부를 수립하는 데 있어서 근본적인 정치적 중요성을 지닌다. 정치적 독립과 역량을 위해서는 생존의 물질적 기반이 보장되어야 하기 때문이다.

공화주의의 덕과 중립성

나는 2장을 마무리하면서 여러 가지 문제를 제기했는데, 그중 한 가지는 공화주의의 미덕과 중립성에 관계가 있다. 좀 더 정확하게 말하자면, 공화주의는 시민들의 미덕과 관계있기 때문에 도덕적인 완벽을 추구하고 그런 이유로 중립적인 국가와 양립할 수 없다고 여겨진다. 여기에 약간의 논리적 비약까지 더해져서 공화주의는 정치적으로 편협한 교의이며, 다양한 개념을 전혀 수용하지 못한다는 식으로 알려졌다. 이제 이에 대한 반론을 제기할 때다.

우선 미덕부터 살펴보자. 공화주의의 역사적 전통에서는 단 한 번도 미덕의 문제를 단순한 심리적·도덕적 문제로 접근한 적이 없다. 아리스토텔레스까지 돌아봐도 미덕에 대한 토론에는 언제나 제도에 대한 고려와 공화주의적 미덕을 가능 또는 불가능하게 하는 사회적·물질적 기반에 대한 언급이 동반되었다. 물론 미덕에는 심리적·도덕적 단면이 있다. 하지만 공화주의자들은 이를 고려함과 동시에 사회적·물질적 생존에 기반을 두어야만 미덕이 나타날 수 있다고 주장했다. 앞서 살펴보았듯이 아리스토텔레스는 빈곤한 자유인에게 물질적 생존의 자치적 기반이 있다는 걸 부인한다. 재산이 없기 때문이다. 존재의 자치적 기반의 부재가 그를 자유롭지 못하게 하며, 이것이 바로 아리스토텔레스가 가난한 자의 정치적 권리를 부인하는 이유다.

이는 공화주의적 미덕이 도덕적 완벽주의와 아무런 관계가 없음을 명백히 시사한다. 사회제도와는 별개로 좋은 삶에 대한 이해를 호소하는 것도 아니다. 반대로 공화주의의 전통은 공화국에 의해 자율적이고 사회적인 생존의 물질적 기반을 보장받을 때에만 시민은 개인의 삶에 대한 자치 역량을 발전시킬 수 있다고 주장한다. 또한 이는 공적 활동을 위한 역량을 더욱 높인다. 물론 몇몇 시민들에게 이 물질적 기반은 혐오스러운 방송이 나오는 텔레비전 앞에 앉아 맥주와 콜레스테롤 가득한 음식을 잔뜩 우겨넣는 삶을 의미하기도 한다. 공화주의의 지지자들이 그런 현실을 부인하는 건 아니다. 그러나 그들이 주장하는 것은 이 물질적 기반이 개인으로 하여금 시민의 미덕, 즉 자신의 삶을 자치할 능력을 길러 공적인 삶에 참여하고 시민으로서, 다른 말로 하면 물질적으로 독립한 시민으로서 그 지위를 온전히 누릴 기회를 제공한다는 것이다.

이제 국가의 중립성을 살펴보도록 하자. 학계에서 국가의 중립성이란 일반적으로 국가가 좋은 삶에 대한 특정한 정의를 특별히 선호하지 않는다는 것을 의미한다. 좋은 삶에 대한 개념은 반드시 개인이 선택할 문제여야 한다. 또한 학계에서 자유주의적 정의론은 좋은 삶의 다양한 가치관에 대해 중립적이라고 여겨진다. 특정한 형태의 좋은 삶을 지지하는 정의론은 '완벽주의'라고 낙인 찍힌다. 나는 몇몇 부수적인 상황을 제외하고는 학계의 관점이 별로 도움이 안 된다고 생각한다. 역사적 공화주의의 전통에 따르면 진정 흥미로운 점이 여러 가지가 있는데, 그중에 우리가 가장 먼저 상기해야 할 것은 "국가 중립성은 그 성격상 최소 페리클레스Pericles만큼 오래된 공화주의의 발명이다"(베르토뮤와 도메네크, 2006)라는 것이다. 내가 이해한 바로는, 역사적 공화주의자들의 관심은 일반적인 국가 중립성에 대한 관점보다 훨씬 더 시사하는 바가 많고 광범위하다. 국가는 당연히 좋은 삶에 대한 시민들의 다양한 가치관을 존중해야 하지만, 한편으로 무엇이 공익인지에 대해 공화국이 결정할 권리에 실질적인 위협이 되는 개인이나 사업 또는 사적인 집단의 경제적·제도적 토대를 없애거나 제한하기 위해 간섭할 '의무'도 있다.

예를 들자면 국가에 자신의 의지를 반영할 수 있을 정도로 강력한 힘과 영향력을 가진 사적 권력이 있다고 해보자. 이는 국가가 실질적으로 중립성을 잃었다는 말과 같다. 또한 이는 전체 인구의 상당수가 좋든 싫든 간에 그들의 사적인 선의 개념에 영향 받게 된다는 것을 의미한다. 국가 중립성에 대한 공화주의적 개념은 바로 국가가 그러한 강요를 막기 위해 개입할 권리에 기반을 둔다. 베르토뮤와 도메네크(2006)가 제시하는 다음 두 가지 예시가 이에 대한 논점을 명확히 해준다.

바이마르공화국은 히틀러 정권에 재정 지원을 한 독일 기업의 거대한 카르텔과 싸웠고 결국에는 패배했다. 이때 공화국은 국가의 중립성을 위해 싸웠던 것이다. 북아메리카의 공화국에서도 루스벨트 대통령은 1937년 반독점법으로 '경제 군주들'을 통제하려고 했다. 이 역시 실패하긴 했지만, 국가의 중립성을 위해 싸웠던 것이다.

조지프 스티글리츠(2006: 7장)는 그의 저서《인간의 얼굴을 한 세계화》에서 41개 회사가 1991년부터 2001년 사이 미국의 선거운동에 1억 5,000만 달러를 지원한 사실에 주목했다. 마이크로소프트, 디즈니, GE 등의 회사들은 고작 3년 만에 550억 달러의 세금 감면으로 보상받았다! 덧붙여, 스티글리츠는 1998년부터 2004년 사이에 거대 제약회사들이 미 의회에서 1,400여 개 법안의 통과에 영향을 미치기 위해 7억 5,900만 달러를 제공했다고 밝혔다.

공화주의의 전통에 있어서 국가 중립성의 문제는 단순히 좋은 삶의 가치관을 존중해야 하는가, 또는 그런 가치관이 국가에 의해 보호받아야 하는가, 같은 문제가 아니다. 그런 것들은 당연히 존중받아야 한다. 문제는 개인이나 어떤 작은 단체의 물질적 생존이 초국적 기업의 투자 계획에 영향을 받는다는 것, 한 국가의 모든 에너지 자원이 몇몇 거대 기업의 이사진에 의해 통제받아야 한다는 것, 그리고 몇몇 교단의 교리가 특정 사람들의 물질적 생존의 조건에 대한 착취로 이어질 수 있다는 것이다.

기본소득에 대한 공화주의적 정당성

지금까지 살펴보았던 인물들은 여러 면에서 서로 많은 차이가 있다. 여기에서 다루지 않은 공화주의자들도 마찬가지다. 그 차이가 무엇이든 간에, 그들은 최소한 다음과 같은 두 가지 신념을 공유한다.

1) 자유롭다는 것은 생존을 위해 타인에게 의존하지 않는 것이며, 다른 집단의 임의적인 간섭에 영향을 받지 않는다는 것이다. 재산이 없어서 이 '생존의 권리'를 보장받지 못하는 사람은 자치권sui iuris을 갖고 있는 시민이 아니며 타인의 관용에 빌붙어 살아가게 된다. 타인에 대한 의존성으로 인해 외부 권력의 영향력 아래에 놓임으로써 '외부인'이 되기 때문에 시민으로서의 미덕을 함양하거나 행사할 수 없게 된다.

2) 공화주의적 자유는 다수(민주적 공화주의자들이 지지하는 평민 민주주의)에게로 확장될 수도, 아니면 소수(과두적 공화주의자들의 금권정치적 형태)로 좁혀질 수도 있지만, 변하지 않는 사실은 재산과 그로부터 얻어진 물질적 독립이 바탕이 된다는 점이다. 만일에 재산 소유가 너무 불평등하고 극단적으로 편중되어 소수의 개인들이 민중의 반대를 뿌리치고 좋은 삶에 대한 자신의 가치관을 강요함으로써 공화국에 도전할 수 있는 위치에 오른다면 공화주의적 자유는 유지될 수 없다. 재산이 너무나도 불평등하게 분배된다면, 남아 있는 사람들이 자유를 누릴 공간은 극단적으로 좁아진다. 그들은 자유를 박탈당한 것이다.[13]

지금껏 계속해서 언급했듯이 재산이 부여하는 자립, 물질적 생존, 자치적 기반(이 세 가지 표현은 완전히 대체 가능하다)은 자유를 행사하는 데 있어서 필수 불가결한 조건이다. 그렇기에 기본소득을 지지하는 공화주의자들의 '재산의 보편화universalization of property'라는 생각은 다소 비유적으로 이해되어야 한다. 한 국가 혹은 전 세계의 토지와 재산을 대상 인구에게 분배한다는 생각을 진지하게 하는 사람은 아무도 없다. 공화주의에서 재산의 보편화라는 것은 물질적 생존을 보장한다는 말로 이해해야 한다(카사사스와 라벤토스, 2007).

기본소득의 도입은 공화주의적 자유의 증대를 의미할 것이다. 이 말은 사회경제적 독립의 강화를 뜻하거나, 또는 세계시민들 대다수, 특히 가장 불우하고 착취당하는 대상들이 알고 있었던 것보다 훨씬 발전되고 거대한 생존의 자치 기반을 뜻한다. 나는 다른 사람이나 집단의 임의적 개입에 매우 취약한 사람들에 주목한다. 그러한 취약 집단이 갖고 있던 시민으로서의 개인적 기회는 기본소득으로 보장된 공화주의적 자유에 의해 크게 증진될 수 있을 것이다.

여성의 물질적 의존

여성은 매우 크고 이질적인 집단을 이루고 있으며, 주지하다시피 모든 여성이 동일한 사회적 상황에 놓여 있는 것도 아니다. 기본소득은 의심할 여지없이 많은 여성들을 현재보다 높은 수준의 경제적 자립으로 이끌 것이다.[14] 기본소득은 노동의 영역에서 이루어지는 어떤 기여와도 독립적이지만, 나는 대다수의 여성이 보수를 받지 않으면서도 노동을 하고 있다는 점을 강조하고 싶다. 4장에서 자세히 다루겠지만, 유급노동은 여러 가지 노동의 종류 중 한 가지일 뿐이다.

여성을 위한 기본소득에 찬성하는 공화주의적 주장과 논거는 다음과 같다.

1) 사회정책이 동거 유형의 변화, 특히 여성이 가장인 한부모 가정

의 증가에 맞추어 변화해야 한다는 문제에 기본소득은 결정적인 답을 줄 수 있다.

2) 기본소득은 개인별로 지급되기에, 반려자와 함께 사는(결혼 여부와 상관없이) 많은 여성들, 특히 가장 빈곤한 여성들의 경제적 상황을 개선할 것이다. 현재의 자산 조사 보조금 가운데 상당 부분은 가정별로 배정된다. 이 보조금은 보통, 가족 내 호주(대개 남자)가 수령하기 때문에 그보다 약한 가족 구성원(대개 여자)은 이 소득에 접근하지 못하거나 이 소득을 쓰는 데 권한을 행사하지 못한다. 캐럴 페이트먼Carol Pateman(2006: 115)의 관점에 따르면 "기본소득은 민주화에 매우 중요한데, 이는 가정이 아니라 시민 개인에게 지급되기 때문이다."

3) 기본소득이 제공하는 경제적 독립은 가정 내 성별 지배와 종속의 관계를 바꾸는 힘이 될 것이다. 가정 내 (특히 남편이나 반려자에게 의존하는) 여성 또는 시간제나 불규칙한 일자리에서 매우 낮은 소득을 받는 여성의 협상력을 높여줄 것이다.

4) 최근 수십 년간 많은 페미니스트 작가들이 보여주었듯이, 부유한 국가의 사회보장제도는 여성이 남편에게 경제적으로 의존하고 있다는 가정하에서 운영되고 있다. 이 말은 어떤 사회보장 급여도 남편의 세금 기여 때문이지 여성의 시민으로서의 지위 때문이 아니라는 말이다. 남성 가장이라는 고정관념에 대한 저항이 점점 더 느는 추세로 볼 때, 가사노동에 대한 선택이 앞으로 훨씬 더 상호 합의적이 될 것이라는 가정은 결코 이상한 생각이 아닐 것이다.

이 네 가지 요점을 통해, 페이트먼이 언급했듯이, 공화주의적인 관점에서 기본소득이 어떻게 여성의 물질적 생존을 지지하는지에 대한 더욱 포괄적인 논의를 할 수 있다. 간단히 말하자면, 최근 몇 년 동안 정치철학적 상호 관계와 관련된 문제점들은 유급노동과 직접적인 관련이 있는 행위만을 언급한다. 만약에 큰 논란을 일으키는 '무임승차'처럼 보수를 받는 일을 할 수 있는데도 하지 않으면서 기본소득처럼 무조건적인 수당을 받는 사람이 있다면, 앞에서 말한 상호 관계가 훼손될 것인가?[15] 페이트먼은 이러한 사고방식이 오직 유급노동만 다루는, 문제에 대한 매우 제한적인 접근 방식이라고 지적한다. 이러한 접근 방식은 대부분 여성들이 종사하는 무보수 형태의 일, 즉 가사노동을 다룰 때 문제가 된다.

이는 더욱 광범위한 문제, 즉 민주적 공화주의의 한 가지 문제로 이어진다. 바로 여성이 남성의 지배하에 놓이는 역사적 의존 상태다. 이 같은 의존은 앙시앵레짐ancien régime이 끝난 이후에도 존재해왔다. 다음 예시가 이 논점에 도움이 될 것 같다. 1792년에 로베스피에르는 능동적 시민과 수동적 시민의 차이를 없앴는데, 이 말은 시민이 낸 세금의 양에 따라서 투표할 권리가 있는 시민과 그 권리가 없는 시민이 나뉘어졌던 것의 폐지를 말한다. 다른 말로, 능동적 시민은 특정 수준 이상의 부를 누렸으며, 수동적 시민은 그렇지 못했다. 그런데 이조차도 남성에게만 해당되는 이야기였다. 여성은 남성에게 의존하기 때문에 아예 제외되었다.[16] 이것이 바로 페이트먼이 우려했던 것과 나의 관점이 일치하는 지점이다. 기본소득은 급여 대상이 보편적이다. 시민권이 있고 합법적 거주자라는 조건만 만족하면 된다. 가족 단위로 지급되거나 특정 유형의 사람(예를 들어 남성)에게만 분배되지 않는다. 따라서 여전히 물질적 생존을 위해 남성에게 의존할 수밖에 없는 상당수의 여성들에게 자립 기반을 제공하는 수단이 될 수 있다.

노동계급의 협상력과 노동의 탈상품화

이제 다수의 기본소득 지지자들이 언급한 두 번째 취약 계층인 노동계급에 대해 살펴보자. 여기서 논점은 노동력의 탈상품화다. 자본주의 경제에서 토지나 생산수단을 보유하지 않은 사람들은 생존을 위해 자신들의 노동력을 노동시장에서 토지나 생산수단의 소유주, 즉 고용주에게 팔아야 한다.[17] 이 상황을 노동력(혹은 노동)의 상품화라고 일컫는데, 이는 이 같은 상황에서 벗어나게 해줄 재산을 소유하지 못한 사람들의 노동력이 상품이 되었기 때문이다. 어떤 노동자들은 다양한 사회보장 메커니즘 덕분에 생계수단을 시장 밖에서 구할 수 있다. 이 경우 그들의 노동력은 탈상품화된 것이다. 이제 우리는 노동력 상품화(혹은 탈상품화)의 여러 단계에 대해 말할 수 있다. 기본소득이 최소한 "고용되지 않을 자유"(페이트먼, 2006: 104)가 가능할 정도로만 되어도, 노동력의 상품화에 상당한 영향을 미칠 것이다.

또한 공화주의적 관점에서 바라볼 때 기본소득은 노동계급에 매우 흥미로운 한 가지 영향을 미치는데, 바로 고용주에 대한 노동자의 협상력 증가다.[18] 기본소득이 보장하는 소득의 안정성 덕분에 궁지에 몰린 노동자들은 아무리 나쁜 직업이라도 받아들일 수밖에 없는 상황을 피할 수 있을 것이다. 이는 노동시장을 떠나는 것이 현실적인 선택이 되는 시점부터, 노동자들의 협상력이 매우 커진다는 것을 의미한다. 지금 불만을 가진 노동자들은 협상을 끝까지 밀어붙이면, 결국 소유주들이 자신을 기계나 다른 실직자들('산업예비군')로 대체한다는 사실을 잘 알고 있다. 노동자들의 생계수단은 현실적이고 직접적으로 협상 테이블의 반대편에 앉아 있는 사람들이 주는 임금에 달려 있다. 자본주의에서 노동관계는 극단적으로 불균형적이다. 이러한 상황에서 정기적으로 지급되는 기본소득이라는 안전지대는 많은 노동자들이 원치 않는 노동 상황을 설득력 있고, 효과적으로 반대할 수 있도록 도울 것이다. 그뿐 아니라 그들이 더 높은 수준의 자아 성취에 도전할 수 있도록 다른 종류의 일에 종사할 수 있는 기회를 허락할 것이다.

노동자들이 파업을 할 때 기본소득은 무조건적이고 고갈되지 않는, 저항의 지원금이 될 것이다. 이것이 노동자의 협상력에 어떤 영향을 미칠지 상상해보는 건 그리 어렵지 않다. 만일 노동자들이 기본소득에 기댈 수 있다면, 지금처럼 파업 기간 동안 다른 수입원이 없어서 삶이 매우 힘들어지는 절대다수 노동자들의 현실과는 다르게 매우 안정적인 파업을 할 수 있을 것이다.

마무리하자면, 이 장에서 나는 여러 인물들을 통해 공화주의적 전통이 아주 가치 있는 사상과 행동으로 짜인 계획이라는 점을 보여주고자 했다. 자유에 대한 공화주의적 개념은 매우 긴요하다. 자유와 평등은 둘 중 하나를 골라야 하거나, 아니면 하나를 위해 다른 하나를 줄여야 할 대상이 아니다. 거대한 사회적 불평등은 자유를 억압하는 원인이다. 막대한 부의 사적인 축적과 완전히 비참한 상황이 동시에 전개되고 있는 오늘날, 수억 명의 자유가 심각하게 억압되고 있다. 이 같은 새로운 세기의 사회경제적 상황 속에서 기본소득의 역할은 모든 시민과 합법적 거주자(어떤 지역이든)에게 물질적 생존을 제공하는 제도적 메커니즘, 그 이상이다. 현대 사회에서 그러한 역할은 결코 작은 성취가 아닐 것이다.

노동의 세 가지 유형

유급노동,
가사노동,
자원봉사

부르주아에게는 노동에 초현실적 창의력이 있다고 속이는 데 있어서
매우 훌륭한 근거가 있다. 노동력을 제외하고 어떤 재산도
보유하지 못한 인간은 모든 사회와 문화의 조건 아래
노동의 물질적 조건의 소유자가 된 사람의 노예가 될 수밖에 없다.
노동이 자연에 의존한다는 명백한 사실 때문이다.
그러한 인간은 유산자의 허가가 있어야만 노동을 할 수 있으며,
그렇기에 유산자의 허가가 있어야만 생존할 수 있다.
—

카를 마르크스(1818~1883)
독일의 정치학자이자 경제학자

노동의 개념을 정의하는 것은 다소 위험한 작업이다. 관점에 따라 어떤 개념은 너무 제한적이고, 또 어떤 관점은 너무 광범위해서 모호하다. 역사적 인물들이 제시한 매우 흥미로운 정의와 그에 대한 장단점으로 어느 정도는 설명이 될 것이다. 하지만 그러한 설명은 세 가지 유형의 노동과 기본소득의 관계라는, 내가 다루고자 하는 내용과는 다소 거리가 있다. 이 책에서는 노동의 어떤 특정한 정의를 고집하거나, 노동이라는 용어에 대한 깊이 있는 분석을 하려는 생각은 전혀 없다. 노동이라는 개념의 여러 측면 중 기본소득에 영향을 미칠 수 있는 부분, 혹은 기본소득에 의해 영향 받는 부분이 무엇인지 짚어주고 싶을 뿐이다.

1960년대 후반까지, 학계와 일반적인 용법에서의 '노동'은 시장에서 보수 혹은 급여를 받는 행위만을 지칭했다. 다른 말로 하자면, '노동'은 오로지 재화와 서비스의 생산에 관련된 행위만을 일컫는 말이었다. 그러나 나는 노동을 훨씬 더 넓은 시각에서 바라본다. 내

4장 ——— 노동의 세 가지 유형: 유급노동, 가사노동, 자원봉사

가 이해하기에 노동이란 그 행위에 보수가 있든 없든 간에 최종적으로 인간에게 재화와 서비스를 제공하는 데 기여하는 모든 행위를 통틀어 지칭한다.[1] 이러한 정의는 가정주부, 수렵채집인, 공정무역 자원봉사자들의 현실을 이해하는 데 도움을 준다는 장점도 있지만, 무엇보다도 이 정의에 따라 앞에서 말한 세 가지 종류의 노동을 나의 분류법에 맞추어 열거할 수 있다.

노동에 대한 나의 정의가 급여 중심적인 정의에 비해 넓은 것은 사실이지만, 모든 행위를 노동으로 분류하는 것을 의미하지는 않는다. 가령 자아 성찰은 상황에 따라 영웅적인 행위일 수도 있지만 자아 성찰을 노동으로 분류하는 것은 무리가 있다. 아름다움에 대한 순수하고 도취적인 사색 역시 마찬가지다. 노동과 노력을 단순히 동일시하는 것도 무리가 있다. 해발 2,000미터에서 3,000미터의 산을 오르는 행위는 매우 큰 노력을 요하지만, 이를 노동으로 분류하는 것은 다소 무리가 있다. 또한 노동 자체가 생산된 물품 혹은 노동의 결과와 구분된다는 것도 딱히 설명할 필요가 없다고 본다. 한 예로, 노동의 결과로서 공장에서 생산된 신발과 신발을 만드는 노동 자체가 같지 않다는 것은 자명하다. 노동력과 노동이 다르다는 사실은 명백하며, 이러한 구분은 때때로 유용하다.

노동에 대한 이러한 정의는 노동이 유별나게 힘든 것이라는 조건을 딱히 필요로 하지 않는다. 노동은 자기목적적일 수도 있다. 자기목적적 노동이란 그 가치가 어떤 외부의 조건이나 상황에 의존하는 것이 아니라, 순수하게 노동의 행위 그 자체가 가치를 갖는 것을 의미한다. 일례로 자원봉사는 자기목적적 행위로밖에는 분석하기 힘들다. 물론 대부분의 노동은 자기목적적이지 않으며, 필요에 의해 참고 견디며 해야 한다. 하지만 여기에서 정의하는 '노동'에는 오로지 개인적인 흥미나 목적에 의한 행위 역시 포함된다. 나에게 케이크를 만들어주는 걸 좋아하는 이웃이 있을 수도 있다. 그건 나에게 유익한 것일 수도, 그렇지 않은 것일 수도 있다. 이 정의에 따르면 노동이 꼭 물질적인 결과물을 내는 것만을 의미하지 않는다. 노동에는 무형의 서비스를 제공하는 것도 있고, 보수를 받지 않는 것도 있기 때문이다. 일례로 대부분의 가사노동은 물질적인 결과물로 귀결되지 않는다.

지금까지 노동의 정의에 대해 설명하면서 사회적 효용에 대해서는 전혀 언급하지 않았다는 것에 주목할 필요가 있다. 모든 노동은 누군가에게는 가치를 지닐 것이라고 전제하기 때문이다. '사회적으로 가치가 있는 노동'이라는 개념은 정치적으로 무궁무진한 해석이 가능하다(여기서 '정치적'이라는 표현을 쓴 이유는 사회적으로 가치가 있는지 여부에 대한 판단은 개인의 경제적 여건과 사회적·윤리적 믿음에 반드시 영향을 받기 때문이다). 예를 들면 어떤 사람들에게는 정부의 수많은 공무원, 군인, 사기업의 고위 간부 등이 하는 노동이 세금 낭비에다 사회적으로 전혀 쓸모가 없고 심지어 해가 된다고 생각할 수 있다. 다른 누군가는 그들의 정치적·사회적 사고방식에 따라, 그러한 노동이 도움이 된다고 여길 수도 있다. '국토 방위'나 '테러와의 전쟁'을 공공재라고 말하는 사람들이 꽤 많은데 그들은 그러한 예를 들먹임으로써 자신의 정치적 사고를 드러내는 셈이 된다.[2]

요컨대 개인이 사회적으로 가치 있다고 판단하는 것의 기준은

4장 ——— 노동의 세 가지 유형: 유급노동, 가사노동, 자원봉사

분류학적으로, 정치적으로 많은 문제를 야기한다. 따라서 노동에 대해 여기에서 제시한 정의가 사회적 가치의 문제를 피한다는 것은 솔직히 말하자면 큰 이점이다. 게다가 이러한 가치의 문제를 다룰 때 상대적 순서가 아닌 절대적 순서를 매기고자 하면 너무나 복잡해진다. 간단한 예를 들어보자. 세차장 직원의 노동이 집에서 두 아이를 돌보는 가정주부의 노동과 비교해서 몇 배의 가치를 지니는가? 산스크리트어 교수의 노동이 등산로 감시원의 노동에 비해 몇 배의 가치를 지니는가?[3]

보수를 받아야만 노동인가

이제부터 이 책에서 제안하는 노동의 분류 방식을 구체적으로 살펴보고자 한다. 임금을 받는 노동은 시장에서 보상을 받는 직업들 가운데 한 종류다. 시장에는 임금노동으로 분류되지는 않지만, 보수를 받는 직업들이 있다. 한 예로 프리랜서를 들 수 있다. 내가 강조하고자 하는 것은 그저 몇 가지 기술적인 차이로 설명하기는 힘들다. 앞서 서술했듯이 보수를 받는 노동은 여러 노동 가운데 한 가지 형태다. 의심할 여지없이 이는 매우 중요하지만, 보수를 받는 노동은 그저 노동의 한 형태일 뿐이다. 기본소득과 노동의 상관관계를 논하는데 있어서 여기서는 노동을 유급노동, 가사노동, 자원봉사라는 세가지로 분류할 수 있다.[4]

유급노동만이 노동이라고 주장하는 것은 가사노동과 자원봉사 같은 행위가 노동이 아니라고 단정 짓는 것이다. 보수를 받는 노동만을 '노동'이라고 정의한다면 이는 유럽연합의 현재 인구 가운데 40~45퍼센트만이 노동을 하고, 50~55퍼센트는 노동을 하지 않는다는, 다소 황당한 결론에 이를 것이다.

기본소득이 노동시장에 미치는 영향

유급노동은 고용이라고 부르기도 한다. 어떻게 부르건 기본 의도는 소득을 제공하는 행위를 통칭하려는 것이다. 소득은 여러 형태가 있는데, 받는 사람이 다른 사람을 위해 일한다면 급여salary**G**로, 생산수단의 소유주라면 이윤profit으로, 자영업자라면 수익payment으로, 그리고 은퇴자에게는 연금pension의 형태로 주어진다. 기본소득의 도입이 노동시장 내의 유급노동에 미치는 영향을 알아보는 것은 매우 중요하며, 그 영향에 대한 합리적인 수준의 평가도 가능할 것이다. 노동시장에 기본소득이 미치는 영향을 분석할 때에는 반드시 다음 네 가지 분류 체계를 염두에 두어야만 한다.

1) 임금노동의 인센티브
2) 자영업
3) 파트타임 유급노동
4) 노동에 따른 급여의 등락

인센티브

인센티브가 지급될 경우, 즉 신고전학파 경제학의 표준 모델에 따르면 실질임금이 올랐을 경우 두 가지 효과가 나타난다. 소득효과와 대체효과다.[5] 대체효과는 사람들이 일을 더 하도록 유도한다. 여가의 기회비용이 올라가기 때문이다. 그에 반해 소득효과는 대체효과와는 상반되는 결과를 불러온다. 임금이 오르면 같은 양의 돈을 버는 데 드는 시간이 줄어서 여가 시간이 늘어나는 경향이 있기 때문이다. 그러므로 이 두 효과를 합해야만 한 개인이 일과 여가 사이의 선택에서 최종적으로 어떤 결정을 내리는지 확인할 수 있다. 당연히도, 대체효과가 소득효과에 비해 클 경우에 실질임금의 증가는 노동의욕의 상승을 불러온다. 유급노동에 대한 소득효과의 영향 분석은 개인이 일하는 시간을 자유롭게 선택할 수 있다는 가설에서 시작한다. 최종 결과는 누군가는 더 많은 일, 다른 누군가는 더 많은 여가를 선택하는 것으로 나타날 것이다. 전문적인 용어로 말하자면, 개인은 임금 수준에 따른 예산의 제약 내에서 개인의 효용을 극대화하려고 할 것이다. 기본소득이 다른 여러 소득을 축적하는 데 있어서 기반이 되는 소득이라는 점을 감안할 때, 기본소득이 도입된다면 사람들은 세 가지 종류의 노동(유급노동, 가사노동, 자원봉사)의 조합을 선택할 수 있는 폭이 지금보다 넓어질 것이다.

예를 들어 하루에 8시간씩 일을 해서 한 달에 960유로를 버는 바티스타라는 인물이 있다고 가정해보자. 이는 시간당 6유로를 받으며 한 달에 160시간 일을 하는 것과 동일하다. 그런데 어느 멋진 날 정부가 한 달에 430유로의 기본소득을 제공하기로 결정했다. 당연히 바티스타는 더 많은 세금을 내야 하겠지만, 일단 그의 총소득이 확연하게 오른다고 가정하면, 바티스타의 삶이 매우 달라질 것은 자명하다. 430유로의 기본소득 덕분에 바티스타는 한 달에 최소 500유로의 소득을 제공하는 파트타임 일을 찾을 수 있게 된다. 이제 바티스타가 하루에 5시간씩 한 달에 100시간을 일하기로 결정했다고 하자. 이 새로운 조건에 의하면 바티스타의 임금은 시간당 5유로로 줄었지만, 그는 하루에 일을 하지 않아도 되는 시간이 3시간이나 생겼고, 그는 이 시간을 자원봉사나 가사 혹은 자기 계발에 쓸 수 있게 된다. 이 같은 변화가 그의 구매력을 크게 높일 필요는 없다. 물론 바티스타의 결정은 그의 기호, 미래 계획 등 다양한 요소에 따라 조정되겠지만, 이는 우리의 논의에는 영향을 미치지 않는다.

기본소득이 노동시장에 미칠 영향을 예상하기 위해서는 이와 가장 비슷한 경험적 연구인 음의 소득세를 살펴볼 필요가 있다. 음의 소득세는 1968년부터 1980년 사이에 미국의 네 개 지역과 캐나다 마니토바에 적용되었다. 가장 길게 지속되고 가장 많은 지원을 받은 프로그램은 미국의 시애틀·덴버 소득유지 실험Seattle-Denver Income Maintenance Experiment, SIME-DIME이다. 이 실험은 시애틀과 덴버의 도심에 거주하는 4,800명의 미국인을 대상으로 시행되었다. 그 효과는 특정 부류의 사람들에게 더 크게 작용했는데, 임금노동에 대한 의욕 저하는 기혼 백인 여성과 히스패닉 남성에게 가장 크게 나타났다. 이 실험들은 보조금의 도입에 따른 노동 의욕 저하를 다룬, 이론적 논문의 가장 비관적이고 충격적인 예측에 의문을 제기한다. 하지만 음의 소득세가 기본소득에 기여할 수 있는 것은 이 정도가 전부라고

4장 ——— 노동의 세 가지 유형: 유급노동, 가사노동, 자원봉사

할 수 있다.[6]

실험 대상이 82명에 불과할 정도로 제한적인 연구이기는 했지만, 기본소득에 대해 더 알아볼 수 있는 실험으로 악셀 마르크스Axel Marx와 한스 피터스Hans Peeters의 2004년 논문도 있다. 이 논문은 벨기에 복권 윈포라이프Win for Life에 당첨되어 평생 동안 매월 1,000유로의 돈을 받게 된 사람들에 대한 기록이다. 물론 연구자들도 인정한 여러 제약이 있지만, 이 연구의 결과는 기본소득을 도입할 경우 임금노동에 대한 사람들의 태도 변화를 둘러싼 편견(사람들이 일을 하지 않을 것이라는 예측 등)을 깨뜨릴 수 있다.[7] 가멜을 비롯한 사람들의 2006년 논문은 기본소득이 프랑스에서 일을 하려는 동기에 미치는 영향을 조사했는데, 이 역시 기존의 많은 편견을 깨뜨렸다. 반 데르 빈과 판 파레이스(2006: 4)의 말을 빌리자면, "기본소득의 목표는, 그리고 기본소득의 효과는 노동시장에 참여하는 사람의 비율을 줄이는 것이 아니며, 그래서도 안 된다."

자영업

기본소득의 도입이 자영업을 도울 것이라는 주장에는 이견이 별로 없다. 페리(1995)가 언급했듯이, 기본소득은 위험에 대한 부담을 심리적으로 완화시킬 것이다. 또한 기본소득은 자영업을 시작할 때 발생하는 위험을 크게 줄일 것이다. 여기에서 한 달에 960유로를 버는 바티스타의 예로 돌아가 보자. 그에게 매월 430유로의 기본소득이 지급된다고 해보자. 그는 위험을 감수해 세 명의 다른 사람과 함께 란제리 가게를 열고자 한다. 바티스타와 그의 동업자들은 가게를 차리기 위해 3만 유로의 돈을 빌린다(일인당 7,500유로의 대출은 현실적이다). 한 달에 430유로의 돈을 받아서 생기는 안정감과 하루의 시간이 전부 빈다는 것은 바티스타와 그의 동업자들이 창업을 하는 데 있어서 매우 좋은 출발점이다. 우리가 바티스타와 동업자들이 유난히 낮은 위험 기피성을 갖고 있다고 가정하지 않는 것에 주목하자. 만일 그랬 다면 그들의 사업 규모는 앞의 예보다 훨씬 컸을 수도 있다. 소상공 업의 초창기에 기본소득은 창업을 하면서 생길 수 있는 위험에 대한 기피를 극복하게 해주는 보조금으로 볼 수 있다. 이는 위험 기피를 줄여주는 것뿐 아니라 더 큰 혁신을 불러일으킬 수도 있다.

파트타임 고용

기본소득의 도입이 지금은 충분한 경제적 보상을 제공하지 않아서 할 수 없는 특정한 파트타임 직업을 가능하게 할 것이라는 가정은 합리적으로 보인다. 스페인의 한 노동조합의 연구에 따르면 파트타 임의 목적은 다음과 같다.

> 파트타임 일은 하루의 업무량을 줄이기 위한 자율적인 선택이어야 한 다. 그뿐 아니라 일생 동안 일하는 시기와 교육을 받거나 가족과 가사 또는 자원봉사 등의 활동을 위해 노동시장에서 쉬는 시기를 번갈아 하기 위한 자율적 선택이어야 한다.[8]

기본소득이 없으면 파트타임 노동은 다른 조건에 의해 제한된 다. 공식 통계자료에 따르면, 현재 파트타임 노동에 종사하는 많은 사람은 전일제 직업에 대한 선택권이 없다. 이는 자율적 선택이 아니라 필요에 의한 강제다. 철학자 가세트José Ortega y Gasset에 의하면 "만일 우리가 어떤 시점에 오직 한 가지의 가능성만을 선택할 수 있다면, 그것을 가능성이라 부르는 것은 터무니없다. 이는 다만 필수에 더 가깝다." 이 '오직 한 가지 가능성'이 바로 파트타임 노동을 자유롭지 못한 행위로 만드는 것이다. 또한 파트타임 노동은 대부분 여성들이 종사하고 있다. 유로스탯의 통계에 의하면, 2000년 유럽연합에서는 남성의 6.3퍼센트와 여성의 33.7퍼센트가 파트타임 노동을 했다. 물론 유럽의 북부와 남부에 있는 국가 사이에는 큰 차이가 있었다. 북부 유럽의 여성에게 파트타임 일은 매우 일반적이었지만 남부 유럽의 여성들 중에는 파트타임 유급노동에 종사하는 사람이 매우 드물었다.

보수 수준에 미치는 영향

마지막으로, 기본소득을 도입하면 노동시장에서 어떤 노동은 실질임금이 오르고 또 어떤 노동은 임금이 줄어드는 문제가 나타날 수 있다. 기본소득의 권리가 인정된다면 그리 매력적이지도 않고 만족도 낮은 직업을 제공하는 고용주들은 임금 인상 압력을 받을 수 있다. 반대로, 반 데르 빈과 판 파레이스(1986)가 올바르게 지적했듯이 매력적이고 만족도가 높은 직업의 임금은 줄어들 것이다. 에릭 올린 라이트(1997: 22)는 이를 생생한 표현으로 강조했다.

만일 노동자가 보장된 기본소득을 얻을 수 있다면, 그 노동자에게 마음에 들지 않는 일을 시키는 데 더 많은 비용이 들어갈 것이다. 반대로, 노동자들이 흥미롭고 자극받을 수 있는 직업을 선택하도록 하는 데 들어가는 비용은 줄어들 것이다. 예를 들어 사회학 교수에게 사회학은 근본적으로 흥미롭기 때문에, 그들에게 일을 하도록 동기부여할 필요는 전혀 없을 것이다.

충분한 기본소득이 주어지면 어떤 직업은 그 일을 할 동기가 사라져서 아예 없어져버릴 것이라고 문제를 제기하는 사람도 있다. 그에 대해서는 세 가지 해답이 있다. 첫째, 임금을 조정하는 것이다. 특정 직업의 경우 임금을 대폭 올리면 비록 단기간일지라도 어떤 사람들에게는 충분히 매력적으로 보일 것이다. 둘째, 나는 개인적으로 아무도 하려고 하지 않아서 사라지는 직업이 있다 하더라도 그것이 그리 큰 사회적 재앙은 아닐 것이라고 본다. 마지막으로, 유급 임금을 올리는 것보다 기술의 발전을 통해 자동화하는 것이 경제적으로 더 좋은 해답일 수도 있다.

유급노동에 대한 권리와 기본소득

이제 용기를 북돋아주는 내용을 다루어야 할 것 같다. 이는 기본소득과 유급노동(고용)의 모순적 관계라는 통념에 대한 이야기다. 간단히 말하자면, 그런 모순적 관계는 존재하지 않는다. 기본소득은 유급노동에 전혀 상반된 개념이 아니라는 것이다.

기본소득에 찬성한다는 말이 사회적으로 인정받는 직업이 있는 것이 좋지 않다고 주장하는 것은 결코 아니다. 기본소득 찬성론

4장 ——— 노동의 세 가지 유형: 유급노동, 가사노동, 자원봉사

자가 된다는 것은 유급노동을 하려는 모든 사람들에게 그 기회를 주는 것과 충분히 양립할 수 있다(심지어 서로 상호 보완적일 수도 있다). 또한 몇몇 기본소득 지지자들은 기본소득이 유급고용의 기회를 제공하는 데 미치는 이점에 대해 서술했다. 이러한 이점들[9]의 예를 보자.

1) 기본소득은 많은 사람들이 근무시간을 줄이거나 줄이고 싶게 만듦으로써, 유급노동이나 고용의 '동시적 분배'를 촉진할 수 있다. 다수의 개개인이 일하는 시간을 줄이면 다른 사람들이 그 시간에 대신 일할 수 있게 된다.

2) 기본소득은 다양한 사람들에게 여러 방식으로 유급노동에 대한 더 나은 접근을 가능하게 한다.
   - 악명 높은 '실업의 함정'을 없앤다.[10]
   - 더 약한 쪽의 협상력을 키움으로써 노동시장의 유동성이 더 이상 사회적 불안함과 취약함을 의미하지 않도록 만든다.
   - 매력적이지만 낮은 생산성으로 인해 임금이 낮은 직업에 많은 사람들이 종사하는 것을 가능하게 해준다.

3) 판 파레이스(1988)는 오늘날에는 정부가 기업에 막대한 보조금을 지원하지 않는 이상, 일할 권리를 유지할 수 없다고 주장했다. 이에 대해 노게라Noguera는 이렇게 덧붙였다. "기본소득은 모두에게 소득에 대한 권리 부여를 시도하는 전략이지만 일할 권리를 대가로 하지는 않는다. 대신에 기본소득은 고용 보조금을 잠재적 피고용인에게 직접 제공함으로써 잠재적 피고용인들로 하여금 어떤 직업이 보조금을 받기 합당한지 결정하게 한다."[11]

4) 기본소득이 도입되면 정부가 실직자를 '돕기' 위해 만든 '인위적인' 일자리가 아닌 이상, 다양한 일자리가 창출되는 덕분에 사람들의 자존감의 조건이 높아질 것이다. 여기에다 잠재적 피고용인의 협상력 증가를 더한다면, 좋지 않은 직업들은 노동 공급의 확보를 위해 임금이 오르거나 나쁜 조건들이 완화될 것이다(지금과 같이 사람들을 실업의 함정에 빠트리거나 터무니없이 수치스럽고 모욕적인 직업을 전전하게 하지는 않을 것이다).[12]

마지막으로, 기본소득은 유급노동을 하는 사람들과 가사노동이나 자원봉사를 하는 사람들을 차별하지 않는다는 것을 강조할 필요가 있다. 모두들 일정한 소득을 받을 것이며, 이는 앞서 말한 세 가지 노동을 서로 비교해 선택할 가능성을 높일 것이다.

기본소득과 가사노동: 여성의 사회적 자립

세 가지 노동 중 두 번째인 가사노동을 정의하는 방법은 많다. 이는 가사에 포함되는 온갖 일들(부모나 아이 돌보기부터 청소, 요리 등)과 가정을 이루는 다양한 형태를 모두 아우르려는 데서 오는 어려움의 결과다. 하지만 어떻게 정의를 내리든 변치 않는 부분들이 있다. 바로 가사노동이 가정 내의 최연장자부터 최연소자까지 모두의 필요를 충족시키려는 활동을 의미한다는 점이다. 이를 바탕으로 다음과 같은 정의를 내릴 수 있다. 가사노동은 가정 내의 노동으로, 가족 구성원들의 요구 사항을 충족시키기 위해 행해지며 여기에는 청소, 식사 준비, 쇼핑 그리고 어린이와 노인, 아픈 가족을 돌보는 활동이 포함된다.

가정 내 생산 활동에 대한 가장 이른 정의는 70년도 더 전에 마거릿 리드Margaret Reid의《가정생산에 대한 경제학Economics of Household Production》(1934)에 의해 내려졌다. 이 정의는 추후에 많은 다른 정의들의 정립에 영향을 미쳤다. 리드에게 있어서 가정 내 생산 활동은 가족 구성원이 행하는 무보수 노동, 시장에 의해 유보수 노동으로 대체될 수 있는 노동, 시장 상태와 기호 그리고 소득 같은 상황이 변함에 따라 시장에 있는 대체재로 바뀔 수 있는 노동 모두를 포함한다. 리드는 가정에서 생산한 재화나 서비스를 시장 내의 물품 혹은 생산품으로 대체할 수 있다는 관점을 취했다.

더 자세히 들어가기 전에, 가사노동의 다음과 같은 특징을 주목해보자.

1) 가사노동은 시장에서 취득한 재화나 공공기관에서 제공받은 서비스를 통해 가정에서나 개인적으로 소비하기 위한 재화나 서비스를 생산한다(교환하는 행위는 포함되지 않는다).
2) 금전적 보상은 없다.
3) 기본 목표는 노동력의 재생산이다(가장 직접적인 결과는 생활비 절감이다).
4) 가사노동을 하는 사람이 일하는 패턴과 시간 관리에 대한 일정한 관리가 가능할 때 가사노동이 이루어진다.

가사노동은 남녀 모두 하지만, 결코 균등하지는 않다. 부유한 나라든, 가난한 나라든 여성이 남성에 비해 압도적으로 많은 시간을 가사노동에 할애한다. 남녀 간 가사노동 참여 비율의 엄청난 차이는 다양한 연구(가령 알바Alba, 2000; 거슈니Gershuny, 2000)를 통해 확인할 수 있다. 유럽연합 국가에서 아이가 있는 가정의 여성 중 80퍼센트 이상이 하루에 최소 4시간 이상 가사노동을 하는데, 그만큼의 시간을 가사노동에 투여하는 남성들은 29퍼센트에 그쳤다.[13] 스페인에서 2002~2003년 4만 6,774명을 대상으로 시행한 설문 조사에 의하면 여성은 집이나 가족과 관련된 일을 하는 데 평균적으로 하루 4시간 24분을 소비했다. 남성은 같은 일에 매일 평균 1시간 30분가량을 할애했다. 이는 여성의 3분의 1 수준이다.

유급노동과 가사노동의 탄력성을 알아보는 것도 매우 흥미롭다. 유급노동의 시간이 줄어들면 가사노동에 쓰는 시간이 더 길어진다는 것에는 이견이 없지만 양성 간 비율의 차이는 매우 다르다. 여성은 유급노동에 쓰는 시간이 줄어들면 가사노동에 훨씬 더 많은 시간을 투여한다. 하지만 비슷한 상황에서 남성은 가사노동에 아주 조금의 시간만 더 쓸 뿐이다. 이는 그다지 새로운 사실이 아니기에 더 살펴볼 필요는 없을 것이다.

이보다 좀 더 주목해야 할 부분은, 한 가지 행위를 어떤 상황에서는 노동으로 분류하고 다른 상황에서는 노동이 아닌 것으로 분류하는 일관성 없는 관례다(가령 요리가 그렇다). 이 같은 단순한 오류는 다음과 같은 비슷한 상황에서도 재현되는데, 핵심은 오직 금전적인 보상을 받는 경우에만 어떤 행위가 노동으로 분류된다는 것이다. 이보다는 같은 행위가 여러 가지 노동의 유형에 포함된다고 생각하는 것이 훨씬 일관성 있는 사고일 것이다. 만약 집에서 대량의 옷을 세탁하고 있다고 상상해보라. 이러한 행위는 돈을 대가로 받는지, 이웃의 자선단체를 위한 것인지, 아니면 가족을 위한 것인지에 따라 유급노동, 자원봉사, 가사노동으로 분류될 것이다. 여기서 강조하고 싶은 것은 다음과 같은 논리다. 만일 옷을 세탁하는 행위가 노동이라면, 앞의 세 가지 경우 모두에서도 노동이어야 한다. 만일 노동이 아니라면, 앞의 세 가지 경우 모두에서도 노동이 아니어야 한다. 정말 놀라운 것은 이 행위가 금전적 보수를 받을 때만 노동으로 취급된다는 것이다.

최근에는 학계에서도 가사노동을 노동의 한 유형으로 인정하고 있지만, 가사노동의 가치를 평가하는 것은 쉽지 않은 일이다. 이를 분석하는 방법은 크게 두 가지로 나눌 수 있다.[14] 첫 번째는 재화와 서비스를 얻기 위해 들어간 노동의 양과 수준에 초점을 맞춰서, 투입되는 비용에 기반을 둔 방식이다. 두 번째는 얻어낸 최종 재화와 서비스의 가치에 초점을 맞추어, 최종 생산물에 기반을 둔 방식이다. 투입되는 비용에 초점을 맞춘 방식은 대체 비용, 서비스 비용, 기회비용에 따라 다시 세분화할 수 있다. 최종 생산물에 기반을 둔 방식은 총생산물과 부가가치에 따라 세분화된다. 이런 다양한 방식으로 가사노동을 수치화하려는 노력의 결과로 많은 국가의 GDP에 가사노동이 차지하는 비중의 예측이 등장했다. 일반적으로 가사노동으로 규정될 수 있는 모든 일은 GDP의 절반에서 3분의 2가량의 비중을 차지했다. 이 비중의 최댓값과 최솟값이 어떻든 간에, 또 어떤 방식으로 세밀하게 그 비중을 측정했든 간에, 가사노동이 GDP에서 매우 큰 비중을 차지한다는 것은 부정할 수 없는 사실이다.

이 비율은 기존 경제학자들의 계산에 포함되지 않았던 노동의 비율을 짐작해볼 수 있다는 대략적인 가치만을 갖고 있을 뿐이다. 이러한 비교의 효용성에 대한 문제 제기도 몇몇 있다. 어떤 사람들은 시장 내에서 유급노동의 생산성과 가사의 생산성이 동일하지 않다고 주장한다. 그러나 유급노동으로 분류된 모든 일들 역시 쉽게 비교할 수 없는 건 마찬가지다. 데이터의 오차 내에서 해결될 수 있는 비판을 제하고, 우리가 중요하게 생각해야 할 것은 지금까지 경제학의 관례에 따라 조사되지 않았던 가사노동의 중요성이다. 이 중요성은 단순히 가사노동이 GDP에서 얼마나 많은 부분을 차지하는지에 대한 문제가 아니다. 예를 들자면 어머니의 사랑은 단순히 시장의 기준으로 계산할 수는 없지만, 그것이 GDP에 미치는 영향은 무시할 수 없을 것이다.

3장에서 기본소득이 여성의 물질적 독립을 획득할 수 있는 좋은 방법이라는 점을 설명했는데, 여기에서는 기본소득과 가사노동의 관계를 다루고 싶다. 기본소득이 도입되면 가사노동은 어떤 영향을 받을까? 이 질문에 자세히 대답하기 전에 잠시 관련된 다른 이야기를 해보자. 기본소득만으로 노동에서의 성차별과 관련된 모든 사회적 문제가 해결되는 것은 아니다. 이를 언급하는 것은, 기본소득이 해결한다고 한 적도 없고, 해결하고자 했던 주제도 아닌 사회적 문제를 언급하면서 일관성 없이 기본소득에 가해지는 비판과 비난 때문이다. 주거, 건강, 청년실업 문제를 해결하지 못한다고 정부의 실직자 지원 정책을 비판하는 것은 다소 무리인 듯싶다. 그런데 기본소득 역시 그런 식의 비판을 자주 받는다. 성차별과 성적 분업은 뿌리 깊은 사회적 문제로서, 이는 기본소득보다 훨씬 더 광범위하고 혁신적인 사회적 개혁으로서만 해결 가능하다.

이제 다루고자 하는 논의의 범위를 명확히 해두었으니, 기본소득이 가사노동에 어떠한 영향을 미치는지 살펴보도록 하자. 첫째, 기본소득은 '인생의 어떤 순간에 있든, 여성에게 더 많은 기회를 제공하는 데' 있어서 많은 진전을 이룰 것이다.[15] 현재는 많은 수의 여성이 이런 선택지를 갖지 못하고 있다(물론 그런 남성도 있지만 더 적다). 가장 기본적인 경제적 자립만으로도 여성들은 훨씬 더 많은 기회를 얻을 수 있을 것이다. 18세기에 메리 울스턴크래프트Mary Wollstonecraft가 언급하고 캐럴 페이트먼(2003: 140)이 최근에 다시 말한 것처럼, 기혼이든 미혼이든 모든 여성의 권리, 시민권 그리고 사회적 지위를 위해서는 다른 사회적 혁신보다도 경제적 자립이 필요하다.

둘째, 현재 시행되고 있는 자산 조사 보조금 정책으로 인한 빈곤의 함정에 빠진 여성들 다수는 기본소득이 주어짐으로써 간단히 탈출할 수 있다. 이를 통해 가난의 여성 편중 현상이 많이 완화될 것으로 보인다. 기본소득이 보편적으로 지급되고 남성과 여성 모두를 대상으로 한다는 것을 기억해보라. 그렇기에 기본소득은, 로라 포타시Laura Pautassi(1995: 370)의 말을 인용하자면 "피부양자를 대신해 가족의 대표에게 돈을 맡긴다는 것은 (……) 암묵적으로 그가 그 돈으로 무엇을 할지를 결정하게 하는 것"이라는 문제를 피할 수 있도록 한다.

세 번째로, 기본소득을 도입하면 가정 내 남녀의 가사 분담 비율을 재조정할 수 있을 것이다. 물론 동성 연인, 혼자 사는 사람, 동거하는 친구들, 수도원같이 양성이 함께 살지 않는 상황에는 적용되지 않는다. 그런 경우를 제외하고, 기본소득을 도입하면 가정 내에서 여성의 발언권이 강해질 것이다. 물론 얼마나 강해질지는 경우에 따라 다를 것이다. 이쯤에서 기본소득이 할 수 있는 것 이상으로 기본소득에 요구할 수는 없다는 사실을 재차 강조할 필요가 있다. 남성과 여성 간의 가사 분담을 놓고 보면 기본소득은 여성에게 일정 부분을 더 편리하게 해줄 수는 있지만, 거기까지가 한계다. 진정한 가사의 평등한 분배를 위해서는 기본소득 외에도 추가적인 사회적·문화적 변혁이 일어나야만 할 것이다.[16]

결론적으로, 반더보르트와 판 파레이스(2005: 68)의 대단히 함축적인 말을 인용하자면 "여성은 기본소득으로부터 금전적 수입과 선택의 자유라는 측면 모두에서, 남성에 비해 훨씬 큰 이득을 얻을 것이다."

기본소득과 자원봉사: 더 많은 봉사의 기회

마지막으로 자원봉사를 살펴보자. 이 활동은 가사노동에 포함되지 않고, 금전적 보수도 없는 일을, 자신의 시간을 활용해 남을 돕기 위해 하는 것을 지칭한다.[17] 자원봉사는 많은 분야에 걸쳐서 시행되며, 그 예로 사회사업, 의료봉사, 교육, 빈곤층 지원, 재소자 재활 프로그램, 여성 피해자 상담, 에이즈 환자 돌보기, 자연 재해 피해자, 제3세계 지원 프로그램 등이 있다.

자원봉사를 하는 동기에는 크게 두 가지가 있다. 첫 번째는 이를 통해 개인적인 만족을 얻을 수 있다는 점이다. 엄밀히 말해 이는 이 장 앞부분에서 언급했던 자기목적적인 행위에 포함되는데, 이제 좀 더 자세히 설명하려고 한다. 자기목적적인 행위의 보상은 그 행위 자체에 있다. 도메네크(1989: 349)의 말을 인용하자면 "그 과정에 의미가 있으며, 그 행위 자체가 목적이다." 반면에 도구적 행위는 과정이 부차적이기 때문에 자기목적적 행위의 반대다. 여기서 과정은 목적에 도달하기 위해 필요할 뿐이고, 중요한 것은 이 목적이다. 음식, 집, 의류 등 필수 불가결한 상품을 취득하기 위해서는 돈이 필요하고, 대부분의 사람들에게는 급여노동이 이를 얻기 위한 유일한 수단이다. 임금노동은 급여노동의 매우 중요한 한 종류인데, 자신의 노동력이 유일한 자산인 사람들에게 유일한 선택지이기 때문이다. 물론 앞서 언급했듯이 선택지가 유일할 경우에 '선택지'라는 표현을 쓰는 것 자체가 우스운 일이기는 하지만 말이다. 그렇기에 대부분의 사람들에게 임금노동은 노동과 관계되지 않은 필요를 충족하기 위해 반드시 필요한 수단이다. 반면에 자원봉사를 제대로 알고자 한다면, 자원봉사가 본질적으로 자기목적적이면서,[18] 도구적이지 않다는 것을[19] 이해해야 한다.

자원봉사의 두 번째 동기로는 박애와 이타심이 있다. 이는 자원봉사로 인해 혜택을 받는 사람들의 복지에 대한 진정성 있는 관심으로 이해할 수 있다.[20] 그러나 박애심이 진정으로 순수하게 이타적인지 판별하는 것은 매우 난해한 일이다. 심리적 만족감이나 좋은 사람이라는 평판을 얻는 것, 혹은 이와 비슷한 효과를 주는 동기들은 상당히 도구적인 요소일 수 있기 때문이다. 간단히 말해 이런 박애적 동기는 개념적으로 첫 번째 동기와 다르다고는 하지만, 둘의 관계는 매우 밀접하다.

그렇기에 자명하게도 기본소득의 도입은 자원봉사의 참여율을 높이는 효과를 불러올 수 있다. 자원봉사는 근본적으로 사람들이 갖고 있는 여유 시간보다 더 많은 시간을 요구한다. 자원봉사를 유급노동의 대체재로 볼 수 없는 것은 다른 소득이 없을 경우 유급노동은 생존에 필수적이기 때문이다. 이런 제한이 부분적으로나마 기본소득으로 인해 완화된다면, 자원봉사에 참여할 기회가 더 많이 생길 것이다. 현재 자원봉사를 하고 싶지만 그럴 수 없는 사람들이 자원봉사에 참여할 가능성이 높아진다는 뜻이다. 이런 현상은 당연히 많은 사회적 변화를 촉발할 것이다.

4장 ——— 노동의 세 가지 유형: 유급노동, 가사노동, 자원봉사

5

빈곤과 자유

개인적으로는 자유롭지만 타인의 너그러운 지원 없이는
자신의 근면성이나 자산으로 삶을 영위할 수 없는 이들을
'빈민'이라고 누구나 딱지 붙이는 시대에,
이 불행한 상황에 처한 개개인은 명백하게 노예와 다를 바 없다.
타인의 지원으로부터 독립적으로 생존할 수 없는 사람은
자유인으로서 살아갈 수가 없다.
—

존 웨이드 John Wade(1788~1875)
영국의 역사학자

기본소득은 오늘날의 빈곤에 대한 대응책이지만, 기본소득이 지닌 잠재력은 거기에 그치지 않는다. 설령 그렇지 않더라도, 빈곤에 대응하는 하나의 대책인 것만으로도 진지하게 고려할 이유는 충분하다. 기본소득은 유급노동을 하고 있는지 여부와는 무관하게 소득을 제공하기 때문에, 심각한 수준의 빈곤이 지속되는 국가에 매우 적합한 제도다. 물론 그런 국가에서만 필요한 것은 아니다. 가난한 국가에서든 부유한 국가에서든, 지난 수십 년 동안 우리가 목격한 변화라고는 빈곤의 심화와 그것이 사회적 존재의 모든 측면에 끼치는 해악뿐이었다.[1]

빈곤에 맞서기 위한 수단으로서 기본소득이 지닌 이점 중 한 가지는 상당히 많은 시민들에게 더 많은 자유를 제공할 수 있는 매우 효율적인 방법이라는 것이다. 앞서 언급했듯이 빈곤은 단순히 경제적 궁핍함이나 물질적 결핍 혹은 소득의 부족이 아니라 그보다 훨씬 심각한 문제다. 빈곤은 타인의 독단과 탐욕에 대한 의존, 자존감의 붕괴, 고립, 사회적 격리를 초래한다. 이를 민주적 공화주의의 관점에서 보자면, 빈곤은 특히나 중요한 문제라 할 수 있다. 가난한 사람은 자유롭지 못하고, 자유로울 수 없기 때문이다. 그들은 자유를 행사하기 위해 필요한 물질적 조건을 충족할 수 없다. 이는 이 장의 전체적인 기반이 되는 생각으로, 후반부에 다시 논하도록 하겠다.

무엇이 빈곤을 유발하는가

에릭 올린 라이트(1994)가 만든 빈곤의 분류법은 아주 유용하다. 그는 빈곤에 대한 다양한 연구를 살핀 후 '빈곤을 유발하는 요소는 무엇인가'라는 의문을 제기했다. 그리고 다음과 같이 빈곤을 네 가지 유형으로 분류했다.

1) 개인의 고유한 특성으로 인한 빈곤
2) 개인 특성의 부수적인 결과로서의 빈곤
3) 사회적인 문제로 인한 빈곤
4) 사회 구조의 고유한 속성으로 인해 발생하는 빈곤

첫 번째 항목에 해당하는 사람들은 "대개 지능에 영향을 미치는 유전적 열등함"(1994: 33)이라는 선천적 장애 때문에 빈곤하다. 일반적으로 이런 형태의 빈곤을 설명하기 위한 근거로 논란의 여지가 많은 IQ 지수를 종종 이용한다. 이런 방법은 학계에서 권위 있는 방식은 아니지만 인기가 많다. 라이트에 의하면 1980년에 미국 시민 중 절반 이상이 '빈곤의 주된 원인 중 한 가지는, 어떤 사람들이 현대 사회에서 경쟁할 수 있을 정도로 지능이 뛰어나지 않기 때문이다'라는 주장에 전적으로, 혹은 대체로 동의하는 것으로 추정했다. 10년 후인 1991년에 실시한 설문에서는 40퍼센트 정도가 위의 주장에 동의했다. 이에 동의하는 사람의 비율이 줄어들긴 했지만 40퍼센트는 여전히 매우 높은 수치다.

두 번째 접근법은 개개인의 특성 대신에 문화적·사회적 과정으로 빈곤을 설명하려고 한다. '빈곤의 문화'라는 이 이론은 조금 극단적인 형태로 나타난다. 대략적인 주장은, 빈곤의 해결책은 사람들을 변화시키는 데 있다는 것이다. 이 관점 역시 대중적으로 많은 지지를 받았다. 1980년에 미국 시민의 70퍼센트 정도가 '빈곤의 주된 이유 중 한 가지는 빈곤한 사람들 중 많은 수가 일을 하기에 너무 게으르기 때문이다'라는 주장에 동의했다. 1991년에는 그 비율이 감소했지만 여전히 매우 높은 55퍼센트였다.

세 번째 접근법은 빈곤이 사회적 부산물이라는 관점이다. 이 관점에서는 빈곤에 대한 설명을 사람들이 생활하며 부딪히는 기회의 구조에서 찾는다. 이 견해에 의하면 빈곤을 극복하는 방법은 특정한 고용 프로그램을 만들고 혜택을 받지 못한 청년들에게 교육과 훈련을 제공하여 노동시장에 참여할 수 있도록 하는 것이다. 이 방식에 대한 반응은 다소 갈린다. 부정적인 측면을 보자면, 보수파들은 복지가 무책임함을 증가시킬 뿐이기에, 해답은 빈곤한 사람들에 대한 복지와 지원을 줄여 그들이 '스스로 서야만 하도록' 인센티브의

5장 ——— 빈곤과 자유

구조를 바꾸는 것이라고 말한다.

마지막으로, 가장 유용하고 심도 있는 네 번째 접근법에 따르면 빈곤은 특정한 사회적 시스템의 운영에 내재된 혹은 심지어 필수적인 요소이며, 자본주의 사회에서 빈곤은 계급 착취의 역학 관계에서 발생한다. 그런데 여기에서 언급한 '착취'라는 용어는 불행히도 그다지 정확하지 않은 의미로, 너무도 넓은 범위에서 무분별하게 쓰이고 있다. 따라서 이 용어를 사용하려면 좀 더 주의를 기울여야 한다. '착취'에 대한 라이트의 해설은 그 자체로도 유용하며, 빈곤에 대한 그의 해석을 설명하는 데에도 많은 도움을 준다.

간단히 말하면 그는 이렇게 주장한다. 만일 착취적인 사회관계의 도덕적인 부분은 제외하고 착취라는 개념을 파고들어보면 우리는 경제적 관계 속 각기 다른 행위자들의 물질적 이해 속에서 생기는 특정한 적대적 상호작용의 한 형태 속에서 이 개념의 핵심을 찾을 수 있다. '물질적 이해material interest'란 사람들이 경제적 행복을 추구할 때 필요한 선택지들을 의미한다. 사람들에게 자신의 경제적 행복을 확대하기 위한 물질적 이해가 있다는 것은 그들이 자신의 소비를 n제곱으로 증가시키고자 한다는 것이 아니라 그들이 일과 휴식, 소비라는 선택지의 균형을 더 낫게 맞추고자 한다는 것을 의미한다. 반대로 '적대적인 물질적 이해'는 더 명확한 정의를 갖고 있다. 한 사람의 경제적 행복의 추구가 다른 사람의 행복 추구에 위협을 가한다면, 두 사람은 적대적인 물질적 이해관계에 놓여 있다는 것이다. 그에 따르면 특혜를 가진 한 사람의 경제적 행복은 단순히 빈곤한 사람의 경제적 행복에 비해 큰 것이 아니라, 빈곤한 사람의 경제적 행복을 해친다.

적대적인 물질적 욕망은 여러 상황에서 발생하지만(예를 들면 시장에서 두 회사가 자원 혹은 틈새시장을 놓고 경쟁하는 경우) 라이트는 상반되는 둘 사이, 혹은 적대적인 사회적 계급 간의 물질적 이해라는 맥락에 중점을 두었다. 그는 착취가 다음의 세 가지 조건을 만족할 때 발생한다고 보았다.

1) 한 집단의 복지가 다른 집단의 물질적 결핍을 필요로 한다.
2) 1)의 인과관계는 착취당한 집단이 어떤 생산성 있는 자원(일반적으로 재산권)으로부터 배제된다는 것을 의미한다.
3) 2)에서의 배제가 1)에서의 양 집단 간 행복의 차이로 전환되는 인과관계는, 착취당하는 집단이 얻은 노동의 결실에 대한 관련 생산적 자원을 지배하는 집단의 전유를 수반한다.

이는 매우 압축적인 정의이다. 첫 번째 조건은 물질적 이해의 적대성을 보여준다. 두 번째 조건은 그 적대성이 생산의 사회적 체계 속에 사람들이 배치되는 방식에 뿌리를 둔다는 것을 확고히 한다. 세 번째 조건은 상호 의존적인 적대적 물질적 이해가 형성되는 특유의 메커니즘을 확인시켜준다.

라이트에 따르면, 착취하는 집단의 행복은 착취당하는 집단의 노력과 그들에게서 생산적 자원을 몰수하는 것에 달려 있다. 앞의 조건 중 처음 두 가지만 충족된다면, 우리는 착취의 구조가 아닌 '착취적이지 않은 경제적 억압'을 경험할 것이다. 첫 번째 조건에서는 억압받는 사람들이 거둔 노동의 결실이 압제자에게로 옮겨지지 않는다. 압제자의 행복은 오로지 억압받는 사람들을 특정한 자원으로부터 배제하는 것에만 달려 있으며, 그들이 얻은 결실이나 노동력과는 무관하다. 미국의 식민지 시대에 그러한 예가 있다. 만일 훗날 미국과 캐나다가 될 영토에 토착민들이 없었더라면 그 당시 유럽 이주민들의 삶은 훨씬 더 편했을 것이다.[2] 아메리카 원주민들은 자원을 빼앗기고 몰살당했지만, 착취당하지는 않았다.

착취하지 않는 압제자들에게 대량 학살은 가능한 전략이지만, 착취자에게는 그렇지 않다. 착취는 착취를 하는 사람과 당하는 사람의 사회적 관계를 결속시키는 상호작용의 구조적 과정을 분명하게 드러낸다. 마르크스주의의 전통적인 계급 분석에 따르면, 계급의 분할은 소유권과 착취의 관계로서 정의된다. 자본주의 사회에서 착취의 근본적인 형태는 생산수단에 대한 소유권에 기반을 둔다. 그리고 소유권은 다음과 같이 세 가지 계급을 만든다. 생산수단을 소유한 자본가(착취 집단), 생산수단을 소유하지 못하고 노동력을 파는 노동자(피착취 집단), 그리고 약간의 생산수단을 소유함으로써, 타인이 아니라 스스로를 위해 일하는 프티부르주아(착취자도 피착취자도 아닌 집단). 자본가와 노동자라는 관계를 만든 이 같은 착취는 마르크스의 시대부터 잘 알려져 있었다. 노동자는 생산수단을 보유한 사람들에게 그들의 노동력을 팔아야만 했다. 자본가들은 생산수단과 재산권의 소유를 통해 얻은 힘으로 노동자들에게 그들의 생존을 위해 필요한 것보다 많은 노동을 강요하여 '잉여가치'를 만들고 이를 전유한다.

다시 착취로 돌아가보면, 만일 A가 B를 착취한다면 A는 B의 노동력에 의존하기에 B가 필요하다. 하지만 A가 B를 착취하는 게 아니라, 억압을 한다면 A는 B가 필요하지 않다. 좀 다른 방식으로 더 적나라하게 표현하자면, 압제자는 억압받는 대상이 사라지는 것을 기꺼워하며 그렇기에 학살도 고려하지만, 착취하는 쪽은 일반적으로 그렇지 않다. 아메리카 원주민들의 압제자들은 종종 "가장 훌륭한 원주민은 죽은 원주민이다"라고 말했고 이는 모든 아메리카 원주민에게 확대 적용할 수 있다. 하지만 만일 어떤 착취자가 "가장 훌륭한 노동자는 죽은 노동자다"라고 말한다면 이는 모든 노동자가 아닌 특정 노동자를 대상으로 할 수밖에 없는데, 이는 착취자가 노동자를 필요로 하기 때문이다. 여기서 특정 노동자들이란 이를테면 말을 듣지 않고, 문제를 일으키는, 돈으로 매수되지 않는 사람들만을 의미한다.

다시 빈곤의 분류에서 네 번째 접근법으로 돌아가보자. 빈곤은 강력한 힘을 가진 사람들이 빈곤의 존속을 원하기 때문에 존재한다. 이에 대해 라이트는 이렇게 말했다.

중요한 점은 빈곤이 계속되기를 원하는 권력을 지닌 특권층이 있다는 것이다. 빈곤은 단순히 물질적 욕구의 추구에서 파생되는 불행한 결과가 아니다. 빈곤은 그들의 **욕구를 실현**하기 위한 필수 불가결한 조건이다. 직설적으로 말하자면, 자본가와 그 외 착취계급은 빈곤에서 이득을 취한다(라이트, 1994: 38, 강조 표시는 원문).

빈곤에 대한 이 관점은 어떻게 빈곤을 없앨 수 있을지에 대한 두 가지 논의를 가능하게 한다. 바로 혁명적인 마르크스주의와 사회민주적인 관점이다.[3] 혁명적 마르크스주의에서 보자면 빈곤을 없애기 위한 유일한 방법은 자본주의를 없애는 것이다. 사회민주적인 관점에서는 자본주의를 부분적으로 길들일 수 있으며, 어느 정도 부의 재분배가 가능하다.

에릭 올린 라이트는 혁명적 마르크스주의에 속하며, 분석을 통해 다음과 같은 결론에 도달한다.

1) 매우 지능이 낮거나 선대로부터 물려받은 문화적 요소로 인해 빈곤한 사람들이 있을 수 있다.
2) 이는 빈곤에 대한 대단히 불완전한 해석이다.
3) 세상에는 물질적으로 풍요로운 착취자와 압제자들(앞서 강조했듯이 이 둘은 다르다)이 상당히 많이 존재하며 이들은 빈곤이 계속되기를 원한다.
4) 모든 빈곤의 해결책은 반드시 권력관계를 고려해야 한다.
5) 또한 빈곤 구제 프로그램은 거부되어서는 안 된다.

이 모든 항목에 동의할 수도 있고 일부만 동의할 수도 있다. 마지막 다섯 번째 결론에 동의하기 위해 다른 네 가지 항목에 모두 동의할 필요는 물론 없다. 기본소득은 라이트의 마지막 결론에 잘 부합하는데, 이는 기본소득이 빈곤과의 싸움을 위한 제안이기 때문이다. 이제 다시 빈곤을 살펴보도록 하자.

근로빈곤의 심화

빈곤은 현 복지국가의 위기, 규제(혹은 규제의 완화)로 인해 생기는 문제, 그리고 지역적으로 광범위하게 존재하는 생산적 네트워크의 해체와 함께 새로운 인구를 대상으로 그 영역이 넓어졌다(여기에서 '새로운 인구'란 2차 세계대전 이후 30년에 걸쳐 존재했던 유럽의 복지국가 황금기 이후의 사람들을 뜻한다). 21세기에서 들어서는 근로빈곤working poor이라는 형태에 있어서 매우 중요한 새로운 사회적 현상이 나타났다. 이 노동자들은 합법적인 노동계약을 맺었음에도 그들의 지역에서 빈곤의 문턱을 넘지 못한다는 것이다.

미국에서 근로빈곤은 오랫동안 노동시장 내의 일반적인 현상이었지만, 유럽에서 이는 새로운 현상이다. 2차 세계대전 이후 유럽 대다수 국가의 복지제도는 유급노동을 하는 모든 사람을 빈곤에서 면하게 해줄 수 있었다. 그런데 이 상황은 최근 15년 동안 크게 달라졌다.[4] 통계자료를 보면 통탄을 금할 수 없을 정도다.

유럽연합 내 인구의 3.6퍼센트는 빈곤한 노동자다. 더 중요한 점은 유럽 인구의 10퍼센트는 빈곤한 저임금 가정에서 산다는 것이다. 전체적으로 빈곤율이 가장 높은 유럽 남부 국가들에서는 저임금 빈곤율 역시 가장 높다. 가장 심한 국가는 포르투갈이며, 인구의 20퍼센트 이상이 이런 가정에서 살고 있다(메디알데아와 알바레즈, 2005: 59).

이를 절대적인 수치로 변환해보면, 유럽연합 내에는 현재 3,500

만 명의 빈곤한 노동자가 존재한다. 세계에서 가장 높은 수준의 사회보장을 구축한 지역의 최심부에서 3,500만은 결코 무시할 만한 숫자가 아니다.

최근 15년간 유럽연합 내에서 빈곤한 노동자들이 늘어난 이유는 다음과 같다.

1) 실질급여의 상승이 생산성 증가에 못 미친다. 1970년 유럽연합이 될 15개국의 총 GDP 대비 노동자 임금은 75.5퍼센트였지만, 2002년 그 수치는 약 7퍼센트 하락하여 68.4퍼센트였다.
2) 사회적 지출의 감축
3) 점점 더 불안정해지는 노동시장

메디알데아와 알바레즈는(2005: 63) 노동시장이 점점 더 불안정해지는 이유를 다음과 같이 파악했다.

1980년대와 1990년대에 시행된 유럽 노동시장의 개편과 노동조합의 협상력 상실로 촉발된 노동의 불안정성은 지금의 저임금 빈곤 현상의 최심부에 존재한다. 임시직, 혹은 빈곤 때문에 해야 하는 파트타임 직업, 그리고 생산 과정의 외주화와 하도급의 증가 등으로 이해할 수 있는 노동의 불안정성은, 많은 노동계급 가정에게 직업을 갖는 것이 빈곤으로부터의 보호책이 되지 못한다는 것을 의미한다.

미국에서는 빈곤층으로 분류되는 3,590만 명의 인구 중 740만

명이 빈곤한 노동자였다.[5] 미국의 경우 2003년 기준으로, 65세 이상이 혼자 거주하며 연간 8,825달러 이하의 소득으로 생활하거나, 4인 가족이 연간 1만 8,810달러 이하의 소득으로 생활할 경우 빈곤층으로 분류된다. 한편 2003년에 미국의 총 노동인구는 1억 4,000만 명으로 추정되는데, 그중 16세부터 19세의 가장 어린 빈곤 노동자 구성을 살펴보면, 흑인이 20.7퍼센트, 라틴계가 11.9퍼센트, 백인이 8.1퍼센트로 나타났다(미국노동통계국, 2003).

빈곤의 여성화

성별로 말하자면, 빈곤은 모두에게 똑같이 오지 않는다. 한 가정의 금전적 자원은 반드시 모든 구성원이 동일하게 소유하는 것은 아니다. 가족이라는 단일체는 다양한 연구와 간단한 관측을 통해 알 수 있듯이, 모두 화합과 결속으로 이루어진 것은 아니다. 물론 이 사실에서 한 사람이 모든 것을 소유한다고 해석하는 것은 지나친 단순화의 함정에 빠지는 것이다. 하지만 가족을 구성하는 여러 사람들 가운데 누가 돈을 버는지, 누가 이를 통제하는지 그리고 누가 이를 소비하는지 구별할 필요가 있다.

빈곤층 내에서 여성이 계속 증가하고 있음을 보여주는 '빈곤의 여성화'라는 표현이 30년 전에 나타난 건 충분히 그럴 만한 이유가 있다. 만일 이전보다 여성이 더 빈곤해졌다면 이는 카라스코(1997)가 언급했듯이 여성들이 빈곤화되었다는 것이지 빈곤이 여성화되었다는 것은 아니다.

빈곤의 여성화를 설명하기 위해 가장 많이 언급되는 요소는 노동시장의 차별과 가족 구성에 나타난 변화다. 이 두 가지 요소를 좀 더 깊이 들여다보자.

1) 유럽연합의 모든 국가에서 일하는 남성보다 일하는 여성이 더 적게 나왔고(가사노동과 무임금 노동 불포함), 이는 여성의 실업 수치가 남성보다 높다는 것을 의미한다. 오늘날 불완전고용의 창궐과 (여성은 파트타임 직업에 가장 많이 종사하는 집단이다) 특히 임금 차별이 빈곤의 여성화의 첫 번째 원인에서 가장 주요한 요소들이다.

2) 가족 구성의 변화와 관련해서는 한 부모 가정의 현저한 증가가 주목할 만하다. 이는 유럽연합 내 국가에 따라 큰 차이가 있긴 하나, 아얄라(1998)는 유럽연합 전체로 보면 이런 가족의 85퍼센트는 여성이 부양의 책임을 가장 크게 떠맡고 있다는 점을 강조한다. 이 수치는 여성 가장의 한부모 가정과 빈곤의 상관관계를 비교적 명확하게 나타낸다.

빈곤의 여성화에 기본소득이 미칠 영향은 매우 클 것이다. 이 문제의 본질 때문이다. 기본소득은 빈곤의 여성화에 대한 정면 도전이다. 우선 기본소득은 재정적 자원이 적은 여성들이 인생을 계획함에 있어서 더 유익한 선택권을 가질 수 있도록 더 나은 기회를 제공할 것이다. 이는 매우 중요한 일이지만, 우리는 기본소득이 많은 여성들에게 인생 계획을 선택할 수 있는 기회를 향상시켜주는 것이지, 그 계획을 실현하게 해준다고 주장하는 게 아니라는 점은 명확히 이해해야 한다. 기본소득이 빈곤의 여성화를 완화시킬 수 있는 두 번째 이유는, 기본소득이 여성들로 하여금 조건이 어떻든 간에 보수를 받는 아무 직업이나 받아들일 수밖에 없는 상황에서 벗어나도록 함으로써 노동시장의 불안정성을 피할 수 있도록 도울 것이기 때문이다. 이 주장은 물론 여성에게 국한된 것은 아니지만, 숫자를 보면 여성이 가장 많은 영향을 받을 것은 사실이다.

빈곤의 측정

과연 누구를 빈곤하다고 해야 하는 것일까? 지금은 고전이 된 아마르티아 센(1976, 1980, 1992)의 연구에 의하면, 빈곤한 사람을 구별하는 방법은 다음과 같다.

1) 연구의 대상이 되는 인구를 명시한다.
2) 빈곤하다고 여겨지는 개인들의 경제적 위치를 가장 잘 예측하는 변수를 고른다.
3) 빈곤선을 설정해 그 밑에 해당되는 사람들을 빈곤하다고 간주한다.

이제부터 빈곤을 측정하는 문제를 자세히 보도록 하자. 빈곤을 정의하고 측정하기 위해서는 그 아래의 모든 사람을 '빈곤하다'라고 부를 수 있는 한계선을 정해야 하고, 그다음 한계선 아래 사람의 수를 세야 한다. 빈곤지수는 이 한계 아래에 위치한 인구의 비율이다. 그렇기에 빈곤을 측정하는 것은 두 가지 행위로 볼 수 있다. 첫째, 빈곤층을 분류하는 것이고 둘째, 전체적인 빈곤의 지표를 구하기 위해 앞서 분류한 빈곤층을 통계적으로 집계하는 것이다.

빈곤에 대한 연구는 소득에 초점을 두는 방식에서 벗어나기가 어렵다. 소득에 대한 통계자료가 소비에 대한 자료보다 많기 때문이다. 하지만 소득의 관점으로 바라본 연구에는 큰 문제가 있다. 예를 들어 테이아라는 사람은 간신히 빈곤선 위에 있고, 로저라는 사람은 빈곤선 아래에 있다고 해보자. 테이아는 건강이 위태로워서 치료를 위해 상당한 금액을 지출해야 한다. 반면 로저는 매우 건강하다. 통계적으로 보면, 로저는 빈곤할 것이고 테이아는 그렇지 않을 것이다. 그렇다면 우리는 실제로 로저가 테이아보다 빈곤하다고 할 수 있을까? 그렇다고 답하는 사람은 별로 없을 것이다. 이는 '소득의 관점'에 대한 진지한 문제 제기 중 하나일 뿐이다. 물론 가상이지만 공상으로 치부할 수는 없다. 하지만 다른 대안들(소비 중심의 관점들)의 경우에는 더 많은 문제를 야기한다.

가장 널리 받아들여지는 빈곤선은 1인당 평균소득 대비 절반 이하의 소득이다. 그러므로 조사 지역 내에서 1인당 평균소득 대비 절반 이하의 소득을 올리는 모든 사람(혹은 가정)은 빈곤하다고 간주된다. 빈곤한 사람의 비율을 수식으로 표현하자면 다음과 같다.

$$H = (q/n) \times 100$$

여기서 H는 빈곤선 아래에 있는 가족의 비율을 뜻하며, q는 빈곤선 아래에 있는 가족의 숫자이고, n은 인구 내의 전체 가족의 숫자다.[6]

연구 대상으로 선택한 지역의 단위가 작을수록 빈곤선의 예측값과 1인당 평균소득이 더 정확할 것이다. 유럽연합같이 큰 단위의 평균소득은 유의미한 빈곤선을 확인하기에 적합한 지표는 아니다. 그보다는 카탈루냐, 알래스카 혹은 덴마크의 평균소득이 더 많은 정보를 제공할 것이다. 또한 한 지역에서 아주 궁핍함을 의미하는 것이 다른 지역에서 반드시 같은 의미를 지니지는 않을 것이다. 우리가 빈곤선을 월 450유로로 설정한다면, 유럽연합의 어떤 지역에서는 이 돈으로 생활하는 것이 불가능하지만, 다른 어떤 지역에서는 가능할 수 있다. 어떤 연구자들은 추가적으로 1인당 평균소득의 40~60퍼센트를 따로 분리해 그들이 보여주고자 하는 현실을 강조할 것이다. 혹은 하위 25~50퍼센트의 소득을 약간의 빈곤으로 지정할 수도 있다. 그렇다면 더 낮은 25퍼센트 미만의 경우 매우 심각하거나 혹은 삶을 위협할 정도의 빈곤을 의미할 것이다. 다른 구간에 대해서도 이러한 설정을 할 수 있다.

빈곤과 관련된 연구에 종종 나타나는 또 다른 흥미로운 주제는 특정 지역에서 빈곤을 없애기 위해 필요한 금액이다. 이를 공식으로 표현하면 다음과 같다.

$$Q = N_p z - N_p Y_p = N_p(z - Y_p)$$

우리는 Q, 즉 빈곤을 없애기 위한 정확한 금액을 구할 수 있다. 빈곤선은 z이고 N_p는 z보다 소득이 낮은 가정의 수, 그리고 Y_p는 빈곤하다고 여겨지는 가정의 평균소득이다. 앞서 말했던 최종 퍼센트

5장 ——— 빈곤과 자유

와 편차율을 나타내는 지표, H(H=(q/n)×100)와 I(I=1-(μ_p/z))를 대입하면 우리는 Q에 대한 다음과 같은 식을 도출할 수 있다.

Q=NHIz

N은 총 가정의 수를 나타내고, H와 I는 100분의 1퍼센트로 표시한다.

빈곤선까지 혹은 그 이상의 기본소득을 제공하는 것이 빈곤을 없애는 매우 강력한 도구가 된다는 것에는 의심할 여지가 거의 없다. 이것만으로도 기본소득이 사회적 개혁에 얼마나 큰 가치를 지니는지 알 수 있다.

빈곤한 자는 자유로울 수 없다

지금부터 논의할 내용을 위해 3장에서 다루었던 이야기를 간략히 다시 짚고자 한다. 우선 공화주의적 관점에서 보면 사람은 물질적 생존이 보장되어야만 자유로울 수 있다고 했다. 만일 생존을 위해 하루하루 타인의 허가를 받아야 한다면 그는 자유롭다고 할 수 없다(마르크스의 '그들이 허가하기 때문에 살 수 있다'는 표현은 매우 적나라하고 적절하다). 당연하게도 빈곤은 필수재 소비의 불가능, 지역사회 부적응, 사회 병리적 희생자가 될 확률의 증가를 의미하며, 여러 방면에서의 물질적·사회적 결핍을 뜻하기도 한다. 또한 빈곤은 타인의 탐욕에 의존적이되고, 자존감이 부재함을 의미하며, 사회적 고립을 뜻한다. 2장에서 롤스를 언급하며 이야기했듯이 자존감이 없다면 그 어떤 것도 의미가 없으며, 설령 의미가 있다고 해도 그것을 해낼 의지나 의욕이 없어진다.

우리가 자유와 평등은 따로 추구할 수 있는 것이 아니라는 공화주의적 원칙에서 출발한다면, 다른 사람에 비해 압도적으로 열등한 상황에 있는 사람은 자유로울 수 없다는 사실에 동의한다면, 그리고 수백만 인구의 자유가 거대한 사회적 불평등에 의해 가로막히고 있다는 사실을 받아들인다면, 빈곤한 사람이 자유롭지 못하다는 결론에 이르는 것은 어렵지 않다. 반대로 빈곤한 사람이 겪는 자유의 박탈과 생존하기 위해 끊임없이 타인에게 허락을 구해야 하는 상황은 오늘날의 불평등한 현실을 더 악화시킬 따름이다.

기본소득은 빈곤을 없애자는 제안이다. 이 제안이 공화주의적 관점에서 추구할 만한 목표라면 그 이유는 명확하다. 모든 시민의 물질적 생존을 보장함으로써 빈곤을 없애는 것이 자유의 실현을 위해 필요한 조건이기 때문이다. 빈곤을 없애야만 사람들은 평등해질 수 있다. 이는 서로 간에 자유롭다는 말이고, 물질적 생존의 수단을 갖춤으로써 자유롭다는 사실을 서로 인지한다는 뜻이다.

만일 X가 하루하루의 생존을 위해 Y에게 의존해야 한다면, Y는 X와 평등하다고(자유의 상호 관계에 있어서) 생각하지 않을 것이다. 이러한 의존이 X로 하여금 소외감에 시달리게 하기 때문이다. 빈곤한 사람은 생존을 위한 물질적 조건이 충족되지 않기 때문에 언제나 타인의 통치하에 놓인다. 빈곤을 없애야 하는 많은 이유가 있지만, 공화주의적인 의미에서 가장 중요한 이유는 빈곤 때문에 사회적으로 배제된 사람에게 사회적 존재로서 살아가기 위한 물질적 조건을 제공한다는 것이다.

복지와 기본소득,
무엇이 다른가

사회입법은 사회주의적 입법과 단순히 구별되는 것 정도가 아니라,
사회주의적 입법과 가장 반대되고 가장 효과적인 처방이다.

—

아서 제임스 밸푸어 Arthur James Balfour(1848~1930)
영국의 전직 총리

복지국가 자본주의는 정치적 자유의 공정한 가치 역시 거부하며,
비록 기회의 평등에 대한 약간의 고려는 있을지 몰라도,
이를 달성하기 위한 정책을 따르지는 않는다.
이는 실질적 재산(생산적 자산과 자연자원)의 소유권에 대한
매우 심각한 불평등을 허용함으로써
경제와 정치적 삶의 큰 부분이 소수의 통제하에 두도록 한다.

—

존 롤스(1921~2002)
미국의 철학자

복지국가는 다양한 면을 지니고 있지만, 이 장에서는 기본소득과 직접적으로 관련된 부분만 다루려고 한다. 수많은 책과 논문이 다양한 복지국가의 유형을 다루었지만, 이 책에서는 전혀 관계가 없으므로 다루지 않을 것이다.

복지국가의 시작부터 '영광의 30년'까지

복지국가에 대한 담론은 너무나 많고, 세밀한 부분까지 아주 많이 다루어지고 있으며, 수많은 학자들의 관심을 받고 있다. 그러다 보니 복지국가에 대한 모든 쟁점이 거의 사라지고 말았다. 복지국가의 많은 개별적 특징들, 가령 빈곤에 대처하기 위한 보조금, 아낌없는 사회보장 사업, 공교육의 품질, 사회복지제도의 비효율성, 복지국가의 비생산성, 과도한 세금, 특정한 공적 지출의 부족 등은 과다한 연구를 불러왔고, 이는 복지국가를 어떤 한 측면으로, 혹은 작은 일부분으로 축소시켰다. 나는 이런 연구들을 비롯해 내가 아는 복지국가에 대한 대부분의 연구들이 그리 흥미롭지는 않다. 이런 연구들은 복지국가라는 개념을 너무 세분화시켰다. 그러나 이런 노력에서 약간의 지식은 얻을 수 있기에 이 방대한 연구의 결과들을 어느 정도는 인용할 것이다. 일단 역사적 관점에서 복지국가를 살펴보는 것으로 시작하도록 하자.

우리가 관심 있게 살펴볼 만한 복지국가들은 대부분 2차 세계대전 이후의 국가들이지만, 19세기와 20세기 초의 몇몇 복지국가들은 우리가 다루고자 하는 내용과 연관이 있다. 19세기 말과 20세기 초의 '사회국가social state'에서 입법자들은 경제에 대한 공공의 개입을 원했다. 이는 현대 복지국가의 초석을 이루었으며, 그 때문에 '사회'와 '복지'라는 용어를 특별히 구분하지 않고 쓰는 저자들도 드물지 않다.

로렌츠 폰 슈타인Lorenz von Stein은 사회국가의 선구자로, 그는 19세기의 혁명적 노력을 막기 위해 이를 생각해냈다. 폰 슈타인은 유럽의 거대하고 강력한 노동계급 사이에서 들끓던 혁명의 기운을 막기 위해 사회적 법률 제정을 통한 개혁에 이론적 정당성을 제공하려고 했다. 여기서 중요한 대목은 혁명적인 격변을 회피하기 위해 사회국가라는 형태의 사회적 개입이라는 방식을 명확히 이용한다는 생각이다. 여기에서 사회국가와 복지국가의 반혁명적 시초에 주목하는 이유는 사회적 문제에 대한 이러한 국가 개입의 성과를 간과하려는 것이 아니다. 부정확한 결론에 도달하지 않기 위해 이런 부분도 알아두어야 한다는 것이다.

독일이 경험한 비스마르크Otto von Bismarck의 사회보장에 대한 장려, 건강보험 법률(1883), 산업재해(1884), 노인 및 장애인 보험(1889), 그리고 '민주적이고 사회적인 국가'에 큰 변화를 가져온 1919년부터 1933년까지 바이마르공화국이 도입한 정책들은 2차 세계대전 이후 이 지역에 생긴 복지국가의 메커니즘을 이해하는 데 필수적이다.[1] 또한 1938년에 스웨덴에서 이루어진 '역사적 대타협historic compromise'도 매우 중요하다. 이는 경제적 발전을 위해 노동조합과 경영자들이 체결한 협정을 비롯해 자본과 노동 사이에 이루어진 협정까지 의미한다. 스웨덴의 이 사례는 전후 유럽의 다른 복지국가의 발전에 커다란 영향을 미쳤다. 우리가 스웨덴 모델을 배워야 하는 가장 큰 이유는, 노동자의 요구를 둘러싸고 나타나는 분열의 종식과 완전고용의 달성에 있다.

어떤 사람들은 1942년 영국에서 출판된 〈베버리지 보고서〉와 복지국가의 탄생을 동일시한다. 이 보고서는 모든 시민이 '요람에서 무덤까지' 국가 일반 예산과 모든 납세자에 의해 제공되는 보편적 사회보장의 보호를 받는 것을 지지한다. 이 보고서의 여러 권고 중에는 보편적이고 무상으로 시행되는 국민건강보험NHS를 만들자는 제안도 있다.

2차 세계대전이 끝나고 전면적인 재건이 진행될 때 복지국가의 기둥 역시 다음과 같은 두 가지 큰 목표를 두고 다시 세워졌다.

1) 자본주의의 기본 추세에 기반을 두고 경제성장을 이룩한다.

6장 ──── 복지와 기본소득, 무엇이 다른가

2) 시장의 결점을 공적 영역으로 보완하여 사회적 평화와 요구를 보장하는 복지에 기여한다.

유럽에는 복지국가를 가능하게 만든 세 가지 상황이 있었다.[2] 첫 번째로 노동자들은 2차 세계대전 이전부터 사회주의의 가장 큰 목표였던 노동자에 의한 통제를 포기함으로써, 의사결정에 대한 참여를 방기하고 이를 유산자에게 넘겨주었다. 그 대가로 노동자들은 물질적 충족과 매우 포괄적인 의미에서의 직업 안정성, 모두가 참여하는 협상, 법률에 의해 보장받는 회사 내 몇 가지 권리 그리고 노동계급의 완전고용이라는 형태로 보상을 받았다.[3] 물질적 충족은 공공의 지출로 제공된 교육, 사회보장, 보건 등의 간접적인 혜택을 통해 거의 보장되었다.

두 번째는 생산성의 상승, 즉 규모의 경제로 인해 생산비가 줄어들어 소비자 상품의 대량생산이 가능해진 것과 실질임금이 올라간 노동계급에 의해 막대한 양의 소비가 동시에 일어났다는 점이다. 실질임금의 상승은 생산의 증가로 인한 생산력 증대와 임금 협상으로 가능해졌다.

세 번째는 산업 부르주아가 유산계급의 핵심이 된 것이다. 이들은 여러 국가에서 확실히 기반을 잡았으며, '이자생활자의 안락사'라는 케인스의 조언을 전반적으로 따랐다.[4]

이러한 요소들이 향후 30여 년간 훌륭하게 돌아간 복지국가를 만드는 기반이 되었다. 많은 사람들이 이 시기를 '영광의 30년'으로 불렀다.

완전한 복지라는 환상에 나타난 균열

1970년대 중반 이후, 이 같은 '영광'은 무너졌다. 현실 세계에서 영속적이고 완전한 복지라는 환상은 산산이 부서졌다. 복지는 영원히 지속될 것 같았지만 이제는 거대한 균열이 보이기 시작했다. 이 위기가 불러온 결과는 크게 세 가지로 정리할 수 있다.

첫 번째로, 복지국가 자본주의는 일종의 '입헌군주제'와 같은 것으로서, 유산자와 경영자 그리고 우익 정객들의 공격적인 등장과 더불어, '영광의 30년' 시절의 직업 안정성은 머나먼 이야기가 되었다. 자본주의 기업은 말하자면 '기업군주제'라는 신절대주의적인 모습으로 변모했다.

두 번째로, 인구 구성원의 대부분이 비슷한 소비를 하는 대규모 소비의 포드주의적 내수 시장이 사라졌다. 저소득층을 겨냥한 값싼 소비재가 노동자들의 환경이 노예와 별반 다르지 않은 국가에서 수입된다는 것은 이미 널리 알려진 사실이다. 반면에 당연히도 부자를 대상으로 값비싼 재화를 사고파는 시장도 있다.

마지막으로, 산업 부르주아가 유산계급의 심장부에서 멀어졌다. 그 자리는 국가 내 '사회적 합의'를 중요시 여기던 사람들과는 매우 다른 초국적 투자자들과 자본가들이 차지했다.[5]

우파는 우리가 복지국가를 반대하도록 설득하기 위해 여러 주장을 펼쳤다. 그중에 주요한 것은 다음의 다섯 가지 주장이다.

1) 복지국가는 투자와 유급노동의 동기를 시장에서 사라지게 한다.

2) 복지국가는 비효율적이고 비경제적이다. 빈곤을 없애기 위해 '엄청난' 양의 자본을 투여하지만, 빈곤은 여전히 우리와 함께 한다.

3) 복지국가는 불필요하게도 국가의 힘을 거대해지게 한다. 이는 결과적으로 개인의 주도성을 해친다.

4) 복지국가는 자유를 억압하는 막대한 세금을 기반으로 한다.

5) 복지국가가 '시장의 결점'을 보완한다는 것은 사실이 아니다.

완전경쟁 시장의 비현실적 조건

정말로 중요한 것은 위의 다섯 번째 주장이지만, 잠시 다른 이야기를 먼저 할 필요가 있다.[6] 주류 경제이론에 따르면 개인은 합리적이다. 혹은 다른 말로 하면 어떤 믿음을 가지고 있든 그 믿음이 일관적이고 모순적이지 않으며, 그들의 선호는 이행적이라는 속성을 지닌다. 이 같은 합리성에 대한 이상한 가정은 통속적 심리학의 영역이며, 실제로 일반적인 경제학에서 다루는 합리론은 단순히 통속적 심리학을 형식화한 것이다.[7]

합리론에 대해 좀 더 다루기 전에 일단 복지론의 두 가지 중심적인 신조를 소개하겠다.

1) 오로지 완전경쟁 사회에서만 파레토최적(경제적 효율)이 달성된다 (직접정리).

2) 파레토최적이라는 경제적 효율이 달성된다면 그 사회는 완전
   경쟁 사회다(역정리).

파레토최적은 다른 사람의 효용에 해를 끼치지 않고서는 한 개
인의 효용을 증가시킬 수 없는 상황을 말한다.[8] 즉 다른 사람의 효용
을 침해하지 않고서는 어느 누구의 효용 증가도 불가능하다면 그 상
황은 파레토최적이다. 간략하게 설명한 이러한 일반원리는 다음과
같은 개념으로 바꿔 말할 수 있다. 만일 사람들이 이성적이고, 완전
경쟁 시장 속에서 완전한 자유를 보장받는다면, 누구도 다른 사람
의 상황을 악화시키지 않고는 자신의 상황을 향상시킬 수 없는 파레
토최적의 효율을 달성할 것이다. 이러한 전제 하에 완전경쟁시장이
실제로 존재하는지 의문을 갖는 것은 결코 무의미하지 않다. 완전경
쟁시장이 존재하기 위해서는 현실적으로 불가능한 조건 몇 가지를
가정해야만 한다. 그중 몇몇 조건은 잘 알려져 있다. 규모의 확대에
따른 이익 점증의 부재, 지위재[H], 완전한 대칭 정보, 비자발적 실업의
부재, 공공재의 부재, 외부효과의 부재 등이다. 만일 이 조건들이 충
족되지 않는다면 '시장 실패market failure'가 일어나는데, 이는 가격 체계
의 불완전성이 자원의 효율적인 분배를 저해한다는 뜻이며 그렇기
에 국가의 개입을 정당화한다.
　　완전경쟁시장의 조건이 달성되지 못해 생기는 불완전성을 살펴
보기 위해 일단 공공재에 대해 알아보도록 하자. 공공재는 두 가지
속성을 지니고 있다. 집합적 소비재이며, 누구도 그 재화를 소비할
수 있다는 것이다. 집합적 소비재는 누구도 배제되지 않고 소비자들

에게 평등하게 제공할 수 있어야 한다. 가령 길가의 가로등은 그곳을 지나는 모든 사람들에게 똑같은 양의 빛을 제공한다. 무료로 제공되는 텔레비전 프로그램은 텔레비전 수상기만 있으면 누구든 볼 수 있다. 이는 복합적이거나 애매모호한 공공재, 또는 사람들이 일정 정도 이상 소비하거나 정해진 한계치를 초과하여 소비할 경우 개별적 혜택이 줄어들 수 있는 부분적 공공재를 구별하는 데 유용할 수 있다. 이러한 공공재는 퇴화되거나 경합재가 되기도 한다. 하지만 순수 공공재는 매우 희귀하다. 대부분의 (비순수) 공공재를 정의하는 특징은 집합적 소비, 배제 불가능성 그리고 퇴화의 가능성이다. 공공재와 함께 공공해악¹도 존재한다. 자주 인용되는 예로는 특정 지역의 오염을 들 수 있다.

규모의 확대에 따른 이익의 점증은 독과점이 생기거나 시장의 진입 장벽이 형성될 경우에 발생하며, 실제로 자주 볼 수 있는 현상이다.

지위재는 타인이 이를 얻지 못함으로써 그 재화의 소비에 의미가 생기는 재화들이다. 가령 나의 궁극적인 꿈은 바르셀로나에 집을 사고 도심에 있는 직장으로 빠르고 편안하게 이동할 수 있는 차를 구입하는 것인데, 만일 모두가 이 꿈을 이룬다면 우리 모두는 교통정체 때문에 시간을 낭비해야 할 것이다. 그뿐 아니라 나와 동일한 선택을 한 사람들이 너무 많아서 희귀성으로 인한 가치가 사라질 것이다.

외부효과는 어떤 생산이나 소비 활동이 타인에게 영향을 미치는데도 불구하고 그 영향이 시장가격에 반영되지 않는 경우를 의미한다. 생산 혹은 소비 모두에서 일어날 수 있으며, 그 효과 역시 긍정적일 수도 부정적일 수도 있다.

경제주체 사이의 정보 비대칭은 현실의 경제주체가 모든 정보를 알지 못한다는 것뿐 아니라, 모두가 같은 정보를 갖고 있지 않기 때문에도 일어난다. 완전경쟁에서 정보는 가치가 없지만 독과점이 존재할 경우 (부끄러운 줄 모르는 현실 자본주의 옹호자 역시 뻔뻔하게도 부정하지 않겠지만) 인간이 합리적이라는 가설을 유지하기 위해서는 경제주체가 모든 것을 알고 있다고 가정해야만 한다.

비자발적 실업은 일을 하고자 하지만 일을 구할 수 없는 경우를 말한다. 이에 대한 몇몇 경제학자들의 설명은 흥미롭다. 예를 들어 누군가가 유급인 직업을 구하려고 하지만 구하지 못한다면, 일자리가 없기 때문이 아니라 구직자가 그런 직업을 제공하는 고용주를 찾기 위한 모든 정보를 갖고 있지 않기 때문이고, 그렇기에 이 경우는 시장의 실패가 아니라는 것이 그들의 설명이다. 대개 신자유주의자들인 시장 지지자들의 이 같은 주장은 얼핏 맞는 것처럼 보이지만 그렇지 않다. 우리는 그들과 똑같은 논리를 정부의 '과도한' 개입에도 적용할 수 있다. 만일 정부의 과도한 개입의 결과가 비효율적으로 나타난다면, 이는 정부가 개입했기 때문이 아니라 관련 정부 당국의 공직자들이 모든 국민들의 선호에 대한 완전한 정보를 알고 있지 않거나, 누군가가 오해할 만한 잘못된 정보를 제공하고 있기 때문이다. 그렇기에 이는 부족한 정보의 문제일 뿐, 절대로 국가 개입의 실패라고 할 수 없다는 것이다. 이런 식의 주장은 정말 무의미하기 짝이 없다.

6장 ——— 복지와 기본소득, 무엇이 다른가

복지국가는 왜 필요하고 무엇이 문제인가

시장의 실패 외에도 복지국가에 대한 경제적 정당성은 여러 가지가 있는데, 그중 세 가지를 꼽자면 1) 우선재preferential goods가 존재한다는 점 2) 소득의 재분배 3) 경제적 안정이 있다. 우선재는 사회적으로 바람직한 양보다 수요가 적은 재화를 의미한다. 이 재화는 사회적으로 소비가 권장되기에 국가가 보조금을 지원하거나 생산비용보다 낮은 가격으로 제공한다. 가령 모두가 자녀 교육에 필요한 금전적 자원을 충분히 가지고 있는 것은 아니지만 경제적 관점에서 바라보면 그러한 재화를 제공하는 것은 긍정적인 결과를 가져온다. 기본적인 언어 습득만 봐도 자명하다. 또한 복지국가는 소득의 재분배를 추진하는데, 이는 시장이 자체적으로 빈곤을 없애지 못하기 때문이다. 복지 정책을 수립하고 주요 재분배 구조를 도입하는 목적은 빈곤을 없애거나 빈곤의 가장 극단적인 형태와 싸우기 위해서다. 마지막으로 사회적 보호를 위한 복지국가 정책은 수요를 유지함으로써 경제적 안정에 기여한다.

그렇지만 복지국가 정책은 여러 문제를 야기하기도 한다. 앞서 언급했듯 복지국가는 신자유주의 우파뿐 아니라, 그 열렬한 지지자들에게도 비판받는다. 이들의 비판은 기본소득과 큰 관련성이 있기에 이를 살펴보는 것은 중요한 의의가 있다.

그러한 비판 중에는 국가에서 복지 혜택을 받는 사람들의 삶이 과도하게 통제된다는 것이 있다. 가령 지나치게 개입하는 직업 재활 프로그램을 예로 들 수 있다. 사회복지사업의 행정비용을 지적하는 비판도 있다. 설령 어떤 사회복지사업이 효율적이라고 해도 거기에 들어가는 행정비용은 수급자들이 받는 금액과 맞먹고, 비효율적인 경우에는 수급자들이 받는 금액보다 행정비용이 몇 배 많은 경우도 있다.

자산 조사 보조금의 인센티브와 페널티 정책 때문에 발생하는 빈곤과 실업의 함정[9] 역시 심각한 문제로 제기된다. 가령 복지급여를 받는 사람들이 보수를 받는 일자리를 얻을 경우에 페널티를 받는다는 문제가 있다. 일정 수준 이상의 소득을 벌면 복지급여를 받지 못하기 때문에, 그들은 보수가 낮은 직업이나 파트타임 일을 할 수가 없다. 좀 더 기술적으로 말하자면, 빈곤과 실업의 함정은 한계세율이 100퍼센트라고 표현할 수 있는데, 이는 일정 금액의 급여를 받으면 그와 일치하는 만큼의 보조금을 잃는다는 뜻이다. 이 같은 함정이 발생하는 이유는 관련 당국자들이 금전이든 어떤 형태로든 복지급여를 지급하기 위해서는 수급 대상자들이 노동시장에서 얼마만큼 소득을 올리는지 반드시 추적해야 한다는 조건 때문이다. 이 문제는 기본소득과 관련된 여러 논의에서 매우 중요하게 다루어진다.

또 다른 비판으로 어떤 정책은 그 혜택이 대상 인구에게 도달하지 못한다는, 이른바 적용 범위 혹은 실태의 문제가 있다. 그 이유는 여러 가지가 있는데 예를 들면 과도한 관료 체계, 해당 정책에 대한 지나친 기대, 대상자들이 정보가 부족해서 그러한 정책이 있는지 모르는 경우가 있다.

마지막으로 특정 보조금이나 복지의 수급자들에 대한 사회적 낙인이라는 심각한 문제를 지적하는 사람들이 있다. 자신의 필요와

6장 ——— 복지와 기본소득, 무엇이 다른가

욕구를 증명하기 위해 시험을 치러야 한다는 것은 그 과정에서 굴욕감을 맛볼 수도 있다는 것을 의미하며, 이는 어떤 측면에서 그들의 사회적 존재를 위태롭게 한다는 것이다.

이 비판들은 다음으로 살펴볼 두 가지 주제인 '최저소득보장' 정책(복지국가에서 시행하는 자산 조사 보조금의 전형적인 예라고 할 수 있는 정책) 그리고 '최저소득보장'을 비롯한 현 복지국가의 전형적인 정책들과 비교해 기본소득이 지니는 이점에 대해 논의함에 있어서 직간접적으로 연관성을 지닐 것이다.

최저소득보장의 현실적 문제들

많은 유럽 국가에 최저소득보장 정책이 도입된 것은 빈곤과 '사회적 배제'에 맞서기 위해서였다.[10] 이 정책은 프랑스에서처럼 매우 중앙집권적인 경우도 있고, 스페인처럼 분산적인 방식도 있다. 여기에서는 두 가지 형태를 따로 살펴보려 한다. 이 정책이 국지적이라는 문제 또는 선택적인 자산 조사 보조금과 같은 약점과 한계를 지니고 있기 때문이다. 이러한 문제점들은 다음과 같이 세 가지 범주로 구분할 수 있다.

1) 자원이 없는 사람에게 제공되는 복지급여의 오래된 문제들
2) 복지국가의 위기로 인한 변화에서 나타나는 복지급여의 새로운 문제점들

3) 직업 재활 프로그램이나 유급직 권장 정책에서 더욱 직접적으로 발생하는 문제점들

　　첫 번째 범주에서는 여러 가지 문제들을 살펴야 한다. 가장 먼저 최저소득보장 정책이 지닌 예산의 한계다. 대체로 이 정책들의 지원 대상은 빈곤층 중에서도 아주 적은 일부에 불과하다. 다루어야 하는 문제에 비해 예산이 너무 적을 수도 있기 때문이다.

　　좀 전에 언급한 빈곤과 실업의 함정 문제도 있다. '최저소득보장'이라는 말은 재정적 자원이 누적되지 않도록 한다는 뜻이다. 이는 정책에 의해 설정된 한계선까지만 최저소득을 보장한다는 것이므로, 이 조건 때문에 사람들은 보수가 적은 일이나 파트타임직을 구하는 것을 꺼리게 된다. 그러한 직업에서 받은 보수만큼의 금액이 지원금에서 빠지기 때문이다. 이처럼 노동을 통해 얻은 소득을 정책 지원금과 합칠 수 없는 구조는 이 두 가지 소득을 모두 얻을 수 있는 단기적 이득과 그에 따른 소액 탈세의 유혹을 거부할 수 없도록 만든다. 이런 단기적 필요가 너무 급해서 장기적인 손실이 잘 보이지 않을 수도 있다. 이러한 장기적 손실의 예로는 부당 고용 상태는 결코 미래의 연금 수급권으로 계산되지 않는다는 것과 실업보험을 들 수 없다는 것 등이 있다.

　　사회적 낙인 역시 최저소득보장 정책의 문제 중 하나다. 지원을 받는 사람들 중에는 자신이 평범한 삶에서 멀어졌다거나, 삶이 실패했다고 느끼는 사람들도 있다. 게다가 이 정책의 행정비용도 매우 높은데, 그 이유는 수급자 선정과 후속 작업, 평가 등에 동원되는 사람

들이 매우 많기 때문이다.

최저소득보장 관련 사업은 사회 서비스가 수급자의 삶에 지나치게 간섭하는 명백한 사례다. 이러한 간섭은 단순히 이 사업에 종사하는 사람들이 심술궂어서가 아니라, 사업 자체에 내재된 기본적인 특성 때문이다. 소득 보장을 처음 받거나, 또는 계속해서 받으려면 수급 지원자는 매우 많은 조건을 충족해야 한다. 이 조건들은 지속적인 감독이 필요하며, 따라서 수급자를 도우려는 사람들은 필연적으로 수급자들에게 모욕적인 간섭을 할 수밖에 없다.

급여의 분배에 있어서 차별 현상도 발생한다. 유럽의 사업은 행정적으로 비교적 투명하다. 하지만 유럽의 사업과 상당히 비슷한 라틴아메리카의 사업들은 수급자 수를 확보하거나 특정 사업에 사람들을 등록시키기 위해 혜택을 주거나 혜택을 빌미로 강요하는 행태로 많은 비판을 받았다. 관련된 예로는 아르헨티나의 세대주 프로그램Jefes y Jefas de Hogar을 들 수 있다.

이제 지난 30년간 복지국가의 위기로 인해 생긴 두 번째 범주의 문제로 넘어가보자. 일례로 최저소득보장 제도와 납세 구조가 별개인 탓에 소득세가 최저소득보장의 지급액보다 더 많아지는 현상이 발생했다. 이 같은 현상은 세금의 면제나 감면이 일반적으로 중산층과 고소득층 위주로 이루어지기 때문이다. 당연히 이는 경제적 평등을 해친다.

또한 최근 수십 년 동안 가족 구조가 변화함에 따라 전통적인 가정을 지원하기 위해 만들어진 사업에서도 많은 허점이 생겼다. 유럽에서 지난 30년간 새로 생긴 현상인 장기적 실업, 근로빈곤, 빈곤

의 여성화로 인해 납세자들을 위한 급여를 받지 못하는 인구가 크게 증가했다.[11]

마지막 세 번째 범주에 속한 문제는 직업 재활 및 유급직 권장 정책과 직접적인 관련이 있다.

전자에서의 직업 재활에 대한 약속은 안정적으로 노동 활동을 하고 있는 다른 사람들의 수준, 즉 정상적인 조건 수준에서 이행되는 경우가 드물다. 다양한 '재활 계획'은 확실한 성공을 약속하는 사업이라기보다는 '빈곤한 사람들에게 단순히 시간을 때울 수 있게 하는' 일련의 활동 정도에 불과하다. 국가적으로 보호하는 고용의 경우, 제공되는 일거리는 작업환경이 좋지 못하거나 모욕적인 경우까지 있으며, 일반적으로 단순노동에 한정된다. 따라서 목표로 설정한 직업 재활과 사회적 인정 등을 달성하기는 어렵다. 다른 의미로 '자선적인' 직업은 '자선' 소득과 대동소이하다(아르카론스 외Arcarons et al, 2005: 62).

조건 없는 기본소득과 자산 조사 보조금의 비교

기본소득과 최저소득보장을 비교하는 좋은 방법은 앞서 언급한 보조금 정책의 문제점을 돌아보고 같은 상황에서 기본소득이 낼 수 있는 효과를 검증하는 것이다.

기본소득 정책의 재원 마련에 대해서는 8장에서 더 깊게 살펴보겠지만, 일단 이 시점에서 말할 수 있는 것은 기본소득의 재원 마런 계획이 제대로 이루어지기만 한다면 빈곤과 싸우기 위한 기존 보조금 정책의 예산 문제는 발생하지 않을 것이라는 점이다.

최저소득보장 프로그램을 비롯한 자산 조사 보조금 정책의 오랜 문제인 빈곤과 실업의 함정은 기본소득을 통해 쉽게 피할 수 있다. 이는 기본소득이 다른 소득과 양립할 수 있는 최소한의 소득이기 때문이다(물론 8장에서 더 언급하겠지만, 기본소득을 도입하려면 세금 제도를 반드시 바꾸기는 해야 한다). 다른 소득이 있다고 해도 기본소득은 이 소득을 제한하지 않으므로, 기본소득을 받는다고 해서 이를 숨길 필요는 없다. 만일 임금이라는 형태로 누군가 기본소득 외의 추가 소득을 얻는다면 오직 기본소득만 받는 경우보다 더 많은 세금을 낼 수는 있으나 절대로 한계세율이 100퍼센트가 되지는 않을 것이다. 자산 조사 보조금과는 다르게 유급노동을 하는 사람은 언제나 기본소득만 받는 사람보다 더 많은 소득을 받게 되는데, 이는 한계세율이 100퍼센트가 되지 않기 때문이다. 4장에서 서술했듯 자산 조사 보조금은 유급노동을 하는 데 방해가 되는 반면, 기본소득은 그러한 일을 하도록 동기를 부여할 것이다.

실업의 함정에서 거의 다루어지지 않는 한 가지 측면이 있는데, 이 문제는 이렇게 요약할 수 있다. 새 직업을 구하는 시점에 실업보조금과 실업보험이 끊긴 상태로 소득이 없거나 아주 불규칙적인 시기가 있다. 그 외에도 임금에 대한 불안과 저축한 재산이 없을 경우 새 고용주를 만족시키지 못해서 구한 직업을 다시 잃어버리는 것에 대한 불안과 같은 요소들 역시 존재한다. 이론적으로 보면 직업을 잃어버린다 해도 언제든 실업급여를 받을 수 있지만, 실제로는 행정적으로 시간이 지연되는 문제가 발생하기도 한다. 판 파레이스는 (1996) 이와 관련해 다음과 같이 말했다.

소득을 받는 데 걸리는 시간 지연의 위험은 실업급여를 더 이상 못 받게 되는 시점에서 직업을 구할 때까지 생기며, 이때 충분한 예비 자산을 보유하지 못한 사람들은 빚과 각종 차압의 함정에 빠질 위험에 노출된다. 설령 이렇게 될 확률이 객관적으로는 그다지 높지 않다 하더라도, 이런 문제와 직면할 수 있다는 가능성만으로도 사람들은 충분히 실업의 함정에 다시 빠지고 만다.

기본소득은 이러한 보조금과 근본적으로 다르기 때문에 실업의 함정은 당연히 문제가 되지 않는다. 기본소득은 고정적인 소득으로서, 판 파레이스가 언급했던 소득을 받는 것과 관련한 모든 우려를 덜어줄 수 있다.

또한 기본소득은 다른 소득과 병행 가능하기 때문에 기존의 자산 조사 보조금에서 종종 발견되는 사소한 탈세 같은 현상도 일어나지 않는다. 기본소득을 받는다면 개인은 자신이 유급직을 구했다는 것을 굳이 숨겨야 할 이유가 없다. 그런다고 해서 딱히 단기적 이득이 없기 때문이다. 기본소득은 한두 군데 이상에서 소득을 올리고 있는 사람들에게도 지급된다. 기본소득을 받는다면 적은 돈 때문에 속임수를 쓰거나 미래의 연금에 반영되지도 않는 지하경제에서의 직업을 구하는 등 장기적 위험을 감수하는 일은 어리석고 역효과만 나는 일이 될 것이다.

또한 기본소득은 모든 시민과 거주자를 대상으로 하기 때문에 누구를 대상으로 할 것인지 하는 문제가 없다. 빈곤을 없애기 위한 일반적인 정책에서 자주 나타나는 대상 인구의 누락이라는 문제는 더 이상 거론되지 않을 것이다.

자산 조사 보조금을 받는 경우 일반적으로 생기는 사회적 편견의 문제는 단순한 기술적 문제보다 훨씬 심각하다. 이 문제는 2장에서 언급했던 롤스의 자존감에 대한 강조와 관련이 있다. 만일 자존감이 없다면 어떤 일도 의미가 없을 것이다. 그러나 기본소득은 모든 인구를 대상으로 하기 때문에 그 누구도 사회적 편견을 받는 일이 없고, 그렇기에 이 문제를 단숨에 해결할 수 있다.

또한 기존의 자산 조사 보조금 정책에서 전체 지원금 중 터무니없이 높은 비율의 행정비용은 기본소득이 도입되면 매우 낮아질 것이다. 전체 금액에서 대상 인구가 받는 금액의 비율이 많이 늘어나기 때문에 이는 당연한 결과다. 그뿐 아니라 기본소득에서는 수급자들을 선정하고 추가적인 검토를 하는 인력이 필요 없기 때문에, 절대적으로도 행정비용이 많이 줄어들 것이다.

또한 기본소득은 모두에게 주어지기 때문에 기존 보조금 정책에서 나타났던, 수급자들의 삶에 대한 과도한 개입 역시 사라질 것이다. 유일한 요구 사항은 합법적 거주자인지에 대한 확인이며, 개인 사생활에 대한 침해는 완전히 사라질 것이다.

기본소득은 후견주의와 행정적 자의성이라는 문제를 해결하는 데에도 큰 도움이 될 것이다. 기본소득은 특정 대상에게만 한정해 지원하거나 특정 대상만 제외시키는 행태를 바로잡기 때문에 태

만한 공직자들의 권력 남용을 막을 수 있는 가능성이 높다. 이처럼 독단적이고 부패한 직권남용의 여지를 없앨 수 있는 것은 기본소득에는 합법적 거주자와 시민권자라는 점을 제외하고는 어떤 조건도 없기 때문이다.

기본소득은 다양한 방법으로 예산을 확보할 수 있지만 만일 예산 확보 방법이 조세제도에 녹아들어간다면, 이는 부자로부터 가난한 사람들에게 부를 더 많이 재분배한다는 것을 의미하며, 동시에 재정책임성fiscal accountability을 발전시킬 수 있을 것이다. 기본소득을 통해 사회복지제도를 조세제도에 포함시키면 현재의 제도는 훨씬 더 평등해질 것이다.

기본소득은 개개인에게 주어지며, 개인이 어떤 동거 형태에 있든 상관이 없다. 한 지붕 아래에 친구끼리 모여 살든, 동성 연인이든, 이성 애인이든 아니면 서로 다른 세대의 사람들이 같이 살든, 기본소득은 여전히 개인에게 주어질 것이다. 그래서 기본소득은 최근 수십 년간 변화한 가족 구조에 적응할 수 있다.

그런 맥락에서 기본소득은 최저소득보장 정책이 최근 몇 년간 노동시장에 불어닥친 변화, 즉 장기 실업률 증가, 근로빈곤의 증가, 노동계약의 불확실성 등의 고용 불안 현상에 대응하지 못한 것에 대한 좋은 대책이다. 이러한 변화에 영향을 받은 많은 사람들은 기존 정책의 혜택을 받을 수 없지만, 기본소득은 이러한 상황에 충분히 대처할 수 있으며 차별 또한 피할 수 있다.

마지막으로 자산 조사 보조금의 경우와 달리, 조건이 없는 기본소득은 개인이 직업 재활 프로그램을 제대로 이수하는지 여부를 따지지 않는다. 이는 '자선적인' 직업들이 사라지고 따라서 그에 대한 사회적 멸시도 없어진다는 좋은 현상을 불러온다.

기본소득과 복지제도는 양립할 수 있는가

기본소득에 대한 무분별한 비판자들은 기본소득이 복지제도와 양립할 수 없다고 끊임없이 주장했다. 이러한 주장은 간혹 기본소득이 예산을 확보하려면 부유한 국가가 이루어온 공공보건과 교육 등 복지제도의 위대한 발전을 되돌려야 한다는 식의 비판을 취하기도 한다. 정말로 기본소득이 복지에 반하여 교육과 건강에 대한 보장을 줄이거나 아예 없앤다면 비판받아야 한다. 이런 현상이 일어난다는 것은 재정적으로 어리석은 실책일 뿐 아니라, 그 어떤 기본소득의 지지자도 이러한 제안을 하지는 않을 것이다. 만일 기본소득이 그런 식으로 시행된다면 현재의 빈곤한 인구를 더더욱 빈곤하게 만들 것은 자명한 사실이다.

하지만 기본소득과 복지국가의 관계에 대한 유효한 질문도 있다. 기본소득이 도입된다면 현재의 복지국가의 형태가 계속 존재할 것인지 아니면 무너지고 말 것인지에 대한 질문이다. 어떤 기본소득 지지자들은 기본소득이 복지국가의 원칙을 더 강화시킬 것으로 보고, 또 어떤 사람들은 복지국가를 열렬히 지지하지는 않는다고 할지라도 여전히 복지국가의 원칙과 기본소득이 양립 가능할 것이라고 생각한다. 그 밖에 기본소득은 완전히 다른 제도라고 생각하는 소수의 사람들도 있다. 그들은 기본소득이 일부 복지국가의 원칙과 비슷한 부분이 있을지라도 매우 근본적 차이 역시 존재한다고 생각한다.

기본소득과 복지국가 모두에 열렬한 지지를 보내며 이 둘의 공존 가능성을 과도하게 강조하는 사람들은 항상 존재했다. 반면 기본소득을 지지하지만 복지국가를 그다지 좋아하지 않는 사람들은 두 개념의 명백한 차이를 금세 발견할 것이다. 연관성을 보려는 사람이 있는가 하면 상충되는 면을 먼저 발견하는 사람이 있게 마련이다. 하지만 만일 기본소득이 노동시장의 탈상품화를 촉진하고, 3장에서 보았듯이 유급노동과 가사노동 그리고 자원봉사 사이에서 선택할 수 있는 자유를 부분적으로라도 증대시킨다면, 소득 감소 때문에 계속할 수 없는 파업을 지속하도록 노동자에게 저항 기금이 될 수 있다면(카사사스와 라벤토스, 2007), 더 이상 여성이 남편에게 경제적으로 의존하지 않도록 해준다면, 유사 이래 처음으로 물질적 생존권의 보장을 통해 더 많은 사람들이 더 큰 자유를 누리게 해준다면, 나는 기본소득과 복지국가(복지국가란 무엇보다 완전고용이나 작업장 안전 혹은 임금 등 시대착오적인 '가정'에 근거하고 있다)가 연관성보다는 다른 점이 더 많다고 생각한다.

지난 30년간 초국적 기업의 결정권자들이 서유럽과 미국에서 대다수 노동인구에게만 안정과 물질적 복지를 제공하려는 공격적인 전략을 펼쳤고 실제로 일부 성공한 결과, 그리고 그로 인해 30년 동안 발생한 구조적 변화를 생각해보면, 다시는 예전으로 돌아갈 수 없을 것이라는 주장은 충분히 일리가 있다. 그렇다 하더라도 앞서 간략하게나마 언급한 변화를 기본소득이 가져다줄 수 있다면, 우리는 지금과는 완전히 다른 세상을 논할 수 있을 것이다.

기본소득과
기본소득이 아닌 것

진정한 중도파보다 더 극단적인 사람은 없다.
이는 그 자신이 절대로 충분히 중도적이지 않기 때문이다.
항상 누군가는 그 사람보다 더 중도적일 것이며,
그 사람이 충분히 중도적이지 않다고 비판할 것이다.
또 그 누구도 중도적인 중도파일 수는 없다.

—

마르코 드라모Marco D'Eramo(1947~)[1]
이탈리아의 기자 겸 작가

어떤 의미에서 보면 혁명에 대한 필요는 순전히 현실주의적이다.
현명하고 제법 똑똑한 관찰자라면 누구라도 세계의 현 상황이 올바르게
바뀌기 위해서는 완전한 변혁 외에 방법이 없다는 결론에 이를 것이다.
이러한 관점에서 누가 감상에 빠진 몽상가들인가 하면,
안달이 난 좌파가 아니라 콧대 높은 실용주의자들이다.

—

테리 이글턴Terry Eagleton(1943~)
영국의 문학비평가

이 책에서 기본소득을 빈곤과 실업에 대한 기존의 전통적인(오래된) 혹은 비전통적인(정확히 말하자면 '그다지 전통적이지는 않은'이라고 해야겠지만 단순히 보다 최근이라는 의미의) 대안들과 비교하는 것은 원대한 이론에 근거한 허식으로서가 아니라 그저 직접적인 차이만을 짚을 뿐이다. 이럴 경우 나의 목표는 기본소득을 그와 유사한 정책이나 다른 이들이 제안한, 기본소득으로 가기 위한 중간 단계로 볼 수 있는 정책들과 비교하는 것이다. 기본소득과 유사한 정책 가운데 주목할 만한 것은 이른바 노동시장의 '유연화'와 노동시간의 단축이다. 또 기본소득으로 가는 중간 단계의 정책 중에는 적극적인 고용정책과 노동연계복지가 특히 주목을 받을 만하다. 이를 살펴본 뒤 음의 소득세, 기초연금, 이해관계자 교부금과 같이 기본소득과 유사점이 있는 정책을 논의해보겠다. 이 장에서는 유사 정책들을 살펴봄으로써 세상을 올바르게 변화시키기 위한 전면적 변화의 가장 효과적인 첫걸음이 바로 기본소득이라는 것을 입증하고자 한다.

노동시간의 단축과 제2의 봉급

1980년대 초에 기본소득 제안이 다시 증가한 이유는 그 당시에 빈곤과 실업에 저항하기 위해 만들어진 기존의 정책이 과거에 비해 그리 효과적이지 못했기 때문이다. 그중에는 노동시장의 유연화와 노동시간의 단축 정책도 포함된다.[2] 전자는 대체적으로 우파가, 후자는 좌파와 노동조합이 선호한다. 두 정책 모두 다양한 시기에 걸쳐 어느 정도 실업을 완화시키기는 했지만 전반적으로 보면 가장 적절한 정책이라고 하기에는 충분하지 못하다는 것이 증명되었고, 그렇기에 기본소득이 점점 더 관심을 끄는 대안이 되었다.

　부유한 사회에서의 실업, 특히 장기 실업이 바로 사람들이 가난해지는 주된 이유 중 하나라는 것은 더 이상 비밀스런 일이 아니다. 이 같은 사실은 특히나 우파 정치인들과 고용주들이 실업률을 낮추기 위해 내놓는 부분적인 대책으로서 노동시장의 유연화를 추진하는 근거가 되곤 한다. 안타깝게도, 중대한 문제에 인용되는 다른 낡은 용어들처럼, 노동시장의 유연화 역시 여러 가지 의미를 내포한다.[3] 노동시장의 '자유화'와 유사하기도 한 이 개념은 다음과 같은 몇몇 의미들을 포함한다.

1) 　외적 정량 유연화external quantitative flexibility

2) 　내적 정량 유연화internal quantitative flexibility

3) 　정성 유연화qualitative flexibility

4) 　임금 유연화salary flexibility

외적 정량 유연화란 기업이 처한 상황에 따라 직원 수를 조정할 수 있는 모든 정책을 의미한다. 기업이 처한 상황은 가변적인데 이 정책은 직원 수를 그 변동에 정확히 맞춤으로써 시장 변동의 부담을 노동자가 고스란히 지도록 하는 것을 목표로 한다. 상황에 따라 노동자의 수를 늘리거나 줄이는 데는 다양한 방법이 있다. 첫 번째는 파트타임 계약으로, 어떤 업무는 하루 근무보다 짧은 시간 내에 달성할 수 있다는 것을 근거로 삼는다. 두 번째는 회사의 요구에 맞추어 그때그때 노동자를 고용하는 것이다. 세 번째는 회사가 경제적 곤란을 겪고 있다는 핑계를 대며 노동비용을 절감하는 것이다. 이는 대개 같은 일을 하는 노동자를 중복을 이유로 정리해고한다는 뜻이다.

내적 정량 유연화는 직원을 완전히 활용하는 것을 목표로 회사가 채택하는 정책을 의미한다. 여기에 해당하는 유연화는 최소 세 가지 종류가 존재한다. 첫 번째는 지리적 유동성이고, 두 번째는 근무시간의 변동 혹은 회사의 자원을 더 많이 활용하기 위해 교대 근무를 새롭게 도입하는 것, 그리고 세 번째는 같은 회사 내에서 한 명의 사원이 여러 기술적 능력을 요구하는 업무를 모두 수행하는 기능의 유연화이다.

정성 유연화는 어떤 특정 업무를 맡은 직원의 경우에 그들이 새로운 전문 기술을 배우거나 서로 협력하는 것은 회사가 새로운 서비스나 생산 요구에 부응하는 데 도움이 된다는 생각에서 출발한다. 회사 업무의 변화가 빠르게 일어날수록 새로운 수요에 회사가 더 창의적으로 적응하는 것이 보다 중요해진다.

7장 ——— 기본소득과 기본소득이 아닌 것

노동의 유연화를 증대시키는 네 번째 방법은 임금과 관련이 있다. 이 개념은 매우 간단하다. 임금은 회사의 필요가 변화함에 맞추어 달라져야 한다는 것이다. 이 개념에는 다양한 형태가 있는데, 그 중에서도 회사의 매출에 따라 임금이 변하는 형태가 매우 중요하다.

이 같은 여러 종류의 노동 유연화 중 몇몇은 서로 양립할 수 있지만 아닌 것들도 있다. 예를 들자면, 외적 정량 유연화는 정성 유연화와 양립할 수 없다. 회사가 직원들을 끊임없이 바꾼다면 새로운 전문 기술을 습득하게 하거나 직원들 간 협력을 증대시키는 것은 매우 어렵거나 불가능할 것이다.

유럽과 미국의 경제는 지난 20년간 노동시장의 유연화가 점점 확산되도록 압력을 가했다. 그러나 이 기간 동안 실업률은 그다지 달라지지 않았다. 2007년 유럽연합의 12개 국가에서 예측한 가장 낮은 실업률은 8퍼센트다. 이는 1,900만 명을 의미한다. 노동시장의 완전 유연화를 지지하는 사람들은 노동시장이 완전히 자유로웠던 적이 없다는 고리타분한 주장만 반복한다. 그들은 부분적 유연화를 위한 정책은 완전 유연화를 비틀어놓은 것일 뿐이며, 만일 노동시장이 완전히 유연하다면 실업률이 크게 낮아질 것이라고 주장한다. 이 주장에 대한 실증적 논거를 찾는 것은 매우 어렵다. 유럽 지역의 실제 경험으로는 유연성의 증가와 낮은 실업률 간의 반박할 수 없는 상관관계가 입증되지 않는다. 논리적으로 보면 이 주장은 '전체적으로는 이익이 나지만, 일부는 오히려 해가 된다'라는 식으로 성립할 수도 있지만, 지금까지의 노동시장에 대한 여러 지표들을 고려하면 그리 설득력이 있지는 않다.[4] 설령 완전 유연화가 실업률을 낮춘다고 해도 결코 해결할 수 없는 문제가 남는다. 사회의 최약자들이 지는 부담이 너무도 크다는 것이다. 그들의 삶은 지금보다도 더 힘들어질 것이다.

노동시장의 유연성을 확대하는 정책은 2차 세계대전 이후 서유럽에서 태동했는데, 완전고용 상태를 지향하지만 이는 더 이상 불가능하다. 어떤 사람들은 이 정책이 여전히 이론적으로는 가능하다고 주장하겠지만, 그 말은 그저 노예 생활과 다름없는 노동 상태를 필요로 한다는 의미일 뿐이다.

기본소득 제안에 따르면 모든 시민과 합법적 거주자는 유급노동을 하는 것에 대한 결정권을 잃지 않은 채 소득을 얻어야 한다. 기본소득이 있다면 사람들은 자기 삶에서 유급노동을 필수가 아닌 선택으로 받아들일 수 있게 된다. 노동시장 유연화는 유급노동에 생계를 의지하고 있는 대다수 인구에게 현재도 작용하고 있기 때문에, 새롭게 고려해볼 가치가 있는 것 같지는 않다. 하지만 기본소득은 노동계급을 더 취약하게 만들지 않으면서 앞에서 언급한 유연성을 어느 정도 제공할 수 있다. 유연성과 직업의 안정성 모두를 얻을 수 있는 것이다.

노동시간 단축은 실업률에 맞서는 정책으로서 20~30년간 수많은 논쟁을 일으켰다. 서로 다른 이해가 얽힌 여러 사회적 논쟁과 마찬가지로, 이 정책에 대해서도 역시 제대로 된 주장과 그저 그런 추론들, 때로는 적나라한 포퓰리즘이 모두 제기되었다. 노동시간의 단축으로 생긴 수백만 시간을 하루 업무시간으로 나눈 만큼 새로운 일자리가 생긴다는 망상은 제외하고, 여기에서는 한 가지 제안과 그

것이 실업률에 미치는 효과를 살펴보도록 하겠다.

노동시간을 줄인다는 개념은 현재 있는 일자리를 공유한다는 아이디어에서 출발한다. 여기서 첫 번째 문제가 발생한다. 4장에서 살펴보았듯이, 우리가 흔히 쓰는 '노동'이라는 용어와 '임금노동' 혹은 더 넓게, '유급노동' 사이에는 혼동이 있다. 노동시간의 단축을 일자리 공유의 수단으로 제시한다고 할 때 여기에서 노동, 즉 일이라는 것은 우리가 보통 쓰는 '노동'이라는 용어보다 훨씬 세분화된 개념이다. 이는 오직 유급노동만을 의미하며, 간단히 말하자면 고용이다. 그렇다면 노동시간 단축의 목표는 임금에 의지해 생계를 꾸리는 사람들에게 유급 일자리를 분배하는 것이 된다.

다음과 같은 전형적인 질문에도 분석적인 구분이 필요하다. '노동시간 축소에 필요한 재정 지원은 누가 할 것인가.' 답은 노동시간을 줄이는 데 동의한 노동자일 수도 있고, 회사 소유주일 수도 있으며, 둘 다일 수도 있고, 아니면 정부일 수도 있다. 어쩌면 세 집단이 함께 분담할 수도 있을 것이다. 만일 노동시간이 줄어드는데 임금이 유지된다면, 이는 노동자의 시간당 임금이 상승한다는 뜻이다. 다른 모든 요소가 동일하다는 조건하에 노동비용은 증가하게 되고, 따라서 이윤은 줄어들 것이다. 증가한 노동비용의 일부 또는 모두가 노동을 제외한 다른 운영비의 절감으로 상쇄될 수 있기에 '다른 요소'가 동일하지 않을 수 있다. 그러나 이 주장은 여전히 유효하다.

만일 노동시간 단축에 따른 재정 지원을 위해 노동자들의 임금을 줄인다면, 이는 최소한 두 가지 형태를 띨 수 있다. 1) 노동시간이 줄어든 것만큼 임금이 감소하지 않는 형태가 있다. 이 경우 정책 비용은 노동자와 고용주가 분담하게 되며, 고용주가 상대적으로 많은 비용을 안게 된다. 2) 반대로 노동시간이 줄어드는 것보다 임금의 감소 폭이 더 많은 형태도 있다. 이 경우에는 노동자가 더 많은 비용을 안게 된다.[5] 1)의 극단적인 경우는 모든 비용을 고용주가 지는 것이며, 2)의 극단적인 경우는 모든 비용을 노동자가 부담하는 것이다(최근 10년 사이에는 후자에 더 가까운 현상이 관측됐다).

이에 대해서는 다음과 같은 간단한 등식이 긴 설명을 대신할 수 있을 것이다.[6] Y가 어떤 경제의 총생산의 가치이고, L이 노동자의 수, h가 하루의 노동시간, q가 시간당 생산량이라고 하면, 우리는 다음과 같은 방정식을 세울 수 있다.

$q = Y/Lh$

그러므로

$Y = Lhq$

두 번째 공식은 다음과 같이 해석하면 된다. 총생산의 가치는 노동자의 수와 하루의 노동시간과 시간당 생산량을 곱한 것과 같다. 이것을 성장률로 바꾸어보면 보다 이해하기 쉽다. 즉, 이 식을 증가율로 바꾸면 다음과 같다.

$$\overset{\bullet}{Y} = \overset{\bullet}{L} + \overset{\bullet}{h} + \overset{\bullet}{q}$$

이것은 각각 총생산 증가율, 고용 증가율, 노동시간 증가율, 생산성 증가율을 의미하는데, 특히 $-\dot{h}$는 노동시간 감소율로 재정의할 수 있다. 이를 $\dot{j}=-\dot{h}$으로 표기하자. 그러면 다음과 같이 된다.

$$\dot{L}=\dot{Y}+(\dot{j}-\dot{q})$$

다시 말하면, 고용 증가율은 노동시간 감소율과 생산성 증가율의 차이만큼을 총생산 증가율에 더한 것과 같다.[1]

이 내용을 기초로 우리는 노동시간 단축과 관련된 두 가지 변수를 분별해야 한다. 이 변수에 따라 실업률 줄이기에 있어서 네 가지 다른 결과가 나타난다.

두 가지의 변수는 노동시간 감소의 정도와 감소가 일어나는 기간이다. 더 정확하게 말하자면 노동시간의 감소는 1) 큰 폭으로 줄어들거나(20퍼센트 이상) 2) 작은 폭으로 줄어들 수 있다(20퍼센트 미만). 또한 노동시간의 감소는 a) 점진적으로 도입되거나 b) 일시에 적용될 수 있다. 이로 인해 파생되는 네 가지 조합은 실업률에 있어서 매우 다른 결과를 만들어낸다. 우선 실업률 감소에 가장 좋은 결과를 가져오는 조합에 집중해보자. 노동시간을 20퍼센트 이상 줄이고, 이를 일시에 적용하는 방식이다.

스페인 경제에서 노동시간을 일시에 주당 32시간으로 줄여도 현재의 실업률이 20~25퍼센트 이상 떨어지기는 어려울 듯하다. 이유는 자명하다. 노동시간의 감소는 경제의 모든 부문에 동일한 결과로 이어지지 않을 것이고, 각 부문 내에서도 회사 간 차이가 매우 클 것이기 때문이다. 알바라신Albarrcín과 몬테스Montes(1993)에 의하면, 노동시간을 주당 32시간으로 줄이면, "스페인 경제에 최대 3~4퍼센트의 성장, 즉 30만~40만 개의 새로운 일자리가 만들어질 것이다." 추가로 이들은 이 책을 저술했던 14년 전의 경제보다 더 좋은 경제에서는 노동시간의 단축이 더 큰 효과를 가져올 수도 있다고 말했다. 그래서 나는 검증하기는 다소 어렵지만 내가 주장하려는 바에 유용한 가정을 하나 하고자 한다. 이 가정은, 두 저자가 언급했던 것보다 더 나은 경제적 상황에서 노동시간의 단축으로 생기는 일자리의 수를 기존의 세 배로 설정하는 것이다. 이렇게 하면 새로 생기는 직업은 대략 90만 개에서 120만 개가 된다. 이는 상당한 숫자이지만 여전히 100만 명 정도의 인구는 비고용 상태로 남아 있게 된다.[7]

하지만 이런 추측은 현실에 기반을 두지 않은 공상일 뿐이다. 현실을 보자면, 최근 노동자들은 더 오랜 시간을 근무해도 그에 비례하는 보수를 받지 못한다는 위협에 직면해 있다. 그 주범으로는 한 국가에서 생산을 멈추고 노동력이 더 싼 다른 국가에서 생산하는 해외 생산이라는 현상을 꼽을 수 있다. 그러니 앞서 언급한 주장과 그 수학적 관계는 터무니없이 간단한 일반적인 개념들이 그저 공상의 세계에서나 존재한다는 것을 증명할 때나 적합하다고 할 수 있다.[8] 게다가 근래의 노동조합들은 노동시간을 20퍼센트, 아니 10퍼센트만이라도 감소시키려는 시도에는 전혀 관심이 없다. 그런 상황이니 이러한 분석은 더더욱 의미가 없다.[9]

4장에서 언급했듯이, 기본소득은 임금노동자의 노동시간을 줄이는 목표를 일부 달성할 수 있다. 조금 더 간접적인 방법이기는 하지만 훨씬 더 효과적이다. 기본소득은 단순히 노동시간 축소와 양립

가능하다는 것뿐 아니라 사람들이 세 가지 종류의 노동(유급노동, 가사
노동, 자원봉사)을 자신에게 맞게 더 잘 분배할 수 있도록 한다는 장점
도 있다. 가사노동이나 자원봉사를 하는 사람들과 유급노동에 종사
하는 사람들 사이의 사회적 차별을 없애는 데에도 도움이 된다. 모
든 사람이 일정 수입을 얻을 수 있기에, 세 가지 종류의 일이 지닌 사
회적 가치는 훨씬 더 균형 잡힐 것이고, 노동시간의 단축은 노동자
들이 자유롭게 결정할 수 있는, 훨씬 더 실행 가능한 선택지가 될 것
이다.

제2의 봉급

임금노동자의 노동시간을 줄이기 위한 방법으로 '제2의 봉급second
cheque'은 덜 독창적인 방식이다. 이 아이디어는 1990년대 프랑스의 몇
몇 단체에서 엄청난 인기를 누렸으나 현재는 거의 언급되지 않는다.
제2의 봉급을 통한 사회 개혁의 지지자 가운데 가장 잘 알려진 사람
으로는 프랑스의 경제학자이자 생태학자인 기 아즈나르Guy Aznar(1980,
1994)를 꼽을 수 있다.

　이 제안은 세 가지 가정에 기반을 둔다. 첫째, 모두에게 돌아갈
만한 충분한 양의 유급직이 존재하지 않는다. 둘째, 실업은 경제성장
으로 없애기에는 규모가 너무 크다. 셋째, 노동시간을 줄이는 것으로
는 이 문제를 제대로 해결할 수 없다.

　제2의 봉급이라는 제안에는 다양한 방식이 있지만, 다음과 같
이 쉽게 구별할 수 있는 한 가지 공통점이 있다. 노동자의 근무시간
이 자의로든 강제적으로든 50퍼센트가 줄어든 회사는 그만큼의 시

간을 채우기 위해 새롭게 노동자를 고용할 것이다. 예를 들어 블루스앤브러더스Blues&Brothers라는 회사에는 한 주에 40시간씩 일하는 근무자 100명이 있는데, 노동시간을 한 주에 20시간씩 줄인다면, 주당 20시간 일하는 근무자 100명을 추가로 고용해야 할 것이다. 블루스앤브러더스는 전과 같은 4,000시간 근무를 위해 200명을 고용해야 한다. 그렇다면 이 정책의 비용을 누가 부담할 것인가? 만일 회사가 부담해야 한다면, 회사는 노동자의 총임금을 두 배로 지급해야 할 것이다. 제2의 봉급의 지지자들은 이 방법이 비현실적이라고 주장한다. 만일 노동자들이 비용을 부담한다면, 그들은 똑같은 시간당 임금을 받지만, 그들의 총수입은 절반이 될 것이다. 이는 회사가 부담하는 것보다 나쁜 상황을 초래하는데, 그들이 매우 어려운 경제적 상황에 처하게 될 것이기 때문이다. 그렇다면 이 정책의 재정을 지원해야 할 주체는 누구여야 하는가? 답은 자명하다. 바로 국가다. 회사는 같은 양의 임금을 제공하고, 노동자들은 절반만 일하면서 같은 급여를 받고, 그 차액은 정부가 지급해야 한다. 그런 의미에서 이 정책이 "제2의 봉급"이라고 불리는 것이다.

앙드레 고르André Gorz(1997: 90-91)에 따르면 "계약을 통해 동의한 시간당 급여만큼의 급여가 제공될 것이다. 그리고 제2의 봉급이 노동시간의 감소로 인해 줄어든 임금만큼 보상을 할 것이다." 그의 말을 통해 제2의 봉급의 예산 계획을 깊게 살펴볼 수는 없지만 중심 개념을 알아보는 것은 어렵지 않다. 첫째, 제2의 봉급이 장기간 비고용 상태로 있던 노동자에게도 지급될 것이기 때문에, 전체적으로 보면 일부에게는 돈이 들어가겠지만 일부에서는 재정이 부분적으로 회수가 된다. 둘째, 새로 고용된 노동자들은 비고용 상태일 때보다 더 많은 세금을 낼 것이다. 셋째, 소비가 증가할 것이고 이에 따라 간접적으로도 더 많은 세금이 들어올 것이다. 고르의 관점에 따르면 "제2의 봉급에 들어가는 비용은 특정 상품, 에너지, 재활용이 불가능한 자원에 대한 소비세로 충당해야 한다."(같은 책)

간단히 요약하면, 제2의 봉급의 주요 요점은 다음과 같다.

1) 제2의 봉급을 지급받는 대상은 임금노동자로 한정된다.
2) 그중에서도 풀타임 노동자에게는 주어지지 않는다.
3) 회사가 이 정책의 비용을 직접적으로 부담하지 않는다.
4) 지급 금액은 개개인의 급여에 비례한다.

기본소득과 제2의 봉급의 차이 역시 자명하다. 첫째, 제2의 봉급은 임금노동자에게만 주어지지만, 기본소득은 모두에게 주어진다. 둘째, 제2의 봉급은 풀타임 노동자에게는 주어지지 않지만, 기본소득은 그런 것과 무관하게 모두에게 주어진다. 셋째, 제2의 봉급은 노동자가 받고 있는 기존의 급여액에 비례하지만 기본소득은 그런 것과도 무관하다. 제2의 봉급은 임금노동을 선호하지만 기본소득은 한쪽으로 편중되지 않는다. 마지막으로 제2의 봉급의 행정비용, 즉 대상자들이 이 정책에 필요한 조건을 속이지 않는지 확인하는 데 드는 추가 모니터링 비용은 기본소득의 행정 비용에 비해 훨씬 클 것이다. 제2의 봉급이 조건부 정책이기 때문이다.

적극적 고용과 노동연계복지

사회정책과 고용정책의 교차점에 존재하는 정책 또한 여럿 있다(라모스Ramos, 2004: 355). 그러한 정책들은 크게 다음과 같이 나눌 수 있다.

1) 실업보험
2) 실업부조
3) 적극적 고용정책
4) 노동연계복지 정책

그중 기본소득과 관련이 있는 것은 3번과 4번으로, 이제부터 이 둘에 초점을 맞추도록 하겠다.

'적극적 고용정책'은 북유럽의 복지국가 모델에 그 기원을 둔다. 이 고용정책에는 여러 가지 방식이 있다. 몇몇은 유급노동을 찾는 데 집중하고, 다른 몇몇은 해고당할 위험이 있거나 실업 상태인 사람들에 대한 훈련과 기술 교육에 중점을 두며, 또 다른 정책은 고용주에게 더 많은 고용에 대한 인센티브를 제공하거나 자영업 등을 활용한 직업 창출에 초점을 맞춘다.

만일 기본소득이 도입된다면 유급노동을 찾거나 기술 훈련을 제공하는 정책 등 몇몇 적극적 고용정책은 유지되는 것이 좋을 것이다. 노동자를 더 고용하도록 장려하는 고용주 인센티브 정책은 고용주에게 더 많은 혜택을 주기 때문에 없어져야 할 것이다. 많은 고용주들이 안정적인 직업을 제공하려는 목적보다는 이 인센티브로 보조금을 지원받을 수 있는 사람들을 대상으로 일자리를 만들기 때문이다.

어찌 됐든 적극적 고용정책이 기본소득과 양립할 수 없다고 생각해서는 안 된다. 앞서 언급한 것만 제외하면 이 두 정책은 서로 상호 보완적 관계다. 결론은 다음과 같이 너무나 명백해서 반박하기가 힘들다. 기본소득이 제공하는 모든 가능성과 비교해보면, 단순히 유급노동만 제공하는 어떠한 제도도 사회적으로 효과적이지 않은 정책으로 보인다.

'노동연계복지'의 경우는 조금 다르다. 이 정책은 사회적 차별과 멸시가 필수적으로 수반되는 경제적 지원을 복지와 동일시하는 자유의 나라 미국에서 시작되었다. 노동연계복지는 적극적 고용정책으로 분류되지만, 매우 흥미로운 특징이 있다. 노동연계복지에 참여하는 사람은 급여를 받는 대신 어떤 활동에 참여하거나 훈련을 받는다는 계약에 반드시 동의해야만 한다. 다른 말로 하면, 급여를 받는 사람은 어떤 식으로든 무언가를 돌려주어야 한다. 일반적으로 그 형태는 노동이다.

스탠딩Standing(2002)의 세밀한 분석을 기반으로 노동연계복지의 단점을 요약하면 다음과 같다.

1) 노동연계복지는 아무런 자원도 갖지 못한 사람들에게 '상보성'을 요구한다. 그러한 상보성은 다른 수급자에게는 요구되지 않는 것이다.
2) 노동연계복지는 도움을 받아야 할 사람들에 대한 편견을 조장

한다.

3) 이 정책은 지하경제를 확장시키는 경향이 있으며, 이로서 소소하게나마 탈세 같은 범죄를 조장한다.

4) 이 정책은 시민의 권리를 오직 유급노동으로만 국한시키며, 사람들이 다양한 종류의 노동을 고려하는 것을 어렵게 한다.

5) 제공되는 직업은 기술이 없거나 낮은 노동력을 대상으로 하며, 이는 다른 시민들과 노동연계복지를 받는 사람들 사이의 불평등을 심화시킨다.

6) 이 정책의 행정비용은 상당히 높다. 또한 같은 시장 내의 경쟁자에 비해 경쟁력이 높은 유급노동 역시 존재하기에 변위 효과를 불러오는데, 이는 명백히 복지정책의 좋은 점이라 할 수 없다.

반면에 기본소득은, 6장에서 살펴보았듯이 노동연계복지가 지닌 단점이 전혀 없다.

기본소득과 닮은 정책들

기본소득과 비슷한 형태의 정책으로는 다음과 같은 것들이 있다. 이제부터 아래 사항들을 기본소득과 비교 분석해보겠다.

1) 세액공제

2) 가계급여

3) 부분기본소득

4) 음의 소득세

5) 참여소득

6) 이해관계자 교부금

세액공제tax credit는 저임금 노동자에게 주어지는 금전적 급여를 의미한다. 가장 일반적인 형태는 임금과 함께 지급되는 방식이다. 급여액은 임금액과 설정한 목표에 따라 다르다. 가령 영국 정부에 따르면 다음과 같이 정의된다. "세액공제는 세금이 아니다. 이는 정기적으로 당신이 받는 돈이다. 또한 세금 고지서에서 공제되는 것도 아니다. 당신이 세금을 내지 않더라도 당신은 세액공제를 받을 수 있다." 세액공제는 유급고용에 참여하지 않는 사람들을 차별한다. 세액공제의 기본 설계 때문인데, 그에 따르면 임금이나 봉급을 받지 않는 사람들은 자동으로 배제된다.

하지만 기본소득은 가사노동이나 자원봉사 같은 보수가 없는 일에 참여하는 사람들을 차별하지 않는다. 지금의 시장은 사람들이 급여를 받고 일할 수 있는 기회를 충분히 제공하지도 못하고, 더 적게 일하고 싶은 사람 역시 소득이 줄어들기 때문에 그렇게 하지 못하는데, 기본소득은 사람들이 그러한 결정을 가능하게 한다. 특히 후자의 경우 세액공제 정책을 통해서는 불가능하다.

가계급여household payment는 혼자 사는 사람을 주 대상으로 하는 기본소득의 한 방식이다. 부유한 사회에서 인간의 수명이 끊임없이 증가하는 추세에 따라, 독거노인의 수도 급격히 늘어나고 있다. 거주자가 한 명인 가구는 집세, 전기료, 수도세, 난방비 등의 일인당 비용이 둘이나 셋 혹은 더 많은 사람들이 같이 사는 가구보다 항상 더 높다. 가계급여는 그러한 현실을 고려해 제공하는 금액을 개인에게 지급되는 부분과 가구별로 지급되는 부분으로 나누어, 혼자 사는 경우에는 두 종류의 기본소득을 받을 수 있도록 한 것이다.[10] 이 방식에서는 당연히 한 지붕 아래에 사는 사람이 적을수록 더 많은 기본소득을 받게 된다.

부분기본소득partial basic income은 기본소득이 지닌 보편성과 개인성 등의 특징을 똑같이 지니고 있지만, 그 이름에서 알 수 있듯이 시행되는 지역의 빈곤선보다 적은 금액을 지급하는 것을 의미한다. 부분기본소득은 기본소득이 줄 수 있는 많은 효과들을 주지 못하거나 훨씬 적은 효과만을 가져온다. 만일 기본소득의 금전적 지원이 줄어든다면 고용주에 대한 노동자의 협상력이나 여성의 경제적 자립 같은 가능성들을 달성할 수 없을 것이다. 어떤 사람들은 기본소득으로 가기 위해 부분기본소득을 먼저 도입하는 것이 낫다고 여길 수도 있다. 물론 옳은 주장일 수도 있지만, 제대로 된 기본소득으로 이행하는 과정에서 앞의 비판은 타당하다. 부분기본소득은 가장 가난한 사람들을 도울 수 있지만 여전히 그 비판은 유효하다. 진정한 기본소득의 이점은 사라지거나 훨씬 약화될 것이다.

음의 소득세NIT는 기본소득과 유사점이 매우 많다. 판 파레이스는 세 가지 차이로 이를 요약했다. 첫 번째로 그는 이렇게 말했다.

어떤 NIT 정책도 사람들이 굶어 죽지 않도록 회계연도가 끝나기 전에

7장 ——— 기본소득과 기본소득이 아닌 것

금전적 지급을 해야만 가난에 대한 효과를 볼 수 있다. 하지만 복지정책에 대해 우리가 아는 바에 의하면, 무관심이나 혼란으로 인해 그런 금전적 지급을 받지 못하는 사람들은 반드시 생긴다(판 파레이스, 2000).

또한 그는 다음과 같은 점을 지적했다.

NIT는 개인에게 적용될 수 있지만, 가구 단위로 운용되거나 대개 그런 방식으로 제안된다. 그렇기 때문에 NIT와 기본소득이 같은 금액의 소득을 분배한다고 해도 가정 내 소득 분배 면에서는 NIT가 기본소득에 비해 훨씬 불공평할 것이다. 특히 현재의 상황에서 NIT는 가정 내에서 소득이 제일 낮거나 혹은 없는 사람에게 주어질 세액공제를 가정 내에서 가장 많은 소득을 올리는 사람에게 일부라도 줄 수밖에 없다. (같은 금액이) 기본소득으로 지급될 경우 여성에게 직접적으로 주어지는 소득이 훨씬 클 것이다(같은 책).

마지막으로, 사회복지사들은 인지하지만 경제학자들은 대체로 무시하는, 실업 함정의 매우 중요한 측면을 해결하는 데 있어서 기본소득이 NIT보다 월등하다. 여기서 실업 함정의 매우 중요한 측면이란 실업자가 유급노동을 할 때 소득이 더 높은 것이 아니라는 것이다. 판 파레이스는 다음과 같은 현상을 목격했다.

불확실에 따르는 당연한 공포는 종종 사람들이 일하는 것을 방해한다. 그들이 새로운 직업에 도전할 때나 직업을 잃은 직후에는 정기적으로 받던 급여가 끊긴다. 이 같은 행정적 시차의 위험 때문에 사람들은 보조금에 계속 의지하는 것을 가장 현명한 선택으로 생각할 수 있다. 특히 자신이 받을 수 있는 급여에 대해 잘 모르거나 빚더미에 나앉는 것이 두려운 사람들, 아니면 저축액이 얼마 없는 사람들이 그렇다. 하지만 NIT와 다르게 기본소득은 일을 하고 있는지 여부와 무관하게 항상 일정액의 소득을 보장한다. 따라서 이 같은 빈곤의 함정을 다루는 데에는 기본소득이 훨씬 적합하다(같은 책).

참여소득은 앤서니 앳킨슨(1996)이 10여 년 전에 제안한 정책이다. 이는 사회적으로 가치 있다고 판별되는 일에 종사하는 모든 사람에게 제공되는 금전적 지원이다. 앞서 4장에서 비판했던 '사회적으로 가치 있는' 일의 예는 자원봉사, 유급노동, 가사노동, 훈련 등이 있다. 앳킨슨의 이 제안은 전략적이라고 할 수 있는데, 기본소득의 무조건적인 측면에 대한 몇몇 집단들의 반발심을 줄이거나 없애기 위한 것이었다. 이러한 전략적인 면으로 볼 때 참여소득은 아무 일도 하지 않는 소수의 사람들을 제외한 모두에게 제공되기 때문에 실제 지급 대상을 보면 기본소득의 무조건적인 지급 대상과 별반 차이가 없다. 하지만 조사, 점검, 대상자 선정 등 불가피한 진행 과정에 들어가는 비용은 매우 비싸다. 모든 인구에서 대상자가 일부 제외된다면, 그 제외된 인구가 아무리 적어도 대상자를 판별하기 위한 행정적 작업이 많이 필요하다. 또한 대상자와 비대상자라는 개념 자체가 소소한 부정행위를 부추길 것이다. 소득을 받을 권리를 인정받기 위해 자신이 가사노동, 자원봉사 혹은 유급노동에 종사하고 있는 척하는 것은 그리 어려운 일이 아닐 것이다.

마지막으로 이해관계자 교부금stakeholder grants이 있는데, 이는 기본소득과 많은 점에서 동일하다.[11] 이 개념은 모든 사람이 법적으로 성인이 되면 국가에 의해 단 한 번 일정 금액을 받는다는 것이다. 정책의 비용은 새로운 상속세의 도입으로 지원할 수 있다. 영국의 지지자들에 따르면, 법적 성인인 18세 때 받아야 할 금액은 1만 파운드여야 한다(닛산Nissan과 르 그랑Le Grand, 2000). 미국에서는 브루스 애커먼과 앤 알스토트Ann Alstott(1999)가 특정 교육 이상을 받은 21세 인구 중에 범죄 기록이 없는 사람들을 대상으로 8만 달러를 지급할 것을 제안했다.[12] 그들에 따르면 범죄 기록이 있거나 기준 교육을 받지 않은 사람들에게는 제약이 있을 것이나, 그 외 모든 인구는 21세가 되는 시점부터 4년 동안 해마다 2만 달러를 지급받을 것이다. 이 계획은 '참여기금'으로 조성되는 2퍼센트의 복지세를 통해 재원이 마련될 것이다. 중요한 점은, 지급받은 사람이 사망하면 지급받은 금액은 이자를 더해 다시 참여기금으로 돌아간다는 것이다.

이와 비슷한 정책으로 벨기에의 출산 보조금이나 '유아채권'으로 알려진 영국의 어린이신탁기금 등 몇몇 유럽 국가에서 시행되는 제도가 있다. 아이가 태어날 때 일정 금액이 지급되며, 일정 나이가 되면 사용할 수 있게 하는 것이다.

기본소득과 이해관계자 교부금의 차이라고는 일견, 기본소득은 아무리 오래 살더라도 요람에서 무덤까지 정기적이고 규칙적으로(주로 매월) 지급하는 데 반해서, 이해관계자 교부금은 특정 금액을 한 번에 지급한다는 것밖에는 없는 것처럼 보인다. 하지만 실제로는 이보다 훨씬 큰 차이가 있다. 사실, 이해관계자 교부금을 기본소득으로, 아니면 기본소득을 이해관계자 교부금으로 변화시키는 것은 가능하다(교부금을 일정한 이자율과 햇수로 평가하여 월별 기본소득으로 '등치'시킬 수 있으며, 역으로 기본소득을 이자로 삼는 저축예금으로 체계적으로 변화시키면 교부금에 해당하는 금액으로 '등치'시킬 수 있다). 몇 년간 이해관계자 교부금과 기본소득 지지자들은 두 제안이 지닌 상대적 이점에 대해 많은 논쟁을 해왔다. 다시 말하지만, 기본소득 지지자들은 각자 다른 이유로 또는 심지어 서로 상반되는 이유로 이해관계자 교부금을 지지했고, 이해관계자 교부금 지지자들 또한 마찬가지였다. 그 외에 이 둘의 중간쯤에 위치한 다소 합리적인 사람들도 있었고, 그다지 도움이 되지 않는 타협을 모르는 사람들도 있었다.[13]

공화주의적 관점에서는 기본소득의 이점이 훨씬 더 많을 것이다. 현재의 사회경제적 상황을 볼 때, 만일 기본소득이 도입될 수 있고, 또 그 목표가 모든 시민의 물질적 생존을 보장하는 것이라면, 기본소득의 가치는 매우 크다. 앞서 살펴보았듯이 기본소득은 여성의 물질적 자립, 세 가지 종류의 노동 사이에서 더 다양한 선택권, 노동자의 협상력 향상 등의 목표 달성에 있어서 이해관계자 교부금보다 훨씬 더 효과적이다. 그 이유는 이해관계자 교부금의 목표가 애초부터 사람들에게 시장 내에서 자신의 역할을 잘 수행하기 위한 더 나은 환경을 제공하는 것이었기 때문이다. 반 데어 빈Van der Veen(2003: 164)의 표현에 따르면, 이해관계자 교부금은 "기업가 정신을 통한 해방이라는 아메리칸 드림에 호소하는 정책"이다.

기본소득이 다른 정책과 어떻게 다르거나 비슷한지 알아보기 위해 여기에서 모든 가능성을 다룬 것은 아니다. 여기에서는 가장 연관성이 높다고 판단되는 흥미로운 정책에 한해 소개했다. 표 7.1은 여기서 다룬 정책들을 두 가지 기준점에 따라 분류해 요약한 것이다. 첫 번째 기준은 보조금을 얻기 위한 조건으로 얼마만큼의 노동이 필요한지에 대한 것이고, 두 번째 기준은 소득이나 수입, 그 외 자산 등 보조금 수급 대상 여부를 확인하기 위한 조건에 관련된 것이다. 첫 번째 기준은 매우 다양한데, 과거 또는 현재에 유급노동을 했는지부터 미래에 그러한 일을 할 것인지까지 그 범위가 넓다. 두 번째에도 역시 다양한 방식이 있다.

접근성의 문제

기본소득 지지자들은 어떤 정책들이 앞으로 진정한 의미의 기본소득으로 이어질 수 있는지 토론을 하기도 한다. 이 토론은 종종 과열

표 7.1 | **기본소득과 대안의 비교**

		자산 조사 여부	
		실시	미실시
노동의무 부여	부여	• 실업급여나 기타 복지교부금 • 최저소득보장 • 적극적 고용정책 • 저소득 노동자에 대한 공제와 기타 조세급여 • 근로복지	• 기여형 연금 • 기여형 실업급여 • 노동자를 위한 보편적 세액공제 • 임금노동자를 위한 노동시간 단축 • 제2의 봉급 • 참여소득
	미부여	• 비기여형 연금 • 음의 소득세 • 최저보장소득 • 감세	• 기본소득 • 이해관계자 교부금

되기도 하지만, 큰 의미는 없다. 예를 들어 어떤 주장들이 제기되는 지 살펴보자.

우선 기본소득을 BI라고 해보자. t시점에서 조건부 보조금의 현재 수준을 X라고 하고, t+1시점에 도입되는 정책을 Y라고 해보자. Y가 조건적인 측면과 제공되는 금전적 혜택의 양이 BI에 더 가깝다 고 해보자.[14] 어떤 추론에 따르면, 만일 우리가 t+1의 시점에 X에서 Y 라는 정책으로 이동한다면 미래에 BI를 달성하는 것에 가까워진다 는 뜻이다. 물론 이 같은 논리는 세상에 존재하는 정책이 오로지 X, Y, BI일 뿐이어야 성립할 것이다.[15] 하지만 세상에는 X, Y, BI 외에도 다양한 정책과 요소가 존재하고, 그 요소들은 Y에서 다시 X로 회귀 될 수도 있으며, 따라서 이러한 '논리'는 사실상 논리가 없는 것이나 다를 바 없다. 현실에는 그러한 예가 너무도 많아서 그중 하나를 고 르는 것만 해도 곤란할 지경이다.

일례로 2차 세계대전 이후 등장한 복지국가를 보면 우리는 1940년부터 1970년대 사이에 직업의 안정성, 비교적 일관된 노동환 경, 노조의 대표성, 사회복지 등에서의 전반적인 발전을 목격할 수 있다. 발전은 계속되었고 우리는 1970년대 이후에도 그 흐름이 유지 될 줄 알았다. 하지만 1970년대 중반 이후 더 이상 그런 희망을 품을 수 없게 되었다. 간략히 말해 그 문제는 기본소득으로 향하는 정책 의 정태적 접근(현실을 고려하지 않은 상태)과 동태적 접근(현실을 고려하는 상 태)을 혼동하는 것이라고 볼 수 있다.

이러한 '논쟁'은 무의미하게 분위기만 가열시킬 뿐, 실질적으로 그다지 유용하지 못하다. 이 같은 어리석은 토의를 피하기 위해서는 몇 가지 짚고 넘어갈 것이 있다.

기본소득을 다른 정책과 혼동해서는 안 된다. 다른 정책들도 매우 타당성 있을 수도 있고, 특정 목적에 대해 부정할 수 없는 가치를 지니고 있을 수도 있다. 그리고 그 정책들은 1) 정책이 만들어진 상황과 관련해 살펴야 하거나 아니면 2) 기본소득과 관련해 고찰할 필요가 있을 수도 있다. 전자라면 당시에 존재한 다른 정책들과 그다지 차이가 없을 것이다. 반면 후자라면 기본소득과 전반적으로 비슷할 것이다(앞서 말했듯이 참여소득은 최저소득보장보다 훨씬 더 기본소득과 유사하다).

하지만 (2)에 대해 말하자면, 만일 기본소득에 가까운 어떤 정책이 있다고 해서 그걸 두고 기본소득의 도입에 한 걸음 더 가까워졌다고 말하는 것은 전혀 다른 문제다. 사실 그럴 수도 있고 아닐 수도 있다. 이는 다양한 다른 요소들에 의해 판명될 수 있기 때문에, 그 요소들을 자세히 검증해봐야만 알 수 있을 것이다. 이 두 개념을 혼동하는 것은(그리하여 어떤 대안이 기본소득과 유사하다고 기본소득이 곧 실시될 것처럼 생각하는 것은), 흔하지만 피하기 어렵지 않은, 심각한 평가상의 문제를 초래한다.

또한 이 문제에는 다른 측면도 있다.[16] 어떤 시점에서든 우리가 기본소득에 더 가까워졌는지를 판별할 때, 사람들은 '순진하고 기술적인' 오류 혹은 '미숙하고 정치적인' 오류를 범하곤 한다. 첫 번째 오류는 다음과 같이 바꿔 말할 수 있다. '도덕적이고 기술적인 측면에서 기본소득을 지지해야 하는 훌륭한 이유들이 있기 때문에 결국에는 정당들이 이를 도입할 것이다.' 이 같은 관점으로 보면 정당은 구분될 필요가 없고, 사회적 계급과 투쟁도 없을 것이며, 집단 간의 직접적인 분쟁도 없어서, 결국 어떤 사회적 갈등도 없을 것이다. 오로지 정당화된 이유들만 남을 뿐이다. '좋은 이유'의 필요조건이 충분조건이 되어버리는 이 오류에는 악의가 없기 때문에 이를 '순진하고 기술적인' 오류라고 부를 수 있다.[17]

반면 기본소득 비판자들 가운데서 '미숙하고 정치적인' 오류를 발견하는 것도 그리 드문 일이 아니다. 이 경우에 종종 제기되는 주장은 다음과 같다. '기본소득은 근본적으로 반자본주의적인 개념이 아니기에 우리는 이런 것에 시간을 낭비하지 말고 더 혁신적이고 혁명적인 것에 시간과 노력을 들여야 한다.' 그 혁신적이고 혁명적인 것이 무엇인지는 그다지 확실하지 않거나 거의 알 수 없는 경우가 많지만, 그렇다 한들 그들에게는 별문제가 아니다. 이 같은 오류는 정반대로 나타나기도 하는데, 가령 기본소득 지지자 층에도 '미숙하고 정치적인' 오류를 범하는 사람들이 있다. 그들의 관점은 이런 식이다. '기본소득은 근본적으로 반자본주의적이며, 이 관점에서 벗어나는 어떠한 논리도 이 제안의 순수성을 해친다.'

이러한 오류를 피하는 것은 더 심각한 결과를 초래할 수 있는 또 다른 오류로 인한 범죄를 예방하는 효과도 있다. 이는 정치적 현실성과 일반 상식, 지적 품위를 갖춘 노련함에서 비롯된 신중한 판단력이 약간만 있어도 피할 수 있는 문제들이다. 전혀 초인적인 일이 아니다.

기본소득의 예산

실현을 위한
세 가지 계획

돈이란 똥과 같다.
퍼뜨려지지 않으면 별 쓸모가 없다.
—

프랜시스 베이컨Francis Bacon(1561~1626)[1]
영국의 철학자

기본소득에 대한 연구 중 예산 문제야말로 지난 10~12년간 가장 많은 발전을 이룬 분야다. 또한 각기 다른 지역에서 다양한 종류의 공공기관을 염두에 둔 흥미로운 연구가 진행된 분야이기도 하다. 지역별로 보면 알래스카 주 같은 준국가 지역부터 유럽연합이나 북아메리카자유무역협정NAFTA 가입 국가 같은 초국가적 정치 권역까지 포함된다.[2] 네덜란드의 예술가인 피터르 쿠이스트라Pieter Kooistra는 UN 기본소득 지원 재단basisinkomen voor alle mensen, UNO을 설립하기도 했다.

이와 같은 갖가지 다른 제안들에 대한 재정 지원 방안 역시 다종다양하다. 예를 들자면 주네Genet와 판 파레이스(1992)는 유럽연합 전체를 위한 제안에서, 에너지 소비가 환경에 미치는 비용을 계산한 뒤 그에 따른 환경오염세를 거두어서 기본소득에 지원하는 방안을 제시했다. 그 후 반더브로트와 판 파레이스는(2005: 104) 매해 1,500유로의 기본소득 지원이 가능하다는 연구 결과를 발표했다.

지난 10~15년간 기본소득을 재정 지원하기 위한 다양한 방안

8장 ──── 기본소득의 예산: 실현을 위한 세 가지 계획

이 제시되었다. 그중에서도 내가 꽤 정확히 알고 있는 예산 확보 방안이 하나 있다(나는 이에 대한 상세한 보고서를 작성해 2005년에 출판한 바르셀로나 팀의 일원으로 활동했다).[3] 이 제안은 지금의 스페인 개인소득세IRPF를 뿌리부터 개혁하는 방법에 대한 것이었다.[4] 우리가 기본소득의 예산 확보를 위해 이 방식을 선택한 것은 카탈루냐에 개개인의 개인소득세 자료가 있다는 이유뿐 아니라, 기본소득이 도입되면 나타날 소득 재분배 등의 현상을 이 개인소득세에 대한 연구가 매우 잘 보여줄 수 있기 때문이다. 이 연구는 특별히 제작된 마이크로 시뮬레이션 프로그램을 통해 진행되었는데, 카탈루냐에 있는 11만 474건의 세금 신고 내역을 활용해 기본소득을 포함한 다양한 세금 혜택의 통합을 위한 정책을 평가했다. 이 연구는 우리의 제안이 경제적으로 실현가능할 뿐만 아니라, 소득의 재분배에서도 큰 혁신을 불러올 수 있다는 것을 보여준다.

목표와 범위

기본소득의 예산 문제에 대한 여러 연구들 가운데서도 가장 흥미롭고 많은 정보를 제공하는 연구는 기본소득의 도입 비용과 분배 결과를 예측하기 위해 마이크로 시뮬레이션을 활용하는 연구들이다. 소득분배 자료와 납세자에 대한 직접적인 자료를 활용하는 마이크로 시뮬레이션 프로그램들은 기본소득의 분배 효과와 효율을 평가하는 일에 매우 적합하다. 개혁의 이면에는 조세와 급여의 통합이라는 생각이 있기 때문이다. 기본소득의 시뮬레이션을 위해 여러 지역에 최적화된 다양한 프로그램들이 있다.[5] 마이크로 시뮬레이션 모델에서는 여러 가지 조건 변화가 가능하지만 기본적으로 다음과 같은 기준에 기반을 둔다.

1) 조세와 급여의 통합

2) 1장에서 언급한 정의에 따라, 완전하고 보편적인 기본소득을 아무런 조건 없이 개개인에게 직접 지급한다.

3) 기본소득은 기본소득보다 혜택이 적은 기존의 모든 보조금을 대체할 것이다. 만일 기본소득이 기존 보조금보다 낮다면, 똑같아질 때까지 기본소득을 높인다.

4) 성인을 위한 기본소득은 어떤 사례를 선택하느냐에 따라 지원 금액이 다르다. 이 장에서 다룰 세 가지 예 가운데 가장 흥미로운 것은 첫 번째다. 이 경우 기본소득은 스페인의 최저임금제도 Salario Minimo Interpofesional, SMI 혹은 2003년의 최저임금인 매달 451유로를 연간 12회 지급하거나 1년에 5,414유로를 지원한다. 여기서 우리는 스페인의 낮은 최저임금을 떠올릴 수 있다. 하지만 현재의 사회당 정부는 2003년부터 최저임금을 올렸고, 2006년 기준으로 최저임금은 하루에 18유로, 한 달에 540.9유로, 1년에 7,572유로가 되었다.

5) 앞서 언급했듯이 미성년자의 경우 성인과 같은 금액을 지급받을 필요는 없다. 우리의 시뮬레이션 모델에서 그들은 성인의 100퍼센트, 50퍼센트 혹은 30퍼센트를 받는 것으로 되어 있다.

6) 세율은 어떤 종류의 소득에 대해도 동일하게 책정되기에, 종합 과세표준과 개별과세표준 모두 같은 세율이 적용된다.

7) 현재의 개인소득세에서 어떤 종류의 감면이나 공제 또는 면제 도 없어진다.

8) 기본소득에 대해서는 세금을 걷지 않으나, 그 외 모든 소득에 는 그 액수만큼 정확하게 세율이 적용된다.

이와 같은 기준에 따라 모든 시민을 위한 기본소득을 도입하려 는 목적은 소득분배의 불평등을 크게 줄이고 세금과 사회복지제도 를 더욱 간결하고 일관되게 만드는 것이었다.

자료와 표본

이 연구에서 사용된 자료는 2003년 카탈루냐의 납세자들에게서 얻 은 개별적이고, 계층화된 익명의 소득세 표본이다. 이 자료에는 11만 474개의 납세 내역과 함께 납세자의 사회적 환경과 가정환경의 분석 을 위한 주요 변수, 즉 나이, 결혼 여부, 가족 수 등을 모두 포함한다. 이 표본은 2003년 당시 카탈루냐 경제에 기본소득을 도입할 경우 생기는 분배 효과를 분석하기 위한 마이크로 시뮬레이션 모델의 기 반이 되었다.

이 자료는 여러 마이크로 시뮬레이션 목적에 잘 부합한다. 그런 데 기본소득 제도를 시뮬레이션하는 데에는 두 가지 제약이 따른다.

첫 번째 단점은 이 자료들에는 오직 납세자들만 있다는 점인데, 이는 전체 인구의 74퍼센트 정도로 추정된다. 이 마이크로 시뮬레이션은 세금을 내지 않는 사람들은 고려하지 못했는데, 이들은 소득분배에 있어서 가장 취약한 계층이라 기본소득에 가장 큰 영향을 받을 사람들이다. 이 한계는 두 가지 방법으로 해결할 수 있다.

첫 번째로, 기본소득의 비용 측면에서 보아, 자료에서 다루어지지 않은 사람들에게 지불해야 할 기본소득의 비용을 계산할 수 있고, 이를 시뮬레이션 결과에 더한다. 기본소득의 총액을 얼마로 예상하는지에 따라서 기본소득에 들어가는 비용과 기본소득이 다른 정책을 대체함으로 아낄 수 있는 금액의 차이가 달라질 것이다. 표 8.1은 성인에게 5,414유로, 아동에게 2,707유로의 기본소득을 지급할 경우(시뮬레이션 1) 기존의 사회적 지출을 얼마나 아낄 수 있는지를 보여준다. 표 8.2는 세금을 내지 않아서 첫 번째 시뮬레이션에서 누락된 인구에게 들어가는 기본소득의 비용을 나타낸다. 결과적으로 표 8.1에서 아낄 수 있는 총비용과 표 8.2의 총추가비용 사이의 차액을 계산해보면 4억 9,270만 유로가 된다. 이 금액은 시뮬레이션 1이 감당할 수 있는 적자 폭을 나타낸다. 시뮬레이션 2는 기본소득이 시뮬레이션 1에 대비해 정확히 절반인데, 이 경우 감당할 수 있는 적자는 19억 3,110만 유로다. 시뮬레이션 3의 경우에는 허용 가능한 적자가 8억 8,600만 유로였다.

두 번째는 개혁의 분배 효과에 대한 것인데, 현재 연구 단계의 자료로는 납세자의 소득분배 자료와 IRPF에서 제외된 사람들의 소득분배 자료를 사실상 통합할 수 없다. 하지만 합리적으로 생각해보

표 8.1 | 기본소득의 도입에 따른 사회지출 절약의 추정(카탈루냐, 2003년)

기본소득 = 연 5,414유로(월 451유로 - 시뮬레이션 1)

항목	절감액(백만 유로)
390유로 미만의 기여형 연금	1,407.1
390유로 이상의 기여형 연금	5,390.6
공무원 연금	255.1
비기여형 연금	238.3
비기여형 실업급여	228.0
기본소득을 초과하는 기여형 실업급여	715.8
최저확충소득	54.2
아동수당	450.3
교육교부금	18.8
사회보장추가급여	488.2
직업 확충을 위한 능동적 소득*	2.7
합계	**9,249.1**

* 직업 훈련, 일자리 창출 교부금, 장애인 관련 비용 등

표 8.2 | 표본에 포함되지 않은 집단의 기본소득 추정 비용(카탈루냐, 2003년)

기본소득 = 연 5,414유로(월 451유로 - 시뮬레이션 1)

인구	비포함 인구	표본·비포함 인구의 기본소득 비용(백만 유로)
18세 미만	159,492	431.8
18세 이상	1,551,043	8,324.6
합계	**1,696,990**	**8,756.4**

표 8.3 | 표본의 주요 지표

2003년 자료	
표본(신고한 납세자 수)	110,474
소득 신고 대상자	2,964,232
배우자	650,872
18세 미만	3,891,310
18세 이상	940,494
총 인구	4,831,804

면 이 표본에서 누락된 사람들이 세금을 내지 않는 이유는 몇몇 탈세자를 제외하곤 평균보다 한참 낮은 소득을 받기 때문일 것이다. 이는 매우 흥미로운 지점이다. 왜냐하면 이 마이크로 시뮬레이션 모델이 오로지 납세자만을 대상으로 하기에 기본소득으로 인한 소득 재분배 효과의 혁신성이 저평가될 것이기 때문이다. 다시 말해 만일 이 모델이 개혁 후에 소득분배가 더 평등해질 것이라는 예측을 내놓는다면, 실제 현실에서는 표본에서 제외된 빈곤층까지 포함되기에 시뮬레이션보다도 더 누진적일 것이라는 뜻이다.

이 자료의 두 번째 단점은 표본의 단위가 납세자이지 가계가 아니라는 것이다. 세금 신고를 개별적으로 하는 곳에서는 한 가계에 납세자가 몇 명인지 알 수 있는 직접적인 변수가 없다. 그렇지만 우리는 '소득세의 종류'와 '부양 아동의 수' 그리고 '결혼 여부' 등의 변수를 활용해 인구 내 가계의 수를 간접적으로 예측할 수 있었다.

표본에 대한 요약은 표 8.3에서 확인할 수 있다.

마이크로 시뮬레이션의 주요 개념

여기에서는 마이크로 시뮬레이션 모델에서 좀 더 살펴볼 만한 세부 사항을 설명하고자 한다. 뒤에 나올 표 8.4, 표 8.5, 표 8.6을 이해하려면 이 내용을 알아둘 필요가 있다. 나는 이 마이크로 시뮬레이션 모델이 다른 국가나 지역 혹은 자치령에서도 해당 지역의 재정 현실을 반영한 자료를 통해 바로 적용 가능하다는 점을 강조하고 싶다.

이 시뮬레이션을 설계하고 분배 효과를 분석하는 데 중요한 개념들은 다음과 같다.

1) NI는 (스페인 소득세의 일반과세표준을 포함한) 순소득의 총계에 다양한 과세표준(특별과세표준에 해당함)을 더한 것이다. 이 총계는 대상이 되는 개인의 부의 척도라고 이해할 수 있다.

2) BI는 지급되는 기본소득이다. 마이크로 시뮬레이션 모델에서는 다양한 지급 방식을 도입할 수 있다. 오직 성인에게만 주어지는 기본소득일 수도 있고, 아니면 성인과 미성년자(이 경우 성인 대비 50퍼센트 또는 33퍼센트) 모두에게 주어지는 기본소득일 수도 있으며, 마지막으로 가계 단위로 주어지는 기본소득일 수도 있다. 마이크로 시뮬레이션 모델은 어떤 방식이든 기본소득에 들어가는 비용을 산출할 수 있다.

3) QBI는 기본소득이 도입될 경우 소득세 수입에서 할당되는 금액이다. 이 합계 금액은 모델에 허용된 두 가지 다른 가정에서 구할 수 있다. 첫째, (노동으로부터 발생하는 소득인) 일반과세표준과 (기타 세원으로부터 발생하는 소득인) 특별과세표준을 구분한 다음, (기존 과세 체계의) 소득구간에 따라 상이한 세율을 각각 적용한 후 두 할당액을 더하면 QBI가 된다. 둘째, 동일한 세율과 소득구간을 그 두 과세표준의 합에 적용하는 방식으로 QBI를 산출할 수 있다. 두 경우 모두 일반과세표준과 특별과세표준을 산정하기 위해, (가계, 기부, 경제활동 등) 어떠한 이유에 의한 것이든 모든 조세 감면이나 충당금, 혹은 (개인이나 가계의 최저선, 연금 등) 면제 제도

를 폐지한다.

4) QTR은 2003년의 금융 규제에 따른 개인 소득세 수입 부분이다. 이 합계는 모든 시뮬레이션에서 항상 동일하며, 이를 통해 흑자, 적자 그리고 제시된 개혁이 사회적으로 이익이 되는지 손실이 되는지 판단할 수 있게 된다.

5) '이익'과 '손실'이라는 개념은 기본소득 개혁의 전과 후를 비교한 결과다. 정확히 말하면 이는 QTR-QBI+BI로 표현할 수 있다. 이 값이 양수이면 현재에 비해 이익이고 음수이면 손실이다. 이 계산 값과 그에 해당하는 백분율에서 '승자'와 '패자'[K]라는 개념이 직접적으로 파생된다.

6) 재정 잉여와 부족은 기본소득의 합계와 QBI의 합계를 비교한 것이다. 그 결과 값에는 QTR을 고려해야 한다.

7) '인구'는 모든 납세자와 그들이 부양하는 사람들을 의미한다. 이 개념은 중요하다. 이를 통해 표본 단위(개별 납세자)를 가계 단위로 지급하는 기본소득에 연계할 수 있다. 마이크로 시뮬레이션 모델을 통해 확인할 수 있는 십분위 분포도를 분석할 때 이 개념은 매우 유용하다.

8) QBI/NI, QTR/NI 그리고 (QBI-BI)/NI는 서로 다른 세율이다. 처음 두 항목은 각각 기본소득 세제 개혁에 의해 부과된 세금 부담과 2003년의 소득세 규제에 따른 세금 부담이다. 우리에게는 마지막 세율이 특히 중요한데, '명목' 세율이 기본소득의 지급 금액에 의해 보정될 때 생기는 '실질' 세금 부담이 얼마나 되는지를 의미하기 때문이다. 그러므로 이 세율은 현재 상황

8장 ——— 기본소득의 예산: 실현을 위한 세 가지 계획

과 기본소득의 효과를 비교할 때 우리가 짊어지는 부담이 얼마나 되는지를 나타낸다(만일 기본소득의 지출이 전체 부분보다 많다면 이는 음수가 될 것이다). 이 비율은 기본소득의 도입 후의 십분위 분포도 분석을 할 때 매우 흥미로운 점들을 시사한다.

마이크로 시뮬레이션 모델에서 얻은 결과는 다섯 가지 주요 부분으로 구분할 수 있다.

첫 번째는 NI, BI, QBI, QTR로 정의된 값의 총액과 관련된다. 이 모델은 위의 모든 변수에 대한 평균, 표준편차, 신뢰구간 등 유용한 통계를 제공한다. 이 부분은 두 가지 기본적인 결과를 제공하는데, 기본소득으로 인한 재정 부족 혹은 잉여, 그리고 기본소득의 도입으로 인한 승자와 패자의 비율이다.

두 번째로 우리는 위의 모든 값에 대한 십분위 분포를 알 수 있다. 이 모델은 여기에 '인구'의 개념과 세율 QBI/NI, QTR/NI, (QBI-BI)/NI까지 알 수 있다. 이 중요한 정보를 가지고 우리는 기본소득이 각각의 소득에 따라 개인에게 얼마나 다른 영향을 미치는지 분석할 수 있다.

세 번째로 BI, QBI, QTR에 대한 불평등, 집중도와 과세의 누진성 그리고 재분배와 관련된 여러 지표가 산출된다. 이 경우, 이 지표를 산출하기 위한 주요 변수는 NI와 기본소득의 도입 전후의 상황을 반영하는 (NI-QTR)과 (NI-QBI+BI)이다. 이 지표는 재분배와 불평등 연구에서 특정 개혁의 전반적인 효과를 분석하기 위해 주로 사용된다.

네 번째로 각각의 기본소득에 따른 승자와 패자의 십분위 분포에 대한 정보를 얻을 수 있다(표 8.5, 표 8.6 참조). 이를 통해 승자와 패자의 비율, 전체적인 이익 혹은 손실, 개인의 이익 혹은 손실을 알 수 있다. 이는 각각의 소득계층에 있어서 개혁이 재분배에 얼마나 큰 영향을 주는지 알 수 있는 중요한 수단이 된다.

마지막 다섯 번째로, 이 모든 결과는 집중도곡선, 유효세율곡선, 승자와 패자의 십분위 분포를 나타내는 그래프를 통해 보완할 수 있다.

그 외에 이 마이크로 시뮬레이션 모델을 이용한 두 가지 추가적인 가능성이 있다. 서로 다른 개혁과 시뮬레이션들의 비교, 그리고 평균적인 개인 또는 가계에 대한 시뮬레이션이다. 첫 번째 경우에는 두 가지 다른 시뮬레이션을 비교하면서 NI, BI, QBI, QTR의 십분위 분포도를 얻을 수 있다. 이 경우 차이점은 참조하는 값이 2003년의 소득세 구조가 아니라 첫 번째 시뮬레이션에서 얻은 값이라는 사실에 있다. 두 번째 경우에서는 특정 유형의 개인이나 가정에 기본소득이 미칠 영향을 평가할 수 있다.[6]

도전적인 계획

이제부터 시뮬레이션을 통한 여러 가지 가능성 중에서 흥미로운 세 가지 예를 살펴볼 것이다. 먼저 가장 야심찬 첫 번째 예를 보자. 이 예는 연간 5,414유로 또는 매월 451유로의 성인 기본소득과 그 절반인 미성년자 기본소득을 중립적으로 지원(말하자면 현재와 같은 조세수입과 기본소득에 필요한 만큼의 조세수입을 합한 액수를 징수한다는 것이다)할 수 있는 비례세율을 알아낸다는 개념이다.[7] 시뮬레이션에 의하면 필요한 명목세율(표 8.5 참조)은 49.9퍼센트였다.

우리의 목적이 현실적이며 진정한 의미의 기본소득을 도입하는 것이라면, 다음 네 가지 상식적인 기준을 유념하여 이 시뮬레이션의 결과를 논할 수 있을 것이다.

1)   개혁은 재정적으로 자립적이어야 한다(즉, 순결손이 없어야 하며, 조세 수입의 현재 가치를 유지할 수 있으며, 이런 점에서 개혁이 중립적이어야 한다).

2)   재분배 영향은 누진적이어야 한다.

3)   개혁의 대상 인구 중 50퍼센트 이상에게 이득이 되어야 한다(이 시뮬레이션에 포함되지 않는 인구 대부분도 앞에서의 이유에 따라 똑같이 이득이 되어야 한다는 점을 명심해야 한다).

4)   개혁 이후 실질 혹은 유효 세율이 지나치게 높아서는 안 된다 (새로운 명목세율뿐 아니라 기본소득의 효과까지도 고려해야 한다).

이와 같은 기준에 따라 이 시뮬레이션은 49.9퍼센트의 일률 과세를 필요로 한다. 당연히 명목세율은 실질세율과 매우 다를 수 있다. 이 내용은 표 8.5에서 십분위로 정리되어 있다. 이 정도 세율이면 표본 내의 모든 사람을 대상으로 한 기본소득의 예산(236억 1,350만 유로)을 확보하는 것뿐 아니라 현재의 소득세율을 적용한 세입(95억 110만 유로)을 포함해도 충분한 세원(326억 1,980만 유로)을 마련할 수 있다.[8]

여러 지표를 통해 알 수 있듯이, 이 개혁은 소득분배에 매우 혁신적인 영향을 미친다(가령 이 시뮬레이션에서 지니계수는 0.409에서 0.38로 크게 떨어진다). 이 개혁으로 인한 승자들의 종합적 비율은 납세자 가정의 부양 가족들을 포함해 63.3퍼센트다. 우리는 여기에 세금을 내지 않는 26퍼센트에 달하는 인구를 포함해야 한다. 그렇다면 이 개혁으로 인해 이익을 얻는 인구의 비율이 80퍼센트 이상이라는 말이 결코 과장은 아니다.

놀랍게도 실질세율(QBI-BI/NI)은 부자 중의 부자라 할 수 있는 최고 소득계층, 즉 소득 상위 10퍼센트 인구에게 특히 높을 것이다. 부가적으로는 이 연구를 통해 최상위층의 거대한 탈세 의혹에 대한 적절한 근거를 얻을 수도 있다. 만일 이 탈세의 규모가 조금이나마 작았더라면, 우리가 얻은 연구 결과보다 기본소득의 예산을 확보하는 것이 더 쉬울 것이다. 어찌되었든 탈세 문제는 접어두고, 이 연구에 오직 취득 가능한 공식 자료만을 사용했다는 것을 강조하고 싶다. 나머지 인구를 살펴보면 하위 60퍼센트까지는 지금보다 낮은 세율을 부담하고, 70퍼센트까지는 지금과 비슷한 세금을 내며, 80~90퍼센트까지는 지금보다 높기는 하지만 소폭 오른 세율을 부담하게 된다. 오직 소득 상위 10퍼센트에게만 23.5퍼센트 이상의 높은 실질세율이 적용된다(이제 표 8.5와 표 8.6에서 최고 납세 신고자 가운데 최상위 5퍼센트나 2퍼센트를 확인해 구분할 수도 있다). 중요한 점은 하위 50퍼센트의 사람들에게는 확실히 실질세율이 마이너스라는 것이다.

이 마이크로 시뮬레이션 연구는 해당 지역의 자료로만 대치하면 유사한 조세 구조가 있는 모든 나라에도 적용할 수 있다는 사실

8장 ——— 기본소득의 예산: 실현을 위한 세 가지 계획

을 유념할 필요가 있다. 다만 라틴아메리카나 아프리카와 같이 국가의 재정이 작은 지역에는 적용하기 어렵다. 이는 단순히 자원이 부족하기 때문만이 아니라, 세금 징수 능력과 효율 때문이기도 하다. 아르헨티나의 기본소득 지지자들이 미성년자 대상부터 기본소득을 도입하자고 제안하는 이유가 바로 그 때문이다.[9]

온건한 계획

두 번째 계획은 기본소득에 필요한 예산을 앞서 말한 액수의 절반 규모로 보는 것이다. 그러면 성인들에게는 매년 2,707유로로, 미성년자에게는 1,353.5유로의 기본소득이 주어진다. 이 경우에는 29.67퍼센트의 일률 과세가 필요하다. 예산 흑자는 19억 1,240만 유로이며, 이는 다른 보조금 등을 아껴서 확보한 저축액과 세금을 내지 않아서 표본에 포함되지 않는 인구에 대한 지출액 간의 차이라고 해석할 수 있다. 이 기본소득의 흥미로운 점은, 비록 엄청난 결과를 보여주는 것은 아니지만, 실제 도입을 위한 세율이 이전의 예시보다 훨씬 낮다는 것이다. 이 개혁으로 인해 이익을 보는 인구의 비율은 70.72퍼센트다. 또 이 시뮬레이션에 의하면 지니계수는 0.409에서 0.404로 떨어진다.

세 번째 계획 역시 매우 흥미롭다. 이 연구가 시작되었던 2003년의 세율을 적용하면 성인에게 2,132유로 그리고 미성년자에게 1,066유로의 기본소득을 제공할 수 있다. 최종적인 예산 결손은 8억

8,280만 유로다(이는 앞의 예시와 똑같이 다른 보조금 등의 폐지로 아낀 금액과 표본에 포함되지 않은 사람에게 지급되는 금액 간의 차이다). 이 경우 지니계수는 두 번째 계획보다 약간 덜 감소하고, 첫 번째 계획보다는 훨씬 덜 감소한다. 세 번째 예시와 표 8.1에 열거한 개선 내용을 생각하면, 2003년의 세율로도 작지만 유의미한 기본소득의 재정을 만들어낼 수 있다. 이는 그리 대단한 결과는 아니지만 지금의 정책을 그다지 건드리지 않고도 성인에게는 2,132유로, 미성년자에게는 그 절반의 기본소득을 지원할 수 있다는 것을 보여준다.

지금까지 언급한 자료는 표 8.4, 표 8.5, 표 8.6, 그래프 8.1을 통해서도 자세히 볼 수 있다.

물론 마이크로 시뮬레이션은 기본소득과 같은 정책에 수반되는 정치적 어려움까지 측정해내지는 못한다. 기본소득 때문에 불이익을 받을 수 있다고 생각하는 사회단체의 정치적 저항은 7장에서

표 8.4 | 세 가지 계획의 결과 (단위: 백만 유로)

	성인 BI	18세 미만 BI	세율	이득을 보는 세율[1]	예산 결손	BI 지수[2]	BI 지수[3]	BI 지수[4]	지니 계수[6]
계획 1	5,414	2,707	49.90%	63.30%	494.70	-0.36	-0.37	-0.20	0.3803
계획 2	2,707	1,354	29.67%	70.72%	1912.40	-0.36	-0.37	-0.08	0.4043
계획 3	2,132	1,066	(5)	75.10%	882.85	-0.36	-0.37	-0.06	0.4066

1. 납세 신고를 한 가계 구성원 포함
2. Kakwani의 누진과세지수(현재의 조세수입으로는 0.28임)
3. Suits의 누진과세지수(현재의 조세수입으로는 0.33임)
4. Renolds-Smoldensky의 재분배지수(현재의 조세수입으로는 0.05임)
5. 2003년 일반과세표준에 따른 소득구간별 세율
6. 현재의 조세수입으로는 지니계수가 0.4096임
* 위의 지수를 해석할 때에는, 조세의 경우는 양수, 이전소득의 경우는 음수라는 점을 상기해야 함

표 8.5 | **십분위별 순소득 세율**

현행 세율	10	20	30	40	50
QTR	0.06	0.31	0.92	2.03	3.21
계획 1	10	20	30	40	50
QBI	49.900	49.900	49.900	49.900	49.900
QBI-BI	-106.9	-35.3	-19.1	-9.4	-4.0
계획 2	10	20	30	40	50
QBI	29.67	29.67	29.67	29.67	29.67
QBI-BI	-48.7	-12.9	-4.8	0.0	2.7
계획 3	10	20	30	40	50
QBI	17.199	19.627	20.658	21.255	22.051
QBI-BI	-44.5	-13.9	-6.5	-2.1	0.8

표 8.6 | **십분위별 순소득 승자와 패자의 분포**

계획 1	10%	20%	30%	40%	50%
승자 비율	100.00%	100.00%	91.92%	63.69%	51.12%
이득 합계(백만 유로)	1,358.95	889.98	702.11	615.20	620.45
일인당 이득(유로)	4,584	3,002	2,577	3,259	4,095
패자 비율	0.00%	0.00%	8.09%	36.40%	48.84%
손실 합계(백만 유로)	0.00	0.00	5.67	57.93	133.69
일인당 손실(유로)	0	0	237	537	924
계획 2	10%	20%	30%	40%	50%
승자 비율	100.00%	95.92%	65.66%	58.29%	56.88%
이득 합계(백만 유로)	622.35	345.10	273.38	258.77	268.69
일인당 이득(유로)	2,099	1,214	1,405	1,498	1,594
패자 비율	0.00%	4.08%	34.35%	41.80%	43.08%
손실 합계(백만 유로)	0.00	0.80	32.28	66.59	87.14
일인당 손실(유로)	0	66	317	538	682
계획 3	10%	20%	30%	40%	50%
승자 비율	100.00%	100.00%	88.69%	81.64%	78.60%
이득 합계(백만 유로)	569.42	368.61	300.06	293.93	300.81
일인당 이득(유로)	1,921	1,244	1,141	1,215	1,291
패자 비율	0.00%	0.00%	11.31%	18.44%	21.35%
손실 합계(백만 유로)	0.00	0.00	5.12	19.67	33.19
일인당 손실(유로)	0	0	153	360	524

(단위: %)

60	70	80	90	95	98	100
4.63	7.06	10.63	15.85	13.66	14.01	27.64

60	70	80	90	95	98	100
49.90	49.90	49.90	49.90	49.90	49.90	49.90
3.7	10.9	17.0	23.5	30.0	35.7	43.9

60	70	80	90	95	98	100
29.67	29.67	29.67	29.67	29.67	29.67	29.67
6.6	10.2	13.2	16.5	19.7	22.6	26.7

60	70	80	90	95	98	100
22.912	23.702	24.648	27.031	29.992	34.182	40.516
4.7	8.3	11.7	16.6	22.2	28.6	38.1

60%	70%	80%	90%	95%	98%	100%
42.09%	35.83%	28.87%	19.63%	12.28%	5.72%	1.84%
499.49	397.15	304.32	176.64	52.85	12.28	2.60
4,003	3,739	3,556	3,035	2,903	2,414	2,394
57.88%	64.20%	71.08%	80.37%	87.72%	94.26%	98.16%
256.42	411.28	588.12	929.14	728.42	687.07	1,339.57
1,495	2,161	2,791	3,900	5,603	8,196	23,019

60%	70%	80%	90%	95%	98%	100%
43.84%	39.38%	40.62%	36.67%	53.07%	68.52%	74.22%
218.33	189.72	179.83	155.56	115.98	151.37	499.11
1,680	1,625	1,494	1,431	1,475	2,484	11,343
56.13%	60.66%	59.33%	63.34%	46.93%	31.47%	25.77%
127.59	158.26	175.51	232.87	115.43	88.36	280.96
767	880	998	1,240	1,659	3,158	18,389

60%	70%	80%	90%	95%	98%	100%
70.21%	64.47%	62.92%	39.06%	24.99%	8.55%	5.32%
242.21	214.17	203.48	114.90	36.36	6.09	2.55
1,164	1,121	1,091	992	982	801	811
29.76%	35.57%	37.02%	60.94%	75.01%	91.43%	94.68%
53.11	67.91	82.85	208.27	196.08	281.19	822.37
602	644	755	1,153	1,764	3,458	14,651

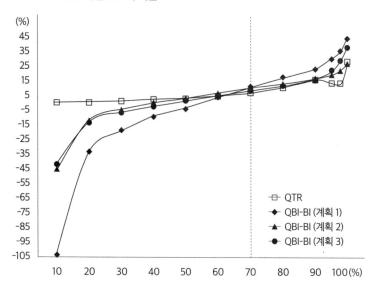

살펴보았다. 어찌되었든, 이 세 가지 계획과 마이크로 시뮬레이션 모델을 통해 알아본 내용은 매우 중요한 시사점을 보여준다. 표면적으로는 현재와 비교해 금전적으로 이익을 보거나 손실을 보는 사람들의 비율을 보여줄 뿐이지만, 그 의미는 아주 중요하다.

도전적인 제안에 따르는
비판과 반론

기본소득은 민주화에 필요한 제도적 변혁의 길을
열어줄 수 있는 잠재력이 있다.
—

캐럴 페이트먼(1940~)
영국의 정치학자

지금까지 기본소득을 지지하는 여러 주장을 제시했고, 또 그와 동일한 결과를 이루고자 하는 다른 정책을 기본소득과 비교해보기도 했다. 그러면서 기본소득에 대한 반론도 언급했다. 이제부터는 이 책의 결론을 위해 지난 20~25년 동안 기본소득에 제기된 열한 가지 비판을 자세히 살펴보도록 하겠다. 이를 통해 기본소득을 지지하는 이론적이고 기술적인 주장에 대한 간단한 요약을 제시하고, 앞서 간략하게 언급만 하고 넘긴 것들을 더 자세히 살펴볼 수 있을 것이다. 기본소득에 대한 열한 가지 주된 비판을 열거해보면 다음과 같다.

1) 기본소득은 의존성parasitism을 키운다.
2) 기본소득은 성차별에 의거한 성적 분업을 끝낼 수 없다.
3) 기본소득 때문에 몇몇 유급직은 모두가 꺼리게 될 것이고, 그러한 직종은 가난한 국가에서 온 이민자들의 값싼 노동력으로 채워질 것이다.

4) 기본소득은 노동인구의 이중구조를 더욱 심화시킬 것이다.

5) 기본소득은 유럽연합이나 미국과 같이 부유한 국가나 지역에 만 적용될 수 있는 개념이다.

6) 기본소득은 시장의 유급노동을 통해 소득을 얻는다는 개념에 서 벗어나기 때문에 유급노동에 참여하고자 하는 사람들의 의 욕을 저하시킨다. 비슷한 관점의 다른 주장으로는 기본소득이 (유급으로서) 일할 권리를 해친다는 것이 있다.

7) 기본소득은 자본주의 체제가 초래한 불공평을 끝내기에는 부 족하다.

8) 기본소득에는 실현 불가능한 만큼의 예산이 필요하다.

9) 기본소득은 가난한 국가에서 부유한 국가로 대규모 이민을 촉 발하는 주요 요인이 될 것이다.

10) 기본소득은 지급되는 금액이 적다면 기본소득이 내건 약속 가 운데 많은 것들을 실현하지 못할 것이다.

11) 기본소득은 예측할 수 없는 상황을 일으킬 것이다.

이 열한 가지 비판을 분류하는 한 가지 흥미로운 방법은 다음 과 같이 두 가지 범주로 나누는 것이다.

1) 기본소득은 윤리적으로 바람직하지 못하다.
2) 윤리적으로 바람직해도 기술적으로 불가능하다.

윤리적 비판과 기술적 비판을 명확하게 구분 짓는 것이 다소 어려운 경우도 있지만(가령 9번이나 10번에는 윤리적 측면과 기술적 요인이 함께 있다), 대부분 무리 없이 두 가지 범주로 나눌 수 있다. 1~7번은 첫 번째 범주인 윤리적 비판에 해당되고, 8~11번은 두 번째 범주인 기술적 비판이다.

먼저 기본소득이 윤리적으로 바람직하지 못하다고 주장하는 첫 번째 범주부터 살펴보도록 하겠다.

윤리적 비판과 반론

비판 1

'기본소득은 의존성을 키운다'라는 첫 번째 비판은 누가 제기하느냐에 따라 여러 가지 다른 형태로 나타난다. 예를 들자면 '기본소득은 게으름뱅이를 부양하고 그렇게 되기를 권장한다', '노동자들은 게으름뱅이를 먹여 살리게 된다' 같은 주장이 있다. 다시 말하지만 이는 금전적 보수를 받는 노동만이 유일한 노동이라는 일반적인 착각에 기인하며, 유급직에 종사하지 않는다는 것은 곧 아무것도 하지 않는 것이라는 어리석은 생각으로 이어진다. 그런 관점에서 보면 가사노동에 종사하는 대부분의 여성은 노동을 하지 않는 사람이 되고, 자원봉사자 역시 노동을 하지 않는 사람이 된다. 4장에서 자세히 설명했듯이, 노동은 다음과 같이 세 가지로 분류하는 것이 가장 바람직하다. 바로 유급노동, 가사노동, 자원봉사다. 한편으로는 보수를 (때로는 아주 많이) 받지만 사회적 효용은 거의 없거나 심지어 나쁜 영향을 끼친다고 볼 수 있는 노동도 여럿 존재한다. 군대에서 자국민을 상대로 총을 겨누는 직업이라던가, 공공기관이든 민간 기업에서든 상징적이기만 한 지위에 올라 많은 보수를 받는 사람들이 그 예다.

'의존성'이라는 표현이 기본소득을 부정할 때만 쓰이는 것은 아니다. 보수 정치인, 학계 전반, 경영자 집단은 가난한 사람들을 돕는 모든 정책을 두고 '의존성을 키운다'고 비판한다. 하지만 의존성이라는 말이 정말로 어떻게 쓰여야 하는지는 판 파레이스(2003: 207)의 정의를 인용하는 것이 가장 좋을 것 같다. "재화에서 이득을 얻으면서 모든 생산비용을 타인에게 전가하는 불로소득자가 되는 것만 해도 충분히 나쁘다. 하지만 생산에 지출해야 하는 비용을 더 증가시키면서 재화에서 이득을 얻는 기생충이 되는 것은 더 나쁘다."

지금껏 부자들의 특권이었던 무언가를 가난한 사람이 (아주 제한적이나마) 할 수 있을 때, 흔히 의존 혹은 기생이라는 비난이 뒤따른다. 부유한 사람들이 상속받은 부로 일생 동안 손가락 하나 까딱하지 않고 살 수 있다는 것은 당연하게 받아들이면서도, 가난한 사람이 어떠한 기여도 하지 않는 삶을 잠시라도 선택할 수 있다는 생각은 많은 사람들에게 충격을 준다. 인류 역사상 처음으로 기본소득은 가장 부유한 극소수의 사람들만이 할 수 있었던 것을 모든 사람들이 할 수 있도록 한다. 어떠한 기여도 하지 않으며 생존하는 것이다.

아직도 못마땅한 비판자는 사도 바울이 오래전 테살로니키인들에게 보낸 두 번째 편지에서 강요한 '일하지 않는 자, 먹지도 마라'라는 원칙이 진정으로 정의로운 것이라고 주장할 것이다. 하지만 오늘날에는 토지나 자본이 없는 그 누구도 배고픔을 견디거나 굶어 죽는 것이 선택지가 아닌 이상에야 더 나은 것을 찾고자 하는 희망을 품고 현재의 직업을 그만둘 수는 없다. 임금을 받기 위한 노동을 할지 말지 선택할 수 있는 사람은 극소수일 뿐이다. 만약 기본소득이 도입된다면 이 가능성은 설령 제한적이라 하더라도 모두에게 열릴 것이다. 오늘날 현실에서 사도 바울의 '일하지 않는 자, 먹지도 마라'라는 '정의로운 원칙'은 오직 가난한 사람들에게만 적용된다. 부자들은 일하지 않는다고 해서 배고픔을 느낄 일이 없다.

앞서 6장에서 기본소득과 자산 조사 보조금을 비교하고 이 정책들이 빈곤과 실용의 함정에 어떤 영향을 미치는지에 대해 많은 부분을 할애했다. 빈곤과 실업의 함정을 피하는 데 도움이 된다는 점을 고려하면, 기본소득은 의존성을 장려하려는 목적으로 만들어진 것이 아님이 분명하다. 더욱이 기본소득을 통해 유급노동이라는 한 가지 종류의 일을 하지 않아서 얻을 수 있는 자유시간을 자원봉사나 가사노동 같은 다른 일에 투자할 수도 있다. 그럼에도 이렇게 자유로워진 시간을 대다수가 기생하듯 낭비할 것이라고 치부하는 것은 인간 본성에 대한 생각이 아주 편협하다고밖에 할 수 없다. 기본소득이 기생하는 삶을 장려한다는 생각은 인간 심리에 자극이 필요 없다는 가정에 기인한다. 이는 우리가 매일 일상에서 보아왔던 것과는 동떨어진 생각이다. 자신의 경제적 필요를 충족한 사람들은 교육을 받거나 연대적 활동 또는 타인을 도와주는 일을 많이 한다. 기본소득이 의존적인 삶으로 향하는 문을 연다는 것은 부정할 수 없지만, 앞서 말한 만큼의 비난을 받을 정도는 아니다. '문을 연다는 것'과 '키운다는 것'은 매우 다르기 때문이다. 물론 이 문은 모두에게 열려 있다. 부자든 빈곤한 사람이든 상관없이 말이다. 부자들이 기생충 같은 인간이 될 수도 있다는 사실에는 입을 다무는 우파의 험담꾼들은 실업수당이 게으름을 피우거나 기생할 기회를 만든다며 늘 공격을 해댄다. 기본소득과 관련해 이 같은 문제에 대응하는 좌파 비판가들도 있지만, 그들의 주장도 의존성과 관련해서는 실업수당에 대한 우파의 주장과 별반 다르지 않다.

4장에서 언급했듯이 어떤 비판자들은 기본소득이 노동시장의 대규모 이탈을 야기할 것이라고 주장한다. 이에 대해서는 다음과 같은 두 가지 답변이 가능하다. 많은 노동자들이 자발적으로 추가 노동을 한다는 점, 그리고 많은 은퇴자들이 보수를 받는 활동을 한다는 점을 생각해보면, 기본소득의 도입이 유급노동에 대한 노동력 공급을 위태롭게 한다는 주장은 맞지 않다.

첫 번째로 많은 사람들이 업무 시간 외에 추가적으로 일을 하거나 아니면 잔업을 한다는 점을 살펴보자. 생존을 위한 필요가 충족되지 않아서가 아니라 더 높은 수준의 소비나 더 편안한 생활을 위해 잔업을 하는 사람이 많다는 것은 그리 새로운 사실도 아니다. 어떤 일에서는 단순히 그 일을 더 잘하고 싶어서 추가적인 시간을 들이는 사람들도 있다. 두 번째로, 조기 퇴직자들 가운데서도 경제적으로 비교적 풍족한데 보수를 받는 일에 종사하는 경우가 많다. 이처럼 많은 노동자가 추가 노동을 선택하고 많은 퇴직자들이 노동시장에 계속 남아 일을 하기 때문에 기본소득이 있다고 해서 사람들이 유급노동을 하지 않을 것이라고 생각하기는 힘들다. 더욱이 빈곤선 정도의 기본소득은 조기 퇴직금이나 추가 수당에 비하면 훨씬 적은 돈이라는 것 역시 잊어서는 안 된다.

결론을 내리자면 '게으름뱅이', '패배자', '기생충 같은 사람' 등을 거론하며 유언비어를 퍼뜨리는 사람들의 주장은 우리가 이미 갖고 있거나 합리적인 수준에서 가정할 수 있는 증거로 볼 때 그다지 설득력이 없다.

비판 2

기본소득이 노동의 성차별에 의거한 성적 분업을 끝내지 못할 것이라는 비판은 틀린 말은 아니지만 진부한 이야기다. 이 문제는 공공지원 주택 대출, 실업수당, 학자금 대출, 관람객 할인, 미망인 연금혹은 연례 축제 등을 통해서도 끝낼 수 없는 건 마찬가지다. 내가 알기로는 미망인 연금이 거주 문제를 해결하지 못한다고 비판하는 사람은 없는 것처럼, 기본소득이 노동의 성적 분업을 해결할 것이라는 생각을 품어서도 안 된다. 노동의 성적 분업은 바람직하지 못한 사회적 현상으로, 기본소득보다 훨씬 거대한 변화를 일으킬 수 있는 여러 정책의 복합적인 도입으로서만 해결될 수 있는 문제다. 이와 별개로, 기본소득이 노동의 성적 분업을 부추긴다는 비판 역시 들어본적이 없다.

이 시점에서 특히 중요한 설명을 할 필요가 있다. 기본소득의 지급액이 8장에서 제시한 정도(빈곤선 이상)가 된다면,[1] 이는 임금 때문에 해야 하는 일은 더 이상 선택하지 않아도 된다는 것을 의미한다. 이는 4장에서 다루었던 논점에 위배되지 않으며, 사람들이 유급노동에 종사하지 않을 것이라는 비판에 대한 반론과도 모순되지 않는다. 임금을 위해 일해야 하는 상황에서 벗어날 수 있다는 이 가능성은 사람들이 교육이 필요할 때, 누군가를 돌봐야 할 때 혹은 자원봉사를 할 때 유용하다. 임금을 위한 노동을 하지 않아도 된다는 가능성과 누구도 그러한 노동을 하지 않을 것이라는 일반화 사이에는 크나큰 개념적 거리가 존재한다. 이는 4장과 이전의 반론에서 내가 하고 싶었던 말이기도 하다. 기본소득에 의해 보수를 받는 일을 하지 않아도 된다는 선택권(굿하트Goodhart, 2006: 25의 주장대로 '정당'하다)은 여성에게 자립을 위한 물질적 기반을 제공하고 "고용, 남성성, 시민권 사이의 문제적 연관성"을 끝낼 수 있으며, 그로 인해 "여성의 평등한 권리 부여"가 가능해질 것이다(같은 책). 이러한 가정을 바탕으로 나는 기본소득이 페미니스트 운동가들이 주목하고 있는 여러 가능성으로 향하는 문을 열 수 있을 것이라고 생각한다.

비판 3

이 비판은 아홉 번째 비판과 매우 밀접한 관련이 있다. 그래서 이 두 비판은 함께 다루어야 할 수도 있다. 세 번째 비판에 의하면, 기본소득을 받는 모든 사람들이 거부하는 유급직은 가난한 국가에서 이주해 온 이민자들의 값싼 노동력으로 채워질 것이다. 기본소득을 받으면서 가장 힘들고 불쾌한 일을 하려고 나설 사람은 없다는 말이다. 하지만 기본소득은 기본적으로 '사회의 합법적인 구성원 개인 모두'에게 지급되기 때문에 이 주장은 전혀 설득력이 없다.[2] 가난한 국가에서의 이민은 부유한 국가의 모든 사람이 거부한 직업에 의해 영향을 받는 것이 아니라, 기본소득과 전혀 관계없는 다양한 요소에 의해 결정된다. 이 부분에 대해서는 아홉 번째 비판에 대한 반론에서 다시 한 번 살펴보겠다.

비판 4

기본소득은 이미 존재하는 노동인구의 이중구조를 더욱 악화시킬 가능성이 있다고 비판받는다. 이중구조란 사회가 두 집단의 노동자로 나뉘는 상황을 의미한다. 한 집단은 안정적이고 높은 보수를 받는 일을 하는 반면, 다른 집단은 취업과 실업을 반복하며 지속성에 대한 보장도 받지 못하고 보수도 낮다(여기서 예로 든 것은 부유한 국가인데, 가난한 국가의 경우에는 대다수가 공식적인 경제나 제도의 범주에서 벗어나 완전히 파멸적인 상태로 살 수도 있기 때문이다. 전 세계에서 약 10억 명이 이런 환경 속에서 산다). 말할 필요도 없이 이 두 집단을 나누는 기준은 다소 애매하고 집단 내에서도 꽤 큰 차이가 존재한다. 하지만 '이중구조 사회'를 연구하는 대부분의 학자들은 겨우 생존 가능한 임금을 받고 불안에 시달리며 사는 집단과 최소한 그들과 비교해 높은 임금과 안정적인 직업을 갖고 있는 집단 간의 분리를 강조한다.

　기본소득이 이중구조를 가속화할 것이라는 주장은 다소 놀랍다. 이중구조를 초래하는 것은 특히 노동법, 대규모 실업, 새로운 기술(그리고 그 관리)이다. 기본소득은 가장 취약한 사회적 집단을 지지한다. 그렇기에 기본소득의 도입이 자영업, 교육, 불쾌하고 힘들거나 지루한 직업의 임금 상승 등을 돕는다고 생각하는 것이 더 합리적이다. 그러니 이중구조 비판에 대한 이야기가 왜 나오는지는 알 수 없는 일이다. 4장에서 강조했던 주장에 의거해 기본소득이 도입되면

21세기의 첫 10년간 우리가 알고 있던 노동시장은 매우 다른 형태가 될 거라고 생각하는 것이 더 합리적이다. 근로계약 협상을 하는 노동자에게 더 많은 힘을 주고, 임금이 아주 낮은 직업에 종사하는 사람들의 임금을 올려주며, 파트타임 직업을 선택할 수 있도록 여유를 더 늘려줄 것이다. 다른 많은 혜택은 둘째 치고 이런 혜택이 어떻게 사회의 이중구조를 초래한다는 것인지 알 수 없는 일이다. 반대로 기본소득이 노동인구의 이중구조를 줄일 것이라는 주장이 더 사실에 가까울 것이다.

비판 5

기본소득이 유럽연합이나 미국 같은 부유한 국가에만 적용 가능하다는 다섯 번째 비판은 간단히 말해 틀렸다. 부유한 국가에서 기술적으로 더 세련된 방식의 진전을 찾아보기 쉬운 것은 사실이지만, 그리 발전하지 못한 국가에도 기본소득 지지자와 기본소득을 도입하기 위한 제안들이 존재한다. 아르헨티나, 브라질, 남아프리카, 멕시코, 콜롬비아와 같이 부유하다고 볼 수는 없는 국가들에서도 기본소득에 대한 관심은 분명하고 점점 증가하고 있다. 아르헨티나의 로뷰올로Lo Vuolo 교수가 기본소득과 라틴아메리카(기본소득을 지지하는 사람들과 집단이 늘고 있는 가장 큰 지역 중 하나)의 모든 국가의 관계에 대해 언급한 것은 지금도 유효하다.

우리가 기본소득이 라틴아메리카의 다른 지역에서도 적용 가능하다고 보는 이유는 다음과 같다. 1) 부유한 국가보다 부의 분배가 더 역진적이다. 2) 사회적 시민권과 기존 복지국가의 해체에 대한 국가적 반응이 이들 국가에서 훨씬 더 많이 진척되고 있고 더 많이 지지받는다. 3) 사회적 배제의 문제와 이것이 실업과 빈곤에 미치는 효과가 더더욱 자명하다(로 뷰올로, 1995: 41).

라틴아메리카를 염두에 둔 로 뷰올로의 주장은 부유하지 않은 세계의 많은 국가에도 적용할 수 있다.[3]

비판 6

여섯 번째 비판은 시장에서 유급노동에 종사하지 않는데도 소득을 얻을 수 있다는 것은 사람들로 하여금 임금노동에 참여한다는 장점을 누리지 못하게 한다는 주장이다. 이 같은 비판에는 사회적으로 (유급)노동의 주된 역할이 무엇인가에 대한 일반적인 의문까지 포함되기도 하지만, 여기에서는 이 비판 자체에만 집중하도록 하겠다.

기독교인, 보수파, 구 마르크스주의자 등 서로 매우 다른 지향과 견해를 갖고 있는 다양한 집단과 사람들은 임금노동이 매우 특별한 미덕, 즉 사회적 참여와 통합, 삶의 중요한 요소 등의 가치를 준다는 점에서는 일치된 견해를 보인다. 임금노동에서 아주 큰 미덕을 찾고자 하는 사람들은 기 아즈나르(1994: 99)의 "노동을 한다는 것은 세계와 사랑을 나누는 것이다"라는 시적인 주장에 동의하기도 한다. 대학 교수들도 임금노동과 같은 종류의 미덕을 지지한다. 하지만 정작 임금노동자들은 대체로 이에 동의하지 않을 것이다. 이러한 현실에 대한 간단한 조사만으로도 유급노동을 그렇게 경이롭게 보는 건

낭만적인 생각일 뿐이라는 걸 쉽게 알 수 있다. 클라우스 오페Claus Offe(1997: 67)는 다음과 같이 날카로운 질문을 던졌다. "왜 인간이 할 수 있는 모든 유용한 활동이 노동계약이라는 좁은 바늘 눈을 통과해야만 하는가?" 이는 그의 다음과 같은 주장에 뒤따르는 질문이다.

> 모든 임금노동자에게 노동의 영역이 그들 삶의 중심이자 그들의 관심과 대립, 사회적 소통이 발생하는 주요 요인이라고 생각할 수 없다. 이는 다양한 진화론적 사실과 추세를 통해 알 수 있다(오페, 1997: 67).

이제 유급노동의 미덕을 찬양하는 사람들이 제기하는 기본소득에 대한 비판을 좀 더 체계적으로 살펴보자. 그들의 주장 가운데 가장 자주 나오는 것들은 다음과 같다.

1) 유급노동을 통한 사회적 통합은 빈곤과 싸우는 모든 노력의 중심이 되어야 한다.
2) 소득에 대한 권리보다 더 기본이 되는 것은 사회적 효용에 대한 권리다.
3) 자신의 노동로부터 비롯된 삶의 권리는 절대로 포기할 수 없다.
4) 유급노동은 사회적 인정과 분리될 수 없다.

이제 각각의 주장을 자세히 살펴보자.

1) 이 주장은 말이 안 된다. 다음과 같이 두 부분으로 나누어보면

명확히 알 수 있다. 'a) 빈곤과 싸우는 것은 필수 불가결하며 b) 유보수직이 a)를 달성하는 주된(강경하게 말하자면 유일한) 수단이다.' a)에 동의한다는 것이 반드시 b)에도 동의한다는 것은 아니다. 만일 모든 사람에게 유급노동을 제공하는 것이 가능하지 않다면, 가난을 없애거나 크게 줄이는 것은 절대로 불가능한 일이 된다. 우리가 이 주장을 문자 그대로 받아들인다면 말이다. 경험적 관점에서 당연한 문제를 하나 제기해야 한다. '일을 하고 싶은 사람들 모두에게 유급직을 제공하는 것이 가능한가?' 답은 명백하다. 장기적 관점에서도 결코 아니다.

2) 기본소득을 비판하는 사람들은 종종 이러한 주장을 하지만, 이 주장이 어디서 비롯된 것이며, 무엇을 위한 것인지는 알 수 없다. 사회적 효용은 반드시, 혹은 원칙적으로 유급노동에서 비롯될 필요는 없다. 가령 안나라는 여성은 보수 없이 페미니즘 운동을 하는 것이 은행에서 임금을 받으며 일하는 것보다 훨씬 사회적으로 효용가치가 높다고 느낄 수 있다. 그런데도 그녀가 페미니즘 운동을 잠시 그만두고 은행 일을 한다면 이는 경제적 필요에 의해 유급노동을 할 수밖에 없기 때문이다. 모든 사람이 은행 일의 사회적 효용에 대해 연설을 늘어놓더라도 그녀는 납득하지 못할 것이다. 헛소리를 늘어놓는 직업 찬양론자에 대해 별로 인내심이 없기 때문만은 아니다. 4장에서 우리는 가치 있는 노동의 사회적 서열을 매기는 것의 어려움과 그러한 절대적인 서열의 구축이 헛된 일이라는 점을 살펴보았다. 은행에서 노동하는 것이 페미니즘 운동보다 몇 배나 더 유용한지 논하는

것은 현실적으로 쓸모없는 일이다.

3) 자신의 노동에서 비롯된 삶에 대한 권리를 없애면 안 된다는 주장은 아주 잘못된 논리에서 출발한다. 기본소득은 임금을 받는 일을 하고 싶은 사람은 일을 해야 한다는 주장에 결코 반대하지 않는다. 다만 기본소득에는 그렇지 않은 사람도 자존감과 긍지를 가지고 살 수 있어야 한다는 원칙이 있다. 몇몇 학자들이 말하듯이, 기본소득은 임금노동에 종사하는 삶을 다른 좋은 삶의 개념에 비해 우선하지 않을 뿐이다. 더 일반적으로 말하자면, 기본소득은 결코 임금노동과 양립 불가능한 개념이 아니다.

4) 이 주장은 유급노동의 미덕과 기본소득을 대조하는 사람들이 자주 내세운다. 사회적 인식과 임금노동이 분리될 수 없다는 이 주장은 수십 년 전이라면 지금보다 더 설득력 있었을 것이다. 오늘날에는 대다수 사람들이 점점 더 유급노동을 덜 중요하다고 여기는데, 다음의 두 예시가 이를 잘 보여준다. 를뢰Leleux(1998: 60~61)가 1997년 시행한 설문에 의하면 벨기에 노동자의 48퍼센트는 돈보다 자유 시간을 원했다. 더 최근 들어, 2004년까지의 자료를 기반으로 한 국제사회조사프로그램International Social Surveys Programme의 설문 조사에서 역시 비슷한 현상을 확인할 수 있다.[4]

요컨대 기본소득이 임금노동으로부터 독립적이라는 사실이 임금노동의 미덕을 행하고 누리는 것을 방해한다는 비판은 얼핏 주목할 만하다고 생각될 수 있으나, 실제로는 그다지 합리적이지 않다.

비판 7

이제 우리는 기본소득이 자본주의가 일으킨 불의를 끝낼 수 없는 정책이라고 주장하는 일곱 번째 비판에 이르렀다. 이 비판은 당연히 사실이며 그래서 별로 흥미를 끌지도 않는다. 논란의 여지가 아예 없는 것이, 기본소득이 있든 없든 자본주의 체제는 여전히 자본주의 체제로 계속될 것이기 때문이다. 오늘날 세계의 경제적·사회적 상황을 나타내는 두 가지 예가 있다. 첫 번째는 거대한 초국가적 기업의 소유권은 극소수 사람들의 손에 있다는 것이고 (그로써 수익에 달하는 사람들의 삶이 그들의 자본주의적 우선권에 의해 임의로 영향을 받는다), 두 번째는 국제 경제기구들이 지난 30년간 우리가 봐왔던 대로 부유한 국가에 의해 운영되고 있다는 것이다.

　인류 대다수의 자유를 박탈하는 이 거대한 불평등과 맞서는 일에는 다른 대안이 필요하다. 이 비판은 두 번째 비판과 매우 유사한 점이 있는데 두 비판 모두 기본소득이 자체적으로 제시한 적이 없는 목표를 달성하지 못한다고 비난한다는 것이다. 기본소득이 자본주의의 불의를 끝내지 못한다고 비난하는 것은 마치 유아 사망을 완전히 막을 수 없다는 이유로 말라리아 치료제를 비웃는 것과 비슷하다. 여기서 합리적인 대응은 이 비판의 자체적 연관성이 없다는 점을 명시한 후, 말라리아 치료제를 폐기하든 말든 검토하는 것이다. 기본소득의 경우에는 자본주의의 대표적인 특징에서 큰 부분을 바꿀 수 있는 것이 사실이다. 기본소득은 인구의 상당수에게 더 큰 자유를 제공할 것이고, 노동력을 부분적으로 탈상품화할 것이며, 노동자의 협상력을 높여줄 것이고, 또 3장에서 언급한 다양한 효과를 가져올 것이다. 이 변화가 자본주의에서 어떠한 의미를 지니는지 알 수 있는 사람은 그 중요성을 인정하겠지만, 기본소득이 할 수 있는 범위를 넘어서는 것을 하지 못한다고 비난하는 것은 매우 어리석은 일이다.

7장에서 우리는 '미숙한 정치적' 오류에 대해 살펴보았다. 이 주장은 우리가 해야 할 일은 혁명이어야 하고 또 기본소득은 반자본주의적 정책이 아니기 때문에 기본소득에 시간과 노력을 들이는 것은 아무런 의미가 없다는, 매우 괴상한 가설이다. 이런 부류의 주장은 '본질적으로 반자본주의적'이지 않은 모든 정책을 부정한다.

기술적 비판

기술적 관점에서의 비판은 기본소득과 이론적인 대립은 하지 않지만 기본소득이 기술적으로 불가능할 것이라고 판단한다. 하지만 우리는 여전히 그 두 부류의 비판 사이에 어느 정도의 공통점이 있다는 것을 염두에 두어야 한다.

비판 8

이 관점의 첫 번째 비판은 기본소득의 비용이 실현 불가능할 정도로 클 것이라는 주장이다. 8장에서 이 주장이 틀렸음을 보여주었으나, 이 비판이 야기하는 혼란 때문에 다시 한 번 다루도록 하겠다.

어떤 중요한 경제정책이라도 모두를 만족시킬 수는 없다. 누군가에게는 이득이 되는 반면 누군가에게는 손해가 될 것이기 때문이다(새로운 재화를 소비자물가지수에 포함하는 것같이 보통 거의 중요하지 않으며, 매우 기술적인 종류들은 제외한다).**5** 기본소득과 마찬가지로, 부자에 대한 감세나 군 예산 증액, 유럽 왕실의 궁궐문화 유지 등은 사회적 선택의 문제다. 또 다른 예를 들자면, 유럽의 농업 보조금은 스페인의 가장 부유한 가문들에게 혜택이 편중되어 있는데, 결과적으로 보면 유럽에서 가장 부유한 126개 가문이 받는 보조금이 나머지 48만 명이 받는 금액과 동일하다.

기본소득의 예산 확보가 어떤 방식으로 이루어지느냐에 따라서 소득의 재분배는 a) 소득이 높은 사람들에게 (가령 공교육이나 공공보건체계를 해체하는 식으로) 유리하거나, 혹은 b) 소득이 낮은 사람들**6**에게 혜택을 준다. 나는 앞서 여러 번 강조했듯이 b)만이 정치적(그리고 철학적으로) 의미 있는 선택이라고 생각한다.

기본소득의 재정 지원이 가능하고 과도한 비용이 들어가지 않을 것이라고 해서, 이 말이 정치적으로 논란이 되지 않는다는 뜻은 아니다. 에밀리오 보틴이나 루퍼트 머독, 혹은 패리스 힐튼이나 도널드 트럼프 같은 사람들이 기본소득을 열정적으로 지지할 것이라고 상상하기는 힘들다. 사회의 어떤 집단이 이득을 볼 때 다른 집단이 손실을 본다면 충돌은 불가피하다. 그런 점에서 기본소득은 딱히 별다르지 않다. 지난 200년간 도입된 다른 정책들도 크고 작은 저항에 부딪혔고, 기본소득 역시 마찬가지일 것이다.

기본소득에 재정비용이 들 것이라는 주장에는 이의가 없으며, 지급액이 빈곤선과 동일하거나 더 많다면 이 비용은 무시할 만한 수준은 아닐 것이다. 적절한 기준을 찾기 위해 우리는 이 비용을 무엇과 비교해야 할까? "현재의 제도"(굿하트, 2006: 31)와 비교해야 할까? 그렇게 비교한다면, 기본소득은 "현재의 제도"를 열렬히 지지하는 사람이 아닌 이상에야 충분히 좋은 결과를 보일 것이다.

비판 9

아홉 번째 비판에 따르면, 기본소득은 가난한 국가로부터 부유한 국가로 이주민을 불러들이는 주요 요인이 될 것이다. 이 주장은 너무나 안타깝다고밖에 말할 수가 없다. 기본소득을 비롯해 부유한 국가의 가장 빈곤한 사람들의 삶의 질을 높이는 어떠한 정책도 그들과 가난한 국가의 가장 빈곤한 사람들 간의 간극을 벌릴 뿐이라는 뜻이기 때문이다. 부유한 국가에서 도입할 만한 사회적 개혁을 지지하거나 반대하는 여러 주장이 있을 수 있지만, 이 개혁이 '가난한 국가의 사람들은 이를 누리지 못한다'는 이유로 도입되지 말아야 한다는 주장은 완전히 잘못되었다. 잘 알려진 예처럼 (탈레반 정권이나 현재의) 아프가니스탄 여성의 경우를 생각해보자. 그들의 삶이 좋지 않은 상황에 처해 있어서 유럽연합, 미국 혹은 호주 여성과의 간극이 더 벌어질 수 있다는 이유로 이들 국가의 개혁적인 정책을 반대하는 것은 과연 합리적인가?

　　부유한 국가에 사는 국민들의 삶을 향상시키기 위한 공공 개혁이 반드시 빈곤한 국가에 사는 이들의 상황을 악화시키는 것은 아니다. 또 기본소득이 오직 가장 가난한 국민만을 지지하는 것도 아니다. 부유한 국가에서 제시되는 (노동시간의 단축, 임금 인상, 실업급여 포괄 범위의 확장, 조기 은퇴 등의) 다양한 사회적 개혁이 가난한 국가와 부유한 국가 사람들 사이의 간극을 더 넓힌다는 이 같은 주장은 실제로는 확인하기 힘들다. 별 관계가 없기 때문이다. 만일 너무도 불행한 환경 탓에 가장 가난한 국가의 빈곤한 사람들이 집을 떠나 최악의 여행 환경에서 목숨을 잃을 위기를 감수하고, 게다가 직업을 구할 수 있을지 없을지도 모르는데도 다른 곳에서 일을 구해야 하는 상황이 중요한 문제로 여겨진다면, 부유한 국가에서 벌어지는 기본소득의 부작용에 대한 논의는 그저 관심을 다른 곳으로 돌리기 위한 방편이 될 것이다.

가난한 국가에서 가장 기본권을 보장받지 못하는 구성원들이 부유한 국가로의 이주 압력을 가장 크게 받는 때에는 자국에서는 극악한 환경밖에는 생존할 길이 없는 경우다. 이것이 사실이라면, 기본소득의 도입으로 인한 '유입효과'는 매우 제한적일 것이다. 이 효과는 가난한 국가에서 사람들이 오로지 절망적인 가난 속에 허덕일 수밖에 없는 이상 계속 존재할 것이다.[7] 이런 의미에서 보면, 이민을 오는 사람보다는 이민을 가는 사람에 대해 말하는 것이 더 적절할 것이다.

그 외에 이해가 필요한 다른 요소들도 있다. 1990년 초, 동남아시아나 북아프리카에서는 노동자의 사회적 보호를 위한 제도적 구조가 없었기에, 이들 나라에서는 유럽연합의 임금비용보다 훨씬 낮은 비용이 가능했다. 이를 통해 이 국가들은 생산비용이 비교적 비싼 유럽 제품에 대해 경쟁력을 갖출 수 있었다. 이 상황에 대응하는 두 가지 주장이 제기되었다. 첫 번째 주장은 오래전 유럽연합에서 달성한 사회보장제도를 일부 무너뜨려서('현대화'한다고 말한다!) '신흥 산

9장 ──── 도전적인 제안에 따르는 비판과 반론

업국가'에 대한 경제적 우위를 복구하자는 것이었다. 두 번째 주장은 정의의 근본적인 원칙에 입각해 사회적 영역에서 이루어낸 이러한 성취들의 의미를 존중해야 할 필요성에서 제기된 것이었다. 그러므로 일단 국제적인 무역 경쟁의 초점을 제품의 품질 등 다른 기준으로 옮기고, 신흥 산업국가들의 노동인구가 유럽의 노동자들의 누리는 사회적 권한을 위해 투쟁하도록 장려해야 한다. 오늘날 상황이 다르기는 하지만, 기본소득이 이민에 미칠 영향을 분석하는 연구에서는 이러한 문제를 다루어야 할 것이다.

2007년 초 세계의 인구는 거의 70억 명에 육박한다. 유엔은 21세기 중반에 세계 인구가 91억 명에 달할 것이라고 예측한다. 앞으로 45년 후 유럽연합은 15~64세의 노동인구가 5,000만 명 감소하는 반면, 65세 이상의 은퇴인구는 5,800만 명이 증가하는 상황을 맞이하게 될 것이다. 이러한 변화는 매우 중요한데, 현재는 24.5퍼센트인 부양률이 51퍼센트로 급증할 것이기 때문이다.[8] 그러니까 지금은 은퇴인구 한 명당 네 명의 노동인구가 존재하지만, 앞으로는 두 명의 노동 인구로 줄어들 것이라는 말이다. 이민이라는 문제에 대해 냉정하게 수치로만 따져보자면, 실질부양률을 동일하게 유지하기 위해서는 1억 8,300만 명의 이민자가 필요하고, 이는 2050년에 예상되는 유럽연합의 인구 4억 5,400만 명의 40퍼센트라는 것을 의미한다.[9]

이민자들이 경제에 도움이 되기는커녕 해가 될 것이라는 주장은 최근의 연구와 상반된다. 기예르모 오글리에티Guillermo Oglietti(2006)는 이 문제에 명확하게 답했다. "이민자들이 기생한다는 일반적인 생각은 확실히 바로잡아야 한다. 이민자는 실제로는 기여하는 양보다 많은 돈을 받는 사람들이 아니기 때문이다."[10] 유럽연합 15개국 전체로 볼 때, 이민자를 제외하면 1인당 국내 총생산은 1994~2004년 사이에 기록된 양보다 훨씬 적었을 것이다.[11] 더 정확하게 말하자면, 경제성장은 매년 0.23퍼센트 더 낮았을 것이고, 일부 국가에서는 이보다 훨씬 더 낮았을 것이다(가령 독일은 1.52퍼센트, 이탈리아는 1.17퍼센트 낮았을 것이다). 스페인에서는 2000년부터 2005년 사이에 꾸려진 가정의 50퍼센트가량은 주 소득자인 가장이 외국인이었다.

기본소득의 '유입효과'를 거론하는 비판에 대해 간단히 반론하자면, 가난한 국가의 사람들은 기본소득으로 얻을 수 있는 삶의 방식을 원해서가 아니라 삶을 위협하는 가난에서 벗어나고자 도망친다는 것이다. 그러므로 기본소득이 '유입효과'를 일으킨다는 것은 비현실적인 주장이다.[12] 이 같은 주장에 초점을 맞추는 것은 최빈국의 열악한 환경에 사는 사람들에 대한 진지한 고려를 회피하는 태도일 뿐이다.

비판 10

기본소득에 대한 열 번째 비판에 따르면, 충분한 금액이 지급되지 않을 경우, 다른 말로 '부분적 기본소득'이 도입된다면 기본소득의 이상적인 결과를 만들어내지 못할 것이다. 이 같은 비판을 부정하긴 어렵다. 매우 낮은 기본소득, 가령 어느 지역에서든 빈곤선의 50퍼센트 정도의 기본소득으로는 앞서 논했던 많은 혜택을 받을 수 없거나, 아니면 아주 작은 효과밖에 얻을 수 없을 것이다. 7장에서 주장했듯이 자본가에 대한 노동자의 협상력 제고, 자원봉사를 위해 더 많은 시간을 내는 것, 혹은 현재 전혀 경제적 자립을 하지 못한 여성에게 더 큰 자립 능력을 부여하는 것은 기본소득을 통해 이루어 낼 수 있는 몇 가지 장점이다. 하지만 지급할 수 있는 기본소득 금액이 매우 적다면, 당연히 그 혜택 역시 더 줄어들 것이다. (빈곤선만 넘는다면) 적은 금액의 '기본소득'이라도 지지하자는 주장도 있는데, 이는 진정한 기본소득으로 향하는 첫걸음이 될 수 있기 때문이다. 이러한 관점을 받아들인다면, 이 비판의 중심 논점은 진정한 기본소득에 도달할 때까지 유효할 것이다.[13]

비판 11

기본소득에 대한 마지막 비판은 예측하기 힘든 상황을 초래한다는 것이다. 이러한 주장은 완전히 무의미하다. 기본소득은 물론이고 어떤 가치 있는 사회적 개혁이든 예측할 수 없는 결과를 가져올 수 있다. 이 같은 비판은 기본소득이 원치 않는 결과를 가져올 수 있다는 말을 매우 교묘하게 끼워 넣는 것으로서 매우 불합리한 관점이다. 비논리적이기도 하다. 만일 상황이 예측하기 힘들다면, 우리는 이것이 좋을지 나쁠지 알 수 없다. 왜냐하면 우리가 그걸 알 수 있다면 이는 예측 불가능한 것이 아니기 때문이다. 게다가 여기에는 숨겨진 의미가 또 하나 있는데 이는 만일 기본소득의 도입이 어떠한 상황을 초래할 것인지 모른다면 이를 도입하면 안 된다는 것이다. 이는 납득할 수 없는 결론이다. 특정한 문제를 해소하기 위한 필요와 예측하기 힘든 결과 사이에는 당연히 갈등이 존재한다. 하지만 어떠한 행동도 하지 않는 것 역시 예측할 수 없는 결과를 가져오는 선택이다.

어떤 행동의 알 수 없는 결과와 특정한 상황을 시정하기 위한 필요 사이에는 분명 갈등이 존재한다. 하지만 우리는 지금 얻을 수 있는 최대한의 정보를 바탕으로 정치적 선택을 해야 한다. 기본소득을 도입하면 얻을 수 있는 한 가지 확실한 결과가 있다. 가장 빈곤하고 불행한 사람들이 처한 상황이 나아진다는 것이다. 이에 대한 추가적인 정보가 없다면, 이는 행동하기에 충분한 이유가 될 것이다.

———

오늘날처럼 불평등이 극심했던 적은 없었다. 1900년에는 부유한 국가의 평균소득이 가난한 국가의 네 배였다. 그러나 세계화 시대라 불리는 지금은 그 차이가 서른 배에 이른다. 유엔대학의 세계개발경제연구소UNU-WIDER의 최근 보고는 더욱 충격적이다.[14] 세계에서 가장 부유한 2퍼센트의 성인이 가진 부가 세계 모든 가구가 보유한 부의 절반이 넘는다는 것이다. 전체 성인 가운데 하위 50퍼센트는 간신히 1퍼센트만을 가지고 있을 뿐이다. 부유한 국가에서든, 가난한 국가에서든 부자와 빈곤한 자 사이의 간극은 점점 더 커지고 있다.

빈곤한 사람들은 앞서 언급했듯이 물질적으로 궁핍하며 필수재를 소비하지 못하는 어려움을 겪는다. 또 그들은 사회적으로 배제되는데, 이는 다양한 사회적 병리 현상에 더 취약하다는 뜻이다. 이 같은 결과는 단순한 골칫거리가 아니다. 그들은 결국 타인의 욕심에 기댈 수밖에 없어서 자유의 박탈, 즉 인간성의 말살이라는 불행한 대가를 치르게 된다.

기본소득은 빈곤과 거대한 불평등에서 발생하는 수많은 해악에 효과적으로 대응할 수 있는 사회적 제안이다. 물론 그 모두를 해결할 수는 없지만 기본소득은 자유를 위한 물질적 조건을 보장할 수 있으며, 그것만으로도 충분히 시도할 만한 가치가 있다. 그러한 목표가 현실적으로 가능하다는 것을 입증할 수 있다면, 이 책은 목적을 달성한 것이다.

옮긴이 주

A 기본소득지구네트워크Basic Income Earth Network, BIEN: 1986년에 기본소득유럽네트워크Basic Income European Network가 만들어진 후 2004년에 전 세계로 확장되었다. 2015년 기준 23개국이 가입했다. 한국은 2010년 17번째 가입국이 되었으며, 2016년 7월 서울에서 제16차 세계대회를 개최했다.

B 2016년 기준 총 열여섯 차례의 세계대회가 열렸다. 2008년 아일랜드 더블린, 2010년 브라질 상파울루, 2012년 독일 뮌헨, 2014년 캐나다 몬트리올, 2016년에는 한국 서울에서 대회가 열렸다.

C 2016년 기준 23개 국가의 네트워크와 2개 지역의 네트워크가 가입되어 있다. 원문 외에 노르웨이, 멕시코, 벨기에, 슬로베니아, 아르헨티나, 일본, 캐나다, 포르투갈, 프랑스, 핀란드, 한국의 국가 네트워크가 있고 남아프리카, 유럽의 지역 네트워크가 있다.

D 논리적 비약이 심해서 원인과 결과가 너무 먼 논법을 비유적으로 표현하는 말.

E 커트 보네거트가 쓴 단편소설. 신분과 재산뿐 아니라 외모, 신체조건, 지적 능력까지 동일해진 사회를 과장되게 보여줌으로써 획일적인 기

249   옮긴이 주

준으로 사회를 제어하는 것을 풍자한 블랙코미디.

F 존 롤스는 말리부 해변에서 일은 하지 않고 온종일 서핑하는 사람들을 예로 들며, 생산에 기여하지 않은 사람들에게 재화를 제공하는 것이 옳은지 물었다.

G 타인을 위해 노동을 한 대가로 받는 금액인 Salary는 급여 혹은 임금으로 번역했고, 복지정책의 결과로서 수급하는 Benefit도 급여라고 번역했다. 다소 혼란스러울 수는 있으나 문맥상 구별이 가능하다.

H 위치재positional goods란 보석이나 모피 혹은 학군이나 학벌 등 자신의 지위를 과시하기 위한 재화를 말한다. 이러한 재화가 존재하면 소비의 외부효과가 발생한다.

I 공공악public bads이란 공공재public goods에 대한 비유적 개념으로서 음의 공공재를 일컫는다.

J 이 부분은 옮긴이의 재해석이다. 원문은 다음과 같다. "우리가 이 공식을 성장률로 바꿔서 j퍼센트(노동시간 감소의 비율)를 –h퍼센트와 같다고 하면 다음과 같은 등식이 성립한다. L퍼센트 = Y퍼센트 + (j퍼센트 – q퍼센트). 이는 다음과 같이 해석하면 된다. 고용 성장률은 노동시간 감소 비율에서 시간당 생산량 증가 비율을 뺀 값이 생산의 증가 비율을 더한 것과 같다."

K 여기에서 승자winner란 기본소득에 의해 추가적인 수혜를 입는 사람이며, 패자loser란 추가적인 부담을 지게 되는 사람을 뜻한다.

1 ──── 도전적이며 실현 가능한 제안

1 스페인이 왕정체제라는 사실을 잊지 말자. 이 국가의 공식 명칭은 '레이노 데 에스파냐Reino de España(스페인왕국)'다. 나는 스페인을 '카탈루냐와 바스크국을 포함한 국가의 집합'이라고 계속 표현할 수는 없기 때문에, 또 에스타도 에스파뇰Estado Español(스패니시 스테이트Spanish State)이라는 표현을 싫어하기 때문에 일반적인 영어 용법에 따라 스페인Spain이라고 지칭했다.

2 명백하게 이는 부자와 가난한 자 모두가 기본소득을 통해 이득을 얻게 된다는 의미가 아니다. 8장에서 다시 살펴보겠지만, 대다수의 재정 지원 계획에서 부자는 손해를 보고 가난한 자는 혜택을 받을 것이다. 만일 그 반대로 작용한다면 기본소득은 아무런 의미가 없을 것이다.

3 Alaska Permanent Fund Corporation, 1988.

4 Vanderborght and Van Parijs, 2005, 1장에 이에 대한 좋은 요약이 있다.

5 미국의 제안과 그 결과에 대한 자세한 정보를 알고 싶다면 Widerquist,

2004 참조.

6 이에 대한 전반적인 요약을 보려면 다음을 참고하라. Vanderborght and Van Parijs, 2005, 21 ff.

7 Alperovitz, Gar, 'Another World is Possible', Mother Jones, 2005년 1~2월.

2 ─── 기본소득은 왜 옳은가 1: 규범적 자유주의의 관점

1 모스테린은 다음과 같이 덧붙였다. "다양한 종교적 도덕이란 것이 존재하지만, 종교적 윤리라는 것은 존재하지 않는다. 자칭 윤리위원회라고 하는 단체들은 특정 종류의 종교적 도덕을 대변할 뿐이다. 이들은 가령 천주교도덕위원회 같은 이름으로 지칭되어야 한다. 그러면 그들이 왜 줄기세포나 포배와 같이 도덕적인 판단 자체를 할 필요가 없는 문제에 지나친 관심을 보이는지 쉽게 알 수 있을 것이다."

2 Amartya Sen, 1992, Inequality Reexamined, Oxford, Oxford University Press, p. ix. 참조.

3 이 문제에 대해서는 아주 많은 책, 학위논문, 기사, 대학 수업 리포트 등의 문헌이 있다. 그래서 이에 대해 적당한 분량 정도로 설명하기는 힘들며 이 책의 목적에도 부합하지 않는다. 이 장에서 이 이론들을 기본소득과 비교해 최대한 간단하고 명료하게 설명하려고 했다. 비판이나 미묘한 차이, 논평 등을 통해 이 문제를 흐리고자 하는 생각은 전혀 없다. 하지만 이러한 문제에 대해 특별한 관심을 갖고 있는 독자들을 위해 이 이론들의 중요한 단면들을 잠시나마 살펴볼 것이다.

4 이 가설은 논란의 여지가 매우 많기는 하다. 우리의 목적을 위해서는 한 사람의 '원시취득'이 다른 사람이 처한 상황에 해가 되지 않는 이상 정의롭다고 하는 것이 이 가설의 중점이라는 것만 알고 지나가면 충분하다.

5 존 롤스와 철학적으로, 정치적으로, 실리적으로 별다른 관계가 없었던 혁명가 레온 트로츠키Leon Trotsky는 물질적으로 부족한 상황에선 대기열이 생기고, 그러면 질서를 유지하기 위해 경찰이 필요하다고 했다. 구소련의 역사는 이 날카로운 예측에 대한 불행한 검증이었다.

6 모스테린(2006: 374)의 관점에 따르면, "롤스는 이성적이지만 겁 많은 사람들이 정치적 관행의 정당화를 위한 기준이라고 여길 수 있다는 것에 대해 숙고해야 한다고 말했다."

7 사전 편찬적인 순서는 다음과 같이 정의된다. (a1, b1)〉(a2, b2)에서 (i) a1〉a2 또는 (ii) a1=a2이어야만 b1〉b2가 성립된다. 사전 편찬적인 순서의 당연한 예시 중 하나로 사전의 낱말 나열 순서가 있고, 이는 알파벳의 순서에 따른 기준이다.

8 4명으로 구성된 세계에 다음 세 가지 방식의 분배가 가능하다고 해보자. (a) 10:7:4:2, (b) 36:7:6:3, (c) 80:65:5:4. 맥시민 기준에 따르면 우리는 (c)를 선택해야 한다. 이 선택지의 가장 가난한 사람이 나머지 선택지의 가장 가난한 사람보다 더 낫기 때문이다. (a)가 가장 균등한 분배에 가까운 선택지인데도 그렇다.

9 이 책에서 이 유명한 구분이 그에 걸맞은 명성을 얻을 만한지, 그러니까 정말 흥미를 불러일으키는지 따져보는 것은 적절하지 않다. 긍정적 자유와 부정적 자유의 구분에 대한 직접적인 비판을 보고 싶다면 다음을 참고하라. Bertomeu and Domènech, 2006.

10 이 정의와 1장에서 제시한 정의의 차이는 판 파레이스가 말하는 모든 유형의 '노동'과 내가 말하는 '유급고용'의 차이이다. '유급'이라는 말을 더하는 이유는 4장에서 다룰 '유급노동, 가사노동, 자원봉사'라는 노동의 유형 분류를 통해 명확히 알 수 있을 것이다.

11 다음은 이에 대한 매우 훌륭한 분석을 했다. Domènech, 2004.

12 Bertomeu and Domènech, 2006 참조.

3 —— 기본소득은 왜 옳은가 2: 규범적 공화주의의 관점

1   Rosenberg, 1921 참조.

2   Domènech, 2004: 51 참조.

3   1852년에 마르크스는 요제프 바이데마이어Joseph Weydemeyer에게 "현대 사회의 계급의 존재와 계급 간의 투쟁을 발견한 것은 나의 성과가 아니다"라고 써서 이 개념의 오랜 역사를 인정했다(Karl Marx and Friedrich Engels, Selected Correspondence, Moscow: Progress Publishers, 1965, p. 69).

4   이 인용문과 그 이후의 내용은 벤저민 조웨트Benjamin Jowett의 번역이다. 원문은 classics.mit.edu/Aristotle/politics.3.three.html을 참조하라.

5   또 감탄스러운 것은 아리스토텔레스와 키케로, 한편으로는 존 로크와 다른 사람들의 다음과 같은 관점에 대한 접근 방식의 유사성이다. "자유로운 사람은 임금을 위해 타인에게 서비스를 제공해 자기 자신을 팔 때 타인의 하인이 된다."(Second Treatise on Government, VII, 85, 1690)

6   이 인용문과 그 이후의 내용은 월터 밀러Walter Miller의 번역이다. 원문을 보려면 www.stoics.com/cicero_book.html을 참조하라.

7   로베스피에르에 대한 엄밀한 평가를 보고 싶다면, 역사가 알베르 마티에Albert Mathiez의 전작을 살펴볼 것을 추천한다. 특히 다음을 참고하라. Mathiez, 1927, 1988.

8   장 폴 마라Jean-Paul Marat와 젊은 천재 루이스 데 세인트 쥐스트Louis de Saint-Juste의 공적을 활용하기 위해 그들을 인용할 수도 있지만, 여기서 논하는 주제를 위해서는 로베스피에르를 인용하는 것만으로도 충분하다.

9   혹자는 임마누엘 칸트, 존 로크와 애덤 스미스를 '자유주의자'라고 생각하는데, 그들이 살았던 시대를 고려하면 이는 사실이 아니다. 존 로크의 공화주의적 자유에 대한 시발점을 보기 위해선 다음을 참고하라. Mundó, 2005, 2006. 임마누엘 칸트의 경우에는 다음을 참고하라.

Bertomeu, 2005b. 마지막으로 애덤 스미스의 경우에는 다음을 참고하라. Casassas, 2005.

10   두 인용글 모두 다음에 나와 있다. Lefebvre, 1957: 199~200. 또는 다음을 참고하라. Domènech, 2004: 92.

11   Bertomeu and Domènech, 2005 참조.

12   Immanuel Kant, 2002[1797] 참조.

13   이 부분에 대해서는 다음을 참고하라. Bertomeu, 2005a.

14   Parker, 2003; Robeyns, 2001; Añón and Miravet, 2004; Pateman, 2003, 2006; XRB-RRB, 2006; Bambrick, 2006 참조.

15   White, 2003a, 2003b 참조.

16   로베스피에르는 그의 짧은 인생의 마지막에 '박애fraternité(민주주의의 모든 과정과 사회적·경제적·가정적·정치적 삶의 보편적 문명화로서)의 반박할 수 없는 논리를 위해서라면 여성의 완전한 해방이 포함되어야 한다'는 사실을 이해한 듯싶다.

17   inter alia, Pateman, 2006; Van Parijs, 2006; Domènech and Raventós, 2004 참조.

18   Wright, 2006; Casassas and Loewe, 2001; Raventós and Casassas, 2003; Raventós, 2002; XRB-RRB, 2006 참조.

4 ——— 노동의 세 가지 유형: 유급노동, 가사노동, 자원봉사

1   비록 자주 변경되었지만, 이 정의는 다음에 제시된 정의와 비슷하다. Recio, 1988: 22.

2   공익은 사회적 이익과 혼동되어서는 안 된다. 사회적 이익은 취약 계층의 모든, 각각의 구성원에 대한 임의적 개입의 종결을 의미한다(3장을 보라). 우발적이고 사실적인 문제로서, 임의적 개입으로부터 보호받

는 존재의 개인적 이익은 취약 계층의 모든 구성원에 대한 어떠한 잠재적 위협이라도 종결되는 것을 의미한다. Domènech, 2000 참조.

3   앨런 시헨ALan Sheahen(2003: 8)은 이에 대해 다음과 같이 매우 유사한 방식으로 표현한다. "노동이란 무엇인가? 단순히 직업인가? 아니면 모든 생산성 있는 것을 의미하는가? 병원에서 자원봉사를 하는 것이 생산직에 종사하는 사람의 노동보다 덜 생산적인가? 집에서 아이를 돌보는 어머니의 노동이 맥도날드에서 햄버거를 만드는 노동보다 덜 생산적인가?"

4   알렉스 보소Alex Boso(2006)는 비록 노예 노동을 포함시키기는 하지만 비슷한 분류를 했다.

5   신고전학파 모델을 언급하는 것은 매우 놀라운 일일 것이다. 지금은 수단의 활용(혹은 경우에 따라 '수단의 악랄함')에 대해 설명할 때가 아니다. 그러므로 간단히 몇 마디면 충분할 것이다. 나는 기존의 과학적 관습과 방식은 받아들여져야만 한다고 생각한다. '부르주아 과학'과 '프롤레타리아 과학'의 대조는 스탈린주의자가 날조한 것이다. 확립된(혹은 '긍정적', '공식적') 사회이론과 비판적 사회이론을 대조하는 것 역시 그다지 도움이 되지 않는다. 나는 '부르주아 사회과학'이 변증적이지 않고, 이상주의적이며, 개인주의적이고, 또 다른 방식이 존재할 것이라는 생각을 버려야 한다고 생각한다. 간단히 말해서, 어떤 연구 주제라도 정상과학의 틀 안에서 진술할 수 있어야 한다. '부르주아 과학'과 '프롤레타리아 과학', '실증과학'과 '비판적 과학', '남성과학'과 '여성과학' 사이의 대비를 해서는 안 되며, 특정한 방식이나 분석적 도구가 특정한 종류의 '시스템'과 압제를 보호한다는 관점도 버려야 한다. 마르크스가 한 말 중에 가장 감탄스러운 구절 중 하나는, 그가 외부적 고려 사항과 과학적 분석 '기반'을 혼동하는 사람에 대해 한 말이다. "어떤 사람이 과학을 과학으로부터 나오지 않은 어떤 외부적인 관점에 끌

어들이고자 한다면 나는 그를 '기반'이라고 부를 것이다."(Capital, Volume 4 'Theories of Surplus Value', Chapter 9) 과학 지식의 사회적 이용과 과학 자체를 혼동하는 것은, 다시 한 번 말하지만 매우 큰 오류를 불러온다.

6 와일더퀴스트Wilderquist(2004)는 미국과 캐나다의 NIT 실험에 대해 자세한 요약과 평가를 제작했다.

7 이러한 종류의 연구가 얼마나 섬세하고 지적으로 존중할 만하든 간에, 한 국가나 국가들의 연합과 같은 거대한 단위 지역의 인구에게 기본소득의 도입이 미칠 영향을 그리 잘 보여주지는 못한다. 존 엘스터 Jon Elster(1987)가 20년 전에 말했듯이(특히 기본소득에 반하는 주장에서) 혹자는 작은 개혁의 일반적인 도입이나 큰 개혁의 부분적인 도입의 결과를 산출할 수 있을지 모르겠지만, 일반적으로 큰 규모의 일반적 도입의 경우 결과가 비슷하거나 같을 것이라고 생각할 근거는 존재하지 않는다.

8 Comisiones Obreras(CCOO), 1996.

9 Noguera, 2001 참조.

10 6장에서 더 자세히 다룰 것이다.

11 Noguera, 2001 참조.

12 7장에서 다시 다룰 것이다.

13 INE(National Statistics Institute) 2004 참조.

14 Carrasco, 1991, 1992 참조.

15 Pautassi, 1995: 267 참조.

16 로라 뱀브릭Laura Bambrick(2006)은 최근 기본소득이 어떻게 여성에게 영향을 미칠 것인지에 대해 다음의 여섯 가지 측면에서 예상했다. 자주성 증진, 사회적 평등, 사회적 융합, 사회적 안정, 경제적 효율, 가난 예방. 이 여섯 가지 측면은 바로 로버트 구딘Robert Goodin(1988)이 복지국가에서 가장 자주 인용되는 기능이라고 말했던 것이다.

17 노동을 유급노동, 가사노동, 자원봉사로 분류하는 것은 좋은 분류법

의 기준에 부합한다. 만일 X가 유보수직, Y가 가사노동, Z가 자원봉사라고 한다면 다음을 만족한다. (1) 이 분류의 어떤 부분집합이라도 공집합이 아니다. (2) X, Y, Z의 합집합은 전체여야 한다. (3) 각각의 분류 사이의 교집합은 있어서는 안 된다. 더 자세한 분석을 보고 싶다면 다음을 참고하라. Domènech, 2001.

18 우리가 여기에 몇 년마다 한 번씩 투표하러 가는 것보다 더 큰 의미를 부여한다면 이는 정치적 참여와 비슷하다. 그 자체로서 보상을 받는 것이 아닌 정치적 참여라는 것은 말이 되지 않는다. 물론 나는 정치 행위를 하고 사는 정치 관료들을 말하는 것이 아니다. 그들 가운데 몇몇은 자신의 일에 자기목적적인 면이 있겠지만, 대부분의 관료에게 정치적 활동이란 다른 유급노동과 같은 수단이며, 영향력, 특권, 이름을 알릴 기회, 자랑할 기회 등을 위한 것이다.

19 당연히 우리는 이상하다 못해 기이한 예외를 상상할 수 있다. 예를 들어 A는 최대한 많은 시간을 자원봉사에 할애하는 B와 더 가까워지고 싶어서 B를 따라 자원봉사를 한다. A는 그렇게 함으로써 B가 자신을 더 좋게 볼 것이라고 생각한다. 이때 A가 B의 단체에서 자원봉사를 한다고 해도, 그건 자기목적적인 것이 아니라 도구적인 것일 뿐이다. 이는 그가 나중에라도 노동 자체에서 기쁨을 느껴서 그 목적만을 위해 일을 하지 않는 이상, 외부적 목적을 위해 일하는 것이기 때문이다. 또 어떤 자원봉사자들은 여행을 하기 위해, 개인적 열등감을 극복하기 위해, 어쩌면 잠재적 성폭행범은 고아원에 있는 방어할 수 없는 아이들에게 다가가기 위해 이 일에 참여할 수도 있다. 우리는 아주 괴이하거나 한심한 예외를 당연히 상상할 수 있지만, 대부분의 경우에 자원봉사는 자기목적적이다.

20 케네스 E. 볼딩Kenneth E. Boulding은 세 번째 동기로서, 시간의 다른 활용을 추가하는데, 그는 최소한 자원봉사자들에게 있어서, 한 시간의 추

가적인 자원봉사 시간이 주는 만족감은, 다른 일이 그 사람에게 줄 수 있는 것과 동일하거나 더 크다고 했다(Boulding, 1973).

5 ——— 빈곤과 자유

1   그라민은행Grameen Bank의 창립자인 방글라데시의 무하마드 유누스 Muhammad Yunus가 2006년 노벨 평화상을 수상한 이후부터 마이크로크 레디트가 유행을 타고 있는 것은 사실이다. 하지만 나는 이 정책이 빈 곤을 끝낼 것이라고 생각하지 않는다. 폴 월포위츠Paul Wolfowitz 세계은행 총재가 마이크로크레디트에 얼마나 열정을 보이든 간에, 나는 월든 벨로Walden Bello의 다음과 같은 관점에 더 공감한다. "다른 말로 하자면, 마이크로크레디트는 생존 전략으로는 훌륭한 도구이지만, 이는 거대 한 자본과 산업구조를 위한 국가 기획 투자에 맞서는 본질적인 해답 이 될 수는 없다. 또한 마이크로크레디트는 집중된 토지 소유권같이 빈곤에서 벗어나기 위한 자원을 빈곤한 사람에게서 앗아가는 불평등 의 구조에 대한 공격도 아니다. 마이크로크레디트 정책은 이런 구조 와 공존하며 이 구조에 의해 배제되고 소외감을 느끼는 사람들을 위 한 안전망이 될 수는 있겠지만, 그 구조 자체를 바꿀 수는 없다. '폴 월 포위츠 씨, 마이크로크레디트는 안드라프라데시에 사는 7,500만 사람 들의 가난을 끝낼 수는 없답니다.'"

2   만일 유럽인이 오지 않았다면 아메리카 원주민들이 삶이 얼마나 달 랐을지는 제쳐두고서라도 말이다.

3   여기서 '사회—민주적'이란 말은 여전히 사회주의인터내셔널에 가입 된 단체를 말한다. 이 단체들은 1차 세계대전 이전, 또 심지어 2차 세 계대전 직전에 존재한 같은 이름의 단체들과 유사점이 거의 없다.

4   Standing, 1992, Strengmann-Kuhn, W., 2002, Latta and Peña, 2004,

Medialdea and Álvarez, 2005, Riera, 2006 참조.

5   8,825달러는 약 6,800유로이고, 1만 8,810달러는 약 1만 4,500유로다. 2007년 초 환율 기준.

6   또 자주 사용되는 것은 편차 I이다. 이는 가난한 사람의 평균소득이 빈곤선에서 얼마나 떨어져 있는지를 나타낸다. 이 지표의 분석적 표현은 $I=(1-\mu_p/z)$이다. 여기에서 μ_p는 빈곤선 아래에 위치한 가족의 평균소득이고, z는 이 한계의 값이다. I가 더 클수록 가난의 정도가 심한 것이다.

6 ─── 복지와 기본소득, 무엇이 다른가

1   다음을 참조하라. Titmuss, 1958, Abendroth et al, 1986, Flora, 1986.

2   여기서는 도메네크(2006b)의 분석을 매우 비슷하게 따랐다.

3   스탠딩(1999, 2002)은 조합 협상을 매우 자세히 묘사하는데, 그는 복지 제도의 다음 일곱 가지 분야에서 노동자의 안정을 보장하고자 했다. 노동시장(완전고용의 보장), 고용(높은 해고비용), 계약 내부(회사 내의 확실한 경력 상승 기회), 노동환경(업무 내 사고, 제한된 시간 등), 자격 조건 (연속된 직업 훈련), 소득(최저임금 및 사회보장), 그리고 대표권(모두가 참여하는 협상, 파업의 권리). 미국에서 이 모델은 '생산 패러다임'이라는 고도의 온정주의적 포드주의의 궁극적인 모습으로 나타났다.

4   "지금 이런 현상은 개인주의와 꽤 일치하지만 이는 이자생활자의 안락사를 의미하며 따라서 자본의 한정된 가치를 남용하는 총체적 압력의 안락사를 의미한다. 오늘날의 이자는 토지의 대여만큼 진정한 희생에 보상하지 않는다. 토지가 한정되기 때문에 토지의 소유주가 이자를 얻을 수 있는 것처럼, 자본의 소유자 역시 그러하다."(Keynes, 1973)

5 도메네크의 말에 의하면, "이에 대해서는 한 가지 분명한 비교만으로 도 충분하다. 포드의 대표인 로버트 맥나마라Robert MacNamara는 케네디 정권의 실세였고, 핼리버턴Halliburton의 대표인 딕 체니는 조지 W. 부시 정권의 실세였으며, 은행가 로버트 루빈Robert Rubin 역시 클린턴 정부의 실력자였다. 프랑스의 거대한 '반대'에 결국 항복한 유럽의 '헌법'을 작성하는 것을 총괄한 귀족 발레리 지스카르 데스탱Valery Giscard d'Estaing은 옛 제국주의 재정가 왕조 최후의 자손이자 인도네시아은행의 창립자다. 이는 매우 이상하게 보일 수 있지만, 〈뉴욕타임스〉가 이제 '상류 계급의 투쟁'이라는 글을 쓰는 것도 이해 못할 것은 아니다."(Domènech, 2006b: 31)

6 바Barr(1992)는 시장 실패에 관련해서 매우 유용하다.

7 다른 과학 분야, 특히 진화생물학, 인지심리학 그리고 인류학의 지난 10년간 발전에서 기인한 합리론의 관점에서 빈곤에 대한 추정을 논하기에 이 책은 적절하지 않다. 하지만 사람들의 정보 처리 과정이 영역 특수적인 형태가 아니라 영역 일반적인 방식으로 이루어진다는 가정은 다루어볼 만할 것이다. 현대의 지식을 바탕으로 보면, 이는 틀린 것이다. 통속적 심리학에 대한 인지과학의 의심과 관련한 자료를 보고 싶다면, 다음을 참고하라. Barkow et al., 1992, Hirschfeld and Gelman, 1994. 또 이 문제에 대한 개론을 보고 싶다면 다음을 참고하라. Mundó and Raventós, 2000.

8 유명한 파레토최적 이론은 규범적 이론의 매우 절실한 요구인 정보성을 충족하지 못한다. 규범적 사회론이 더 많은 가능한 사회 형태를 좋지 않다고 부정할수록, 이 사회론은 더 많은 정보를 준다. 이 개념을 간단히 이해하기 위해 오직 X, Y로만 구성된 사회를 상상해보자. 우선 하나의 사회에서 1조 달러의 사회적 생산물을 X와 Y에게 분배해야 한다고 해보자. 만일 X가 50만 달러를 받고 Y도 똑같은 금액을 받

는다면 이는 파레토최적이다. 그런데 X가 9,999억 9,999만 9,000달러를 받고 Y가 1,000달러를 받아도, 혹은 X가 9,999억 9,999만 8,000달러를 받고 Y가 2,000달러를 받아도 역시 파레토최적이다.

9 2003년 3월 20일과 21일에 열린 유럽회의에서 회장은 이러한 함정에 대한 경고로 마무리를 지었다. 그럴 듯한 수사로 포장된 비현실적인 말들뿐이었다.

10 이 부분은 다음을 활용했다. Arcarons et al., 2005.

11 과세제도에 의해, 사회적 기여와 기왕의 목적 사이에 직접적인 관계가 설정된다. 그 할당량은 반드시 과세해야 하며, 이를 통해 특정 서비스의 재원도 마련하고, 그 대상을 지원하기 위한 '개인적인' 권리도 가능할 것이다(왜냐하면 개인적인 기여를 했을 때에만 자의적이지 않은 재정 지원을 보장받기 때문이다. 그 할당량과 할당 기간이 직접적으로 연관될 것이므로 그렇다). 일반적으로 과세제도 안에서는 두 가지 선택이 구분되어야 한다. 재분배 모델과 자본 환원 모델이 그것이다. 재분배 모델에서 경제활동을 하는 사람들의 기여는 연금을 받을 권리를 지닌 부류에게 돈을 지불하는 것을 가능하게 하며, 이는 '세대 간 결속'이라고 표현된다. 자본 환원 모델은 수령자가 은퇴 후에 평생 동안 일을 하며 모은 돈을 돌려받는 구조다. 그 금액은 기존에 기여한 만큼에 사전에 합의한 이자를 포함한다. 사설 제도에서는 이 모델을 선호한다.

7 ── 기본소득과 기본소득이 아닌 것

1 Marko D'Eramo, 'Moderazione infinita: Tratto da 'il manifesto', 20 January 2007. www. Feltrinelli.it/FattiLibriInterna?id_fatto=7956 참조.

2 어떤 사람들은 빈곤과 실업에 맞서는 고전적인 정책에 경제성장을 추가해야 한다고 주장한다. 10년 전이나 15년 전에는 그럴 듯한 주장이

었을지 모르겠지만, 지금은 충분이 경제성장이 이루어졌는데도 빈곤과 실업이 계속된다는 수많은 증거 자료가 있기에 그에 대한 논의는 무의미해졌다.

3 다음은 유용한 참고 문헌이다. Recio, 1997; Standing, 1999; Atkinson, 2003.

4 다양한 일상적 경험 속에서 우리는 완전자유화 광신자를 지지하는 비슷한 예시를 찾아볼 수 있다. 산성 소다 조금으로는 배관을 뚫지 못하지만, 양이 많다면 뚫을 수 있다.

5 이에 대해 좀 더 상세히 설명하면 다음과 같다. 만일 일하는 시간이 일주일에 다섯 시간으로 줄어드는 반면, 임금은 두 시간만큼만 줄어든다면, 노동자와 회사 모두가 필요한 재정을 부담하는 것은 맞지만 임금/시간이라는 면에서 보면 회사가 더 많은 금액을 부담하는 것이다. 그런데 임금이 세 시간만큼 줄어든다면 이 경우에는 노동자가 비율적으로 더 많은 비용을 부담하는 것이다.

6 Montes and Albarracín, 1993 참조.

7 이 계산은 실업인구에 대한 공식적 기술을 따른다. 이는 16세 이상의 인구 중 일을 할 수 있고 일을 찾고 있지만, 일을 하지 못하고 있는 인구다. 2주 이내로 일을 시작할 수 있는 사람들은(취직 면접 이후) 가능하다고 평가된다. 어떤 사람이 이런 방식으로 직업을 찾고자 하거나 아니면 지난 4주 이내(면접 이전)에 개인사업을 하려고 했을 경우 효과적인 구직 활동이 있다고 판단된다. 또 실업 상태로 분류되는 사람 중에는 지금까지 일한 적은 없지만 일을 찾고자 기다리는 사람들도 포함된다. 실업인구는 2001년 1분기를 기점으로 유럽연합의 위원회 규정 European Union in Commission Regulation 1897/2000이 2000년 9월 7일에 제정한 새로운 실업의 정의에 영향 받는다. 그러므로 이는 이전 시기와는 비교할 수 없다.

8 광범위하게 잘못 알려진 생각에 따르면, 만일 어떤 국가에서 노동일 감소로 인해 하루에 100만 시간의 자유 시간이 새로 생긴다면, 12만 5,000개의 새로운 직업이 창출될 것이다.

9 이 시점에서 기본소득에 대해 그리 긍정적이지 않은 상인 조합의 대응에 관한 반더브로트(2006)의 흥미로운 연구를 보라.

10 이에 대한 다양한 접근법을 위해서는 다음을 참고하라. Lerner et al, 1999; Sanzo, 2001; Pinilla and Sanzo, 2004; Arcarons et al, 2005.

11 Le Grand, 1989; Ackerman and Alstott, 1999; Nissan and Le Grand, 2000; Dowding et al., 2003; Wright, 2004 참조

12 2007년 초 기준으로 8만 달러는 약 6만 유로이며, 1만 파운드는 약 1만 5,000유로다. 그러므로 애커먼과 알스토트는 닛산과 르 그랑보다 훨씬 많은 금액을 제안하는 것이다. 게다가 닛산과 르 그랑은 애커먼과 알스토트에 비해 보조금의 지원 자격에 훨씬 더 많은 제한을 두었다.

13 이 모든 입장에 대한 예시는 다음을 참고하라. Dowding et al, 2003, Wright, 2006.

14 '가깝다'라고 강조한 이유는 상상력을 자극하기 위해서다. 어떤 정책이 노동 부과와 자산 조사 등의 조건 제약이 덜할 때 기본소득과 더 가깝다고 할 수 있다.

15 이 논쟁에 대해, 몹시 이해하기 힘들게도, 우리는 참여자의 낙관론 혹은 비관론의 요소를 찾아볼 수 있다. 논리에 대해서 말하자면, 나는 이 '낙관적인' 혹은 '비관적인' 것이, 임의적으로 일상생활에서 무관한 일이나 유전적인 이유 같은 것으로 변할 수 있는 이 문제에 어떠한 영향력도 갖지 못한다고 생각한다. 낙관의 일반적인 의미인 '장밋빛 안경을 통해 세상을 본다는 것'과 같은 개념을 제하고서라도, 낙관론자(혹은 비관론자)는 어떤 분석 방식을 활용하느냐에 따라 매우 다른 결론을 도출할 수 있다. 하지만 이 평가의 중점은 낙관론자라는 것에서 기

인한 것이 아니라, 어떤 해석적 도구를 사용한 것인가에 따라 다르다. 어떤 상황에 대해 극단적인 낙관론자가 아주 절망적이라고 판단할 수 있는 반면, 아주 완고한 비관론자는 희망적이라고 할 수 있는 것이다. 그러나 이 낙관적이거나 비관적인 정신 상태란 개념은 학계의 수많은 한심스러운 토론에 등장한다. 최소한 이를 다루기는 하는 경우가 많다. '낙관론자' 그리고 '비관론자'라는 용어와 거기에서 파생된 것들이 온갖 형태의 무관한 것들 사이로 슬그머니 섞여든다. 사소한 부분들을 제외하면 낙관론이나 비관론은 해석의 좋고 나쁨과 아무 관련이 없다. 해석은 그 자체의 규칙이 있으며, 이는 엔도르핀이 얼마나 분비되느냐로 결정되는 문제가 아니다. 이에 대해서는 그람시Gramsci의 다음과 같은 명료한 설명보다 더 나은 예를 찾기 어려울 것이다. "이성으로 비관하더라도 의지로 낙관하라."

16 라벤토스의 글(2006b)에서 이에 대해 더 길게 설명했다.

17 '순진하고 기술적인' 오류를 범하는 어떤 기본소득 지지자들은 이 제안의 혁신적인 측면 때문에 겁을 낸다. 인간적으로 그럴 수 있다. 이 두려움 때문에, 좋은 점이 많은 이 사람들은 기본소득을 최대한 '현실적'으로 만드는 낙천적인 활동으로 가능하다면 모든 정당이 이를 받아들일 수 있도록 노력한다. 그로 인해 이 행위는 결국 기본소득과 다른 기존 정책 사이의 비슷한 점을 찾는 행위로 바뀌고 만다. 말할 것도 없이, 그들은 '현실주의'와 어떤 종류의 갈등이라도 피하려는 노력을 혼동하는 케케묵은 오류에 빠지고 만다.

8 ——— 기본소득의 예산: 실현을 위한 세 가지 계획

1 Francis Bacon, 'Of Seditions and Troubles' 참조.

2 유럽연합에 대해서는 다음을 참고하라. Genet and Van Parijs, 1992.

Van Parijs and Vanderborght, 2001. NAFTA는 다음을 참고하라. Howard, 2006.

3   Arcarons et al, 2005 참조. 여기서 내가 다루어야 할 몇몇 논점은 이 연구 가운데 3장의 직접적인 번역이다. 그리고 나는 2006년 말에 얻을 수 있었던 다수의 새로운 자료를 사용했다. 조르디 아르카론스는 매우 세세하게 이 새로운 자료를 검토했고, 약간의 고칠 점과 함께 그래프를 새로 도입해 나의 논지를 더욱 정교하게 만들어주었다. 그 외에 알렉스 보소와 호세 안토니오 노게라에게도 그들의 도움에 고마움을 전하고 싶다.

4   개인소득세IRPF는 개인소득에 대한 직접적인 세금이다. 매우 일반적인 형태의 세금이지만, 유럽연합이든 그 외 지역이든 국가에 따라 세부사항에서 차이가 난다. 그러므로 이 장에서 다루는 상당 부분은 이 연구와 비슷한 조세제도를 운영하는 다양한 국가에서 관심을 보일 것이다.

5   Arcarons et al, 2005: 100 참조.

6   이 단원에서는 그 두 가능성 모두 소개되지 않았다. Arcarons et al, 2005: 148~150 참조.

7   이는 매년 7,100달러, 즉 3,650파운드의 금액과 같다. 2007년 1월 환율 기준.

8   표본에 포함되지 못한 인구를 대상으로 한 기본소득의 비용을 추가하고 개혁으로 인해 절감된 사회적 지출도 감안하면 첫 번째 시뮬레이션의 최종 합계는 4억 9270만 유로의 흑자다. 그러므로 세금을 내지 않는 인구를 표본에 추가해도 자체적 재정 지원은 여전히 가능하다.

9   아르헨티나의 기본소득 지지자 대부분은 시민참가아르헨티나네트워크Red Argentina de Ingreso Ciudadano라는 기본소득지구네트워크의 12개 공식 지부 중 하나에 속해 있다. 아르헨티나 사람들은 기본소득을 위해 가장

많은 노력을 한 사람이 루벤 로 뷰올로와 알베르토 바르베이토Alberto Barbeito라고 생각한다.

9 ─── 도전적인 제안에 따르는 비판과 반론

1 　어떤 사람들은 빈곤선보다 적은 금액을 제시하지만, 기본적인 생각은 같을 것이다. 예를 들어 굿하트(2006: 23)는 "나는 기본소득을 사회의 모든 구성원이 음식, 옷, 거주지를 비롯한 기본적인 욕구를 충족시켜 줄 수 있는 만큼의 금액을 연속해 지불하는 것이라고 이해한다"라고 했다.

2 　어떤 국가에 합법적으로 살고 있지 않은 사람들은 국가 통계자료에 들어 있지 않다는 단순한 이유 때문에 기본소득을 받지 못할 것이다.

3 　카사사스, 라벤토스 그리고 워크(2004)를 참조해 기본소득이 어떻게 세계에서 가장 가난한 국가 중 하나인 동티모르에 경제, 특히 농업 생산을 활성화할 수 있었는지 보라. 기본소득에 필요한 예산의 상당 부분은 이 국가가 쌀 수입에 썼던 금액과 석유 및 천연가스 개발 과정에서 얻은 금액으로 조달되었다.

4 　ISSP는 http://zacat.gesis.org를, World Values Survey는 www.worldvaluessurvey.org를, 그리고 British Social Attitudes Survey는 www.data-archive.ac.uk를 참조하라.

5 　'기술적 정책'이라는 용어는 때때로 그리 중립적인 의미가 아닌데, 이는 일반적으로 우파와 중도좌파 정치인이 완전히 '기술적인' 정책이라고 우기는 것에는 다소 정치적 요소가 포함되기 때문이다.

6 　어떤 사람이 최종적으로 일정 금액을 지급받을 때 기본소득으로부터 '혜택'을 받는 것이다. 반대로 최종적으로 일정 금액을 잃을 때 그 사람은 기본소득에 의해 '잃는' 것이다. 다른 사람들과 함께 사는 사람은

어쩌면 기본소득 때문에 개인적으로는 손해를 입을 수도 있지만, 같이 사는 사람들이 얻는 이득 때문에 전체적으로는 이득을 볼 수 있는 것은 자명하다. 하지만 이런 상황을 예측할 수 있는 정확한 수치를 예로 들기는 힘들다. 이렇게 '승자'와 '패자'를 규명하는 가장 좋은 방법은 8장에서 다루었듯이 개인을 대상으로 하는 것이다.

7   기본소득과 이민에 대한 흥미로운 기록인 다음을 참고하라. Boso et al, 2006. ILO의 추정에 따르면 약 1억 7,500만 명이 모국을 떠나서 산다고 한다. 이 수치에는 이민 노동자, 영구 이민자, 망명자 그리고 그 친척이 포함된다. 나는 가난한 국가들의 자연 환경과 전통적인 경제 구조가 완전히 망가졌다는 것을 강조하고 싶다. 만일 그 구조가 그리 절망적인 상황이 아니라면, 지식인들은 가난한 국가로부터 이민을 떠나는 것이 '더 좋은 삶을 찾기 위한 여정'이라는 생각을 비웃을 것이다. 그러나 현실은 이민자들이 극단적인 배고픔 속에 죽고 싶어 하지 않는다는 사실뿐이다.

8   부양률은 노동인구에 대한 은퇴인구의 비율이다.

9   Dehesa, 2006: 72 참조.

10   Guillermo Oglietti, 2006, 'Los beneficios económicos de la inmigración en España', sinpermiso, 10월 15일, www.sinpermiso.info/articulos/porautor/# 참조.

11   Informe Semestral I/2006, 2006 7월, la Caixa de Catalunya 출판 참조.

12   마이크 데이비스Mike Davis(2006)는 미국과 멕시코의 국경에 대해 기술할 때 이 '유입효과'라는 관점에 내재된 몇몇 아이러니를 이해했던 것 같다. "이민 배척주의는 과거나 지금이나 아주 이상하게 희화화된 편견이자, 현실을 완전히 거꾸로 생각하는 것이다. 가장 아이러니한 것은 '국경 침범'이라 부를 만한 현상이 정말로 있다는 것이다. 하지만 이는 고속도로의 표지판을 거꾸로 달아놓은 것과 같다. 멕시코 외

부의 소수의 사람들이 눈치채기도 한 이 현상은, 잔뜩 화가 난 공화주의자들의 사치스러운 삶을 유지시키기 위해 수많은 유모와 요리사, 가정부가 북쪽으로 떠나는 동안, 미국놈들은 저렴한 비용으로 기분 좋은 노후를 보내거나 멕시코의 햇살을 받을 수 있는 적당한 가격의 별장을 구하러 남쪽으로 떠난다는 것이다." '미국놈들이 남부로 달려갈 때When the Gringos Go Down South', www.socialistreview.org.uk/article.php?articlenumber=9842 참조.

13 도입될 만한 중간 단계의 유사 정책들을 통해 우리가 얼마나 기본소득에 가까워졌는지에(혹은 멀어졌는지에) 대해 7장에서 논한 바 있다.

14 www.wider.unu.edu 참조.

참고 문헌

Abendroth, W., Forsthoff, E. and Doehring, K. (1986) *El Estado social* (Barcelona: Grijalbo).

Ackerman, B. (1993) *La justicia social en el Estado liberal* (Madrid: Centro de Estudios Constitucionales).

Ackerman B. and Alstott, A. (1999) *The Stakeholder Society* (New Haven: Yale University Press).

Alaska Permanent Fund Corporation (1988) 'Wealth Management: A Comparison of the Alaska Permanent Fund and Other Oil-Generated Savings Accounts around the World', *The Trustee Papers*, No. 5, April.

Alba, A. (2000) *La riqueza de las familias: Mujer y mercado de trabajo en la España democrática* (Barcelona: Ariel).

Albarracín, J. and Montes, P. (1993) 'El debate sobre el reparto del empleo', *Viento Sur*, No. 12.

Añón, M.J. and Miravet, P. (2004) 'El derecho a un ingreso y la cuestión social de las mujeres europeas', in J. Martínez Ridaura and Mariano J. Aznar (eds), *Discriminación y diferencia* (Valencia: Tirant lo Blanc).

Arcarons, J, Boso, À, Noguera, J.A. and Raventós, D. (2005) *Viabilitat i impacte d'una Renda Bàsica de Ciutadania per a Catalunya* (Barcelona: Mediterrània-Fundació Jaume Bofill).

Aristotle (1997) [350 BC] *Politics*, http://classics.mit.edu/Aristotle/politics.html (translation by Benjamin Jowett).

Atkinson, A.B. (1993) 'Participation Income', *Citizen's Income Bulletin*, No. 16.

Atkinson, A.B. (1996) 'The Case for a Participation Income', *The Political Quarterly*, Vol. 67.

Atkinson, A.B. (2003) 'Labour Market Flexibility and the Welfare State', in R. Arnott, B. Greenwald, R. Kanbur and B. Nalebuff, (eds), *Economics for an Imperfect World* (Cambridge Mass.: MIT Press).

Ayala, L.(1998) 'Cambio demográfico y pobreza', in EDIS et al. *Las condiciones de vida de la población pobre en España. Informe general* (Madrid: Fundación Foessa).

Aznar, G. (1980) *Tous a mi-temps* (Paris: Seuil).

Aznar, G. (1994) *Trabajar menos para trabajar todos* (Madrid: Ediciones Hoac).

Bambrick, L. (2006) 'Wollstonecraft's Dilemma: Is a Citizen's Income the Answer?', *Citizen's Income Newsletter*, No. 2.

Barkow, J., Cosmides, L. and Tooby, J. (eds) (1992) *The Adapted Mind: Evolutionary Psychology and the Generation of Culture* (Oxford: Oxford University Press).

Barr, N.A. (1992) 'Economic Theory and the Welfare State: A Survey and Interpretation', *Journal of Economic Literature*, No, 30.

Bator, F. (1958) 'The Anatomy of Market Failure', *Quarterly Journal of Economics*, Vol. 72, No. 2.

Bertomeu, M.J. (2005a) 'Republicanismo y propiedad', *El Viejo Topo*, No. 207.

Bertomeu, M.J. (2005b) 'Las raíces republicanas del mundo moderno: en torno a Kant', in M.J. Bertomeu, A. Doménech, A. and A. de Francisco (eds), *Republicanismo y democracia* (Buenos Aires: Miño y Dávila Editores).

Bertomeu, M.J. and Domènech, A. (2005) 'Algunas observaciones sobre método y substancia normativa en el debate republicano', in M.J. Bertomeu, A. Doménech, A. and A. de Francisco (eds), *Republicanismo y democracia* (Buenos Aires: Miño y Dávila Editores).

Bertomeu, M.J. and Domènech, A. (2006) 'El republicanismo y la crisis del rawlsismo metodológico (Nota sobre método y substancia normativa en el debate republicano)', *Isegoría* (forthcoming).

Bertomeu, M.J., Domènech, A. and Raventós, D. (2005) 'La propuesta de la Renta Básica de ciudadanía', *El Dipló* (Argentine edition), July.

Bosc, Y., Gauthier, F. and Wahich, S. (eds) (2005) *Por la felicidad y por la libertad (discursos de Robespierre)* (Barcelona: el Viejo Topo).

Boso, A. (2006) 'Formas de trabajo en el capitalismo: Una aproximación conceptual' (Barcelona: Congrés de Joves Sociòlegs).

Boso, A., Larrinaga, I. and Vancea, M. (2006) 'Basic Income for Immigrants Too: a Model of Global Justice for the 21st Century?' (Durban: 16th World Congress of Sociology).

Boulding, K.E. (1973) *The Economy of Love and Fear: A Preface to Grants Economics* (Belmont,

Calif.: Wadsworth).

Brugué, Q., Gomà, R. and Subirats, J. (2002) 'De la pobreza a la exclusión social', *Revista Internacional de Sociología*, No. 33.

Carrasco, C. (1991) *El trabajo doméstico, un análisis económico* (Madrid: Ministerio de Trabajo y Seguridad Social), doctoral thesis.

Carrasco, C. (1992) 'El trabajo de las mujeres: producción y reproducción', *Cuadernos de Economía*, Vol. 20, No. 57/58.

Carrasco, C., Alabart, A., Mayordomo, M. and Montagut, T. (1997) *Mujeres, trabajos y políticas sociales: una aproximación al caso español* (Madrid: Ministerio de Trabajo y Asuntos Sociales. Instituto de la Mujer, No. 51).

Casassas, D. (2005) *Propiedad y comunidad en el republicanismo comercial de Adam Smith: el espacio de la libertad republicana en los albores de la gran transformación* (Barcelona: Universitat de Barcelona).

Casassas, D. and Loewe, G (2001) 'Renta Básica y fuerza negociadora de los trabajadores', in D. Raventós (ed.), *La Renta Básica. Por una ciudadanía más libre, más igualitaria y más fraterna* (Barcelona: Ariel).

Casassas, D. and Raventós, D. (2007) 'Property and Republican Freedom: Basic Income as a Right of Existence in Contemporary Societies', *Basic Income Studies* (forthcoming).

Cicero, Marcus Tullius (1913) [44 BC] *De Officiis* (translated by Walter Miller), Loeb Edition (Cambridge: Harvard University Press), www.stoics, com/cicero_book.html.

Comisiones Obreras (CCOO) (1996) (Various authors) *Jornades sobre repartiment del treball i treball d'igual valor* (Madrid: Secretaría confederal de la mujer de CCOO).

Dehesa, G. (2006) 'La inmigración no ha hecho más que empezar', *El País*, 19 September.

Domènech, A. (1989) *De la ètica a la política (de la razón erótica a la razón inerte)* (Barcelona: Crítica).

Domènech, A. (1991): 'Summum ius summa iniuria', in C. Thiebaut (ed.), *La herencia ética de la Ilustración* (Barcelona: Crítica).

Domènech, A. (2000) 'Solidaridad', *Viento Sur*, No. 50.

Domènech, A. (2001) 'Conceptos Metodológicos Básicos', in J. Mundó (ed.), *Filosofía y epistemología* (Barcelona: Fundació per a la Universitat Oberta de Catalunya).

Domènech, A. (2004) *El eclipse de la fraternidad* (Barcelona: Crítica).

Domènech, A. (2006a) 'Azarosas élites bajo palabra de honor', *Sin Permiso*, No. 1.

Domènech, A. (2006b) 'República y socialismo, también para el siglo XXI', *Sin Permiso*, No. 1.

Domènech, A. and Raventós, D. (2004) 'La Renta Básica de Ciudadanía y las poblaciones trabajadoras del primer mundo', *Le Monde diplomatique* (Spanish edition), No. 105.

Dowding, K., De Wispelaere, J. and White, S. (eds) (2003) *The Ethics of Stakeholding* (London: Palgrave Macmillan).

Eagleton, T. (2003) *After Theory* (New York: Basic Books).

Elster, J. (1987) 'Comment on Van der Veen and Van Parijs', *Theory and Society*, No. 15.

Ferry, J-M. (1995) *L'Allocation universelle: Pour un revenu de citoyenneté* (Paris: Cerf).

Flora, P. (ed.) (1986) *Growth to Limits: The Western European Welfare Status since World War II* (Berlín: De Gruyter).

France, A. [Thibault, J.A.] (1923) [1894] *Le Lys rouge* (Paris: Calmann-Lévy).

Frank, R.H. (1999) *Luxury Fever: Why Money Fails to Satisfy in an Era of Excess* (New York: Free Press).

Friedman, M. (1962) *Capitalism and Freedom* (Chicago: University of Chicago Press).

Gamel, C., Balsan, D. and Vero, J. (2006) 'The Impact of Basic Income on the Propensity to Work: Theoretical Issues and Microeconometric Results', *Journal of Socio-Economics*, Vol. 35, No. 3.

Gauthier, D. (1994) *La moral por acuerdo* (Barcelona: Gedisa).

Genet, M. and Van Parijs, P. (1992) 'Eurogrant', *Basic Income Research Group Bulletin*, No. 15.

Gershuny, J.I. (2000) Changing Times: *Work and Leisure in Postindustrial Society* (Oxford: Oxford University Press).

Goodhart, M. (2006) '"None So Poor that He is Compelled to Sell Himself": Democracy, Subsistence, and Basic Income', in Lanse Minkler and Shareen Hertel (eds), *Economic Rights* (forthcoming, Cambridge University Press).

Goodin, R.E. (1988) *Reasons For Welfare* (New Jersey: Princeton University Press).

Gorz, A. (1997) 'Salir de la sociedad salarial', in A. Recio, C. Offe and A. Gorz (eds), *El paro y el empleo: enfoques alternativos* (Valencia: Germania).

Heinze, R.G. et al. (1992) 'Diferenciación de intereses y unidad sindical', in C. Offe (ed.), *La sociedad del trabajo. Problemas estructurales y perspectivas de futuro* (Madrid: Alianza).

Hirschfeld, L.A. and Gelman, S.A. (1994) *Mapping the Mind: Domain Specificity in Cognition and Culture* (Cambridge: Cambridge University Press).

Hirschman, A.O. (1991) *Retóricas de la intransigencia* (México: FCE).

Instituto Nacional de Estadística (2004) 'Encuesta de empleo del tiempo 2002–2003', www.ine.es/prensa/np333.pdf.

Kant, I. (2002) [1785] *Groundwork of the Metaphysics of Morals* (translated and edited by Mary J. Gregor) (Cambridge: Cambridge University Press).

Keynes, J.M. (1973) *The General Theory of Employment, Interest and Money* (London: Macmillan, St. Martin's Press for the Royal Economic Society).

Kymlicka, W. (1995) *Filosofía política contemporánea* (Barcelona: Ariel).

Latta, M. and Peña, R. (2004) *Working Poor in the European Union* (Dublín: European Foundation for the improvement of Living and Working Conditions).

Lefebvre, G. (1957) *Les Thermidoriens: Le Directoire* (Paris: Armand Colin).

Le Grand, J. (1989) 'Markets, Welfare and Equality,' in J. Le Grand and S. Estrin (eds), *Market Socialism* (Oxford: Oxford University Press).

Leleux, C. (1998) *Travail ou revenue?* (Paris: Cerf).

Lerner, S., Clark C. and Needham, W.N. (1999) *Basic Income: Economic Security for All Canadians* (Toronto: Between the Lines).

Lo Vuolo, R. (ed.) (1995) *Contra la exclusión:La propuesta del ingreso ciudadano* (Buenos Aires: Miño y Dávila).

Locke, J. (1960) [1690] *Two Treatises on Government* (ed. P. Laslett) (Cambridge: Cambridge University Press).

Marx, A. and Peeters, H. (2004) 'Win for Life. What, if Anything, Happens after the Introduction of a Basic Income?' (Barcelona: Basic Income European Network, 10th International Congress).

Marx, K. (1981) *Obras escogidas de Marx y Engels* (3 volumes) (Moscow: Progress).

Mathiez, A. (1927) *The Fall of Robespierre and Other Essays* (New York: Alfred A. Knopf).

Mathiez, A. (1988) *Études sur Robespierre* (Paris: Messidor/Editions sociales).

McKinnon, C. (2006) 'A Scandalous Proposal: Ethical Attractions of Basic Income', *Basic Income Studies*, No. 1.

Méda, D. (1998) *El trabajo: Un valor en peligro de extinción* (Barcelona: Gedisa).

Medialdea, B and Álvarez, N. (2005) 'Ajuste neoliberal y pobreza salarial: los 'working poor' en la Unión Europea', *Viento Sur*, No. 82.

Montes, P. and Albarracín J. (1993) 'El debate sobre el reparto del empleo', *Viento Sur*, No. 12.

Mosterín, J. (2006) *La naturaleza humana* (Pozuelo de Alarcón: Gran Austral).

Mundó, J. (2005) 'Autopropiedad, derechos y libertad (¿debería estar permitido que uno pudiera tratarse a sí mismo como a un esclavo?)', in M.J. Bertomeu, A. Domènech and A. de Francisco (eds), *Republicanismo y democracia* (Buenos Aires: Miño y Dávila Editores).

Mundó, J. (2006) 'Locke y Aristóteles', in M.J.Bertomeu, E. Di Castro and A. Velasco (eds), *La vigencia del republicanismo* (México: Universidad Nacional Autónoma de México).

Mundó, J. and Raventós, D. (2000) 'Fundamentos cognitivo-evolucionarios de las ciencias sociales', *Revista Internacional de Sociología*, No. 25.

Nissan, D. and Le Grand, J. (2000) *A Capital Idea: Start Up Grants for Young People* (London:

Fabian Society).

Noguera, J.A. (2001) 'Renta Básica o 'trabajo básico'? Algunos argumentos desde la teoría social', paper given at the *I Simposio de la Renta Básica* (First Basic Income Symposium, Barcelona, 8 June 2001).

Nozick, R. (1974) *Anarchy, State, and Utopia* (Oxford: Basil Blackwell).

Offe, C. (1997) '¿Pleno empleo? Para la crítica de un problema mal planteado', in A. Recio, C. Offe and A. Gorz (eds), *El paro y el empleo: enfoques alternativos* (Valencia: Germania).

Parker, H. (1993) *Citizen's Income and Women*, BIRG Discussion Paper 2. (London: Citizen's Income).

Pateman, C. (2003) 'Freedom and Democratization: Why Basic Income is to be Preferred to Basic Capital', in K. Dowding, J. de Wispelaere and S. White (eds), *The Ethics of Stakeholding* (Basingstoke: Palgrave Macmillan).

Pateman, C. (2006) 'Democratizing Citizenship: Some Advantages of a Basic Income', in B. Ackerman, A. Alstott and P. Van Parijs (eds), *Redesigning Distribution* (London/New York: Verso).

Pautassi, L. (1995) '¿Primero... las damas? La situación de la mujer frente a la propuesta del ingreso ciudadano', in Rubén Lo Vuolo (ed.), *Contra la exclusión: La propuesta del ingreso ciudadano* (Buenos Aires: Miño y Dávila).

Pettit, P. (1997) *Republicanism: A Theory of Freedom and Government* (Oxford: Oxford University Press).

Pinilla, R. and Sanzo, L. (2004) *La Renta Básica: Para una reforma del sistema fiscal y de protección social*, Working Paper 42/2004 (Madrid: Fundación Alternativas).

Ramos, F. (2003) *Autorrealización y trabajo* (Barcelona: Universitat de Barcelona).

Ramos, F. (2004) 'Políticas de empleo', in C. Ruiz Viñals (ed.), *Políticas sociolaborales: un enfoque pluridisciplinar* (Barcelona: UOC).

Raventós, D. (1999) *El derecho a la existencia* (Barcelona: Ariel).

Raventós, D. (2002) 'Detrás de la desigualdad hay un problema de libertad o "los que viven con permiso de otros"', *El valor de la palabra – Hitzaren Bailoa*, No. 2.

Raventós, D. (2006a) 'Prologue', in Y. Vanderborght and P. Van Parijs, *La Renta Básica* (Barcelona: Paidós).

Raventós, D. (2006b) 'Cinco años no es nada: glosas a una vieja y buena reseña', *Viento Sur*, No. 85.

Raventós, D. and Casassas, D. (2003) 'La Renta Básica y el poder de negociación de "los que viven con permiso de otros"', *Revista internacional de sociología*, No. 34.

Rawls, J. (1971) *A Theory of Justice* (Cambridge, Mass.: Harvard University Press).

Rawls, J. (1988) 'The Priority of Right and Ideas of the Good', *Philosophy and Public Affairs*, Vol. 17, No. 4.

Rawls, J. (1996) *El liberalismo político* (Barcelona: Crítica).

Rawls, J. (2001) *Justice as Fairness: A Restatement* (ed. Erin Kelly) (Cambridge, Mass.: Harvard University Press).

Recio, A. (1988) *Capitalismo y formas de contratación laboral* (Madrid: Ministerio de Trabajo y Seguridad Social).

Recio, A. (1997) *Trabajo, personas, mercados* (Barcelona: Icaria-Fuhem).

Reid, M. (1934) *Economics of Household Production* (New York: John Wiley).

Riera, A. (2006) 'Working poors made in Europe', www.legrandsoir.info/article.php3?id_article=3579.

Robespierre, M. (1958–67) *Oeuvres* (Paris: Société des Études Robespierristes).

Robeyns, I. (2001) 'An Income of One's Own', *Gender and Development*, Vol. 9, No. 1.

Rosenberg, A. (1921) *Demokratie und Klassenkampf im Altertum* (Leipzig: Bielefeld)

Russell, B. 1966 [1918] *Roads to Freedom: Socialism, Anarchism and Syndicalism* (London: Unwin).

Sacristán, M. (1983) 'Karl Marx', in *Sobre Marx y marxismo* (Barcelona: Icaria).

Sanzo, L. (2001) 'Líneas de actuación para el impulso de una Política de Garantía de Ingresos', paper presented at the I *Simposio de la Renta Básica* (First Basic Income Symposium, Barcelona, 8 June).

Sen, A. (1976) 'Poverty: An Ordinal Approach to Measurement', Econometrica, Vol. 44, No. 2.

Sen, A. (1980) 'Equality of what?' in S. McMurrin (ed.), *Tanner Lectures on Human Values* (Cambridge: Cambridge University Press).

Sen, A. (1992) *Inequality Reexamined* (Cambridge, Mass.: Harvard University Press).

Sheahen, A. (2003) *Does Everyone Have The Right To A Basic Income Guarantee?* (New York: United States Basic Income Guarantee, 2nd Conference).

Standing, G. (1992) 'Meshing Labour Market Flexibility with Security: An Answer to British Unemployment?', *International Labour Review*, No. 125.

Standing, G. (1999) *Global Labor Flexibility: Seeking Distributive Justice* (Basingstoke: Macmillan).

Standing, G. (2002) *Beyond the New Paternalism: Basic Security as Equality* (London: Verso).

Steiner, H. (1992) 'Three Just Taxes', in P. Van Parijs (ed.), *Arguing for Basic Income* (London: Verso).

Ste. Croix, G.E.M. (1981) *The Class Struggle in the Ancient Greek World From the Archaic Age to the Arab Conquests* (London: Duckworth).

Stiglitz, J. (2003) *The Roaring Nineties: A New History of the World's Most Prosperous Decade* (New York: W.W. Norton).

Stiglitz, J. (2006) *Making Globalization Work* (New York: W.W. Norton).

Strengmann-Kuhn, W. (2002) 'Working Poor in Europe: A Partial Basic Income for Workers?' (Geneva: Basic Income European Network, 9th International Congress).

Subirats, J. (ed.) (2004) *Pobreza y exclusión social: Un análisis de la realidad española y europea* (Barcelona: Publicaciones de la obra social de La Caixa).

Titmuss, R. (1958) *Essays on the Welfare State* (London: Allen and Unwin).

Tobin, J. (1965) 'On the Economic Status of the Negro', *Daedalus*, Vol. 94, No. 4.

US Bureau of Labor Statistics (2003) 'A Profile of Working Poor, 2003', Report 983. www.bls.gov/cps/cpswp2003.pdf.

Vanderborght, Y. (2006) 'Why Trade Unions Oppose Basic Income', *Basic Income Studies* No. 1.

Vanderborght, Y. and Van Parijs, P. (2005) *L'allocation universelle* (Paris: La Découverte).

Van der Veen, R. (2003), 'Assessing the Unconditional Stake', in K. Dowding, J. De Wispelaere, J. and S. White (eds), *The Ethics of Stakeholding* (London: Palgrave Macmillan).

Van der Veen, R. and Van Parijs, P. (1986) 'A Capitalist Road to Communism', *Theory and Society*, Vol. 15, No. 5.

Van der Veen, R. and Van Parijs, P. (2006) 'A Capitalist Road to Global Justice: Reply to Another Six Critics', *Basic Income Studies*, No. 1.

Van Parijs, P. (1991) *Qu'est-ce qu'une société juste?* (Paris: Le Seuil).

Van Parijs, P. (1995) *Real Freedom for All: What (if Anything) Can Justify Capitalism?* (Oxford: Oxford University Press).

Van Parijs, P. (1996) 'L'allocation universelle contre le chômage', *Revue Française des Affaires Sociales*, Vol. 50, No. 1.

Van Parijs, P. (2000) 'A Basic Income for All', *Boston Review*, Vol. 25, No. 5.

Van Parijs, P. (2003) 'Hybrid Justice, Patriotism and Democracy: A Selective Reply', in A Reeve and A. Williams (eds), *Real Libertarianism Assessed: Political Theory after Van Parijs* (Houndmills: Palgrave Macmillan).

Van Parijs, P. (2006) 'Basic Income versus Stakeholder Grants: Some Afterthoughts on How Best to Redesign Distribution', in B. Ackerman, A. Alstott and P. Van Parijs (eds), *Redesigning Distribution* (London/New York: Verso).

Van Parijs, P. and Vanderborght, Y. (2001) 'From Euro-Stipendium to Euro-Dividend', *Journal of European Social Policy*, Vol. 11, pp. 342–6.

Vonnegut, K. (1968), 'Harrison Bergeron', in *Welcome to the Monkey House* (New York: Delacorte).

White, S. (2003a) *The Civic Minimum* (Oxford: Clarendon).

White, S. (2003b) 'Fair reciprocity and Basic Income', in A. Reeve and A.

Williams (eds), *Real Libertarianism Assessed: Political Theory after Van Parijs* (Houndmills: Palgrave Macmillan).

Widerquist, K. (2004) 'A Failure to Communicate: The Labour Market Findings of the Negative Income Tax Experiments and their Effects on Policy and Public Opinion', in G. Standing (ed.), *Promoting Income Security as a Right: Europe and North America* (London: Anthem Press).

Wright, E.O. (1994) *Interrogating Inequality: Essays on Class Analysis, Socialism and Marxism* (London/New York: Verso).

Wright, E.O. (1997), '*Refleciones sobre socialismo, capitalismo y marxismo*' (Palma de Mallorca: Contextos (CCOO)).

Wright, E.O. (ed.) (2004) *Basic Income vs. Stakeholder Grants*, monographic number of *Politics and Society*, Vol. 32, No. 1.

Wright, E.O. (2006) 'Basic Income as a Socialist Project', *Basic Income Studies* No. 1.

XRB-RRB (Xarxa Renda Bàsica) (2006) *Preguntes i respostes sobre la renda bàsica* (Barcelona: XRB-RRB).

기본소득이란 무엇인가

ⓒ 다니엘 라벤토스

초판 1쇄 펴낸날 2016년 10월 10일
초판 2쇄 펴낸날 2017년 2월 22일

지은이 다니엘 라벤토스
옮긴이 이한주, 이재명
펴낸이 최만영
편집장 김일수
편집 김민정
디자인 최성수, 이이환
마케팅 박영준, 신희용
영업관리 김효순
제작 김용학, 강명주

펴낸곳 주식회사 한솔수북
출판등록 제2013-000276호
주소 03996 서울시 마포구 월드컵로 96 영훈빌딩 5층
전화 02-2001-5819(편집) 02-2001-5828(영업)
팩스 02-2060-0108
전자우편 chaekdam@gmail.com
책담 블로그 http://chaekdam.tistory.com
책담 페이스북 https://www.facebook.com/chaekdam

ISBN 979-11-7028-107-8 03330

 책담 다른 내일을 만드는 상상